SUELI MEIRELLES

DO DIVÃ
À
ESPIRITUALIDADE

*ATH – Abordagem Transdisciplinar Holística
em Psicoterapia*

DIRETOR EDITORIAL:
Marcelo C. Araújo

EDITORES:
Avelino Grassi
Márcio F. dos Anjos

COORDENAÇÃO EDITORIAL:
Ana Lúcia de Castro Leite

COPIDESQUE:
Mônica Reis

REVISÃO:
Beatriz Camanho

DIAGRAMAÇÃO:
Alex Luis Siqueira Santos

CAPA:
Tamara Pereira Souza

* Revisão do texto conforme o Novo Acordo Ortográfico da Língua Portuguesa, em vigor a partir de 1º de janeiro de 2009

© Idéias & Letras, 2009

Editora Idéias & Letras
Rua Pe. Claro Monteiro, 342 – Centro
12570-000 Aparecida-SP
Tel. (12) 3104-2000 – Fax (12) 3104-2036
Televendas: 0800 16 00 04
vendas@ideiaseletras.com.br
www.ideiaseletras.com.br

Dados Internacionais de Catalogação na Publicação (CIP)
(Câmara Brasileira do Livro, SP, Brasil)

Meirelles, Sueli
Do divã à espiritualidade: ATH – Abordagem Transdisciplinar Holística em Psicoterapia / Sueli Meirelles. – Aparecida, SP: Idéias & Letras, 2009.

ISBN 978-85-7698-056-8

1. Hipnotismo 2. Reencarnação 3. Reencarnação – Estudo de casos 4. Regressão (Psicologia) I. Título.

09-11500   CDD-616.8914

Índices para catálogo sistemático:

1. Regressão: Prática psicoterapêutica
616.8914

AGRADECIMENTOS

A Deus, pela minha existência.

A meus pais, por terem me permitido ser eu mesma;

A minha irmã Susette que, certa vez, me falou: "Leia bastante, porque, mais tarde, você escreverá um livro".

A minha cunhada Palmyra, pela ajuda nos meses iniciais de faculdade.

A Allanice Couto Matos, pelo apoio no início da carreira.

A Carlos Alberto Jacob e Elizete Lima da Silva (*in memorian*), pioneiros e orientadores dos meus primeiros passos no caminho da autodescoberta.

A meu marido Rangel, um dos pilares deste trabalho, por seu incansável companheirismo.

A meus filhos Vitor e Aline, que participaram desse processo me cedendo horas preciosas de suas vidas.

Aos *Luízes* e *Luizas* que me confiaram seus mais íntimos segredos.

Ao amigo Roberto Crema, Reitor da UNIPAZ-Universidade Internacional da Paz, pelo apoio à edição desta obra.

Ao editor, sr. Avelino Grassi, que alimentou minhas expectativas com palavras de carinho e esperança, meus sinceros agradecimentos.

A todos os parceiros de tarefa que trabalharam comigo durante esses longos anos, cujo apoio e incentivo contribuíram para este resultado.

Àqueles que, comigo, cruzaram a estrada da vida, contribuindo com esta obra.

AGRADECIMENTO ESPECIAL

A Pierre Weil, Doutor em Psicologia pela Universidade de Paris e Primeiro Reitor da Unipaz-Universidade da Paz, pioneiro da Psicologia Transpessoal no Brasil e autor de vários livros e artigos científicos sobre Visão Holística e Abordagem Transdisciplinar, que inspiraram o trabalho desenvolvido no Instituto Vir a Ser.

Em carta datada de 4 de novembro de 1996, por ocasião do lançamento da primeira edição desta obra, ele assim se referiu ao presente trabalho: "... Ao percorrê-lo, vejo que se trata de um retrato de uma longa experiência psicoterápica, em que uma fina casuística se alterna com considerações metodológicas preciosas".

A Pierre Weil, minha última homenagem:

Creio que o mestre Pierre foi um *beija-for*, trazendo alento à vida de cada um de nós.

Eu o conheci na Eco-92, no Hotel Glória, no Rio de Janeiro, onde lhe apresentei o trabalho de síntese que desenvolvia, buscando seu apoio. Humildemente, ele me disse:

"Você não precisa da minha aprovação para desenvolver o seu trabalho. Apresente-o no Congresso de Canela. Um Congresso é um espaço vivo e efervescente de conhecimentos. Vá!"... (Pierre Weil, 1924-2008)

Minha vida nunca mais foi a mesma depois daquele encontro com o doce olhar do *beija-flor da paz*.

A ele, toda a minha gratidão.

Sueli Meirelles

UM PEDIDO EM ORAÇÃO

No dia da minha formatura em psicologia, antes de sair de casa para a cerimônia do culto ecumênico, um poderoso sentimento de religiosidade invadiu-me. Inconscientemente, deixei fluir algumas palavras numa pequena oração, que ficaram guardadas durante muitos anos junto a papéis e cartões que me recordavam passagens importantes da minha vida. Encontrando-as, recentemente, transcrevo-as aqui porque, depois de tudo o que ocorreu, elas me parecem mais do que oportunas:

Senhor,

Neste momento em que assumo o compromisso de acolher e respeitar o sofrimento alheio, promovendo a reestruturação psíquica do meu semelhante, peço-Vos iluminação.

Permiti, Senhor, que ao longo de minha trajetória profissional se mantenha acesa a chama do ideal ora abraçado. E que, ao término da caminhada, eu possa olhar para trás e reconhecer, com humildade e gratidão, que consegui realizar, com dedicação e amor, a tarefa escolhida.

Sueli Meirelles,
16 de agosto de 1986

SUMÁRIO

Apresentação 11

Introdução 15

1. A linguagem dos sonhos 29

2. A primeira entrevista 55

3. As lembranças de infância 73

4. Cuidando da criança interior 85

5. Diagnósticos da dinâmica psíquica 107
   Identificação com um objeto 108
   Identificação com um animal 118
   Identificação com a sabedoria interior 123

6. A fase de regressão às memórias de infância 127
   Memórias da concepção 133
   Memórias de uma noite de frio 137

Memórias de uma brincadeira de mau gosto 140
Elaborando a passagem da mãe 143

7. A fase de regressão aos registros transpessoais 153
Memórias de um enforcado 154
Memórias de uma nobre austríaca 157
O encontro com os mestres 161
Memórias de tortura 170

8. A captação psíquica do filho 181
A programação de filhos 204
Reflexões sobre o sentido espiritual da vida 212

9. As memórias transpessoais da sobrinha 215
Memórias de cigana 216
Memórias de um casamento 220
O apego afetivo ao avô 226
Elaborando a passagem do pai 229
Novas reflexões sobre a visão de mundo 237

10. As memórias transpessoais do irmão 247
Memórias de um serviçal de mosteiro 256
Memórias de um escravo egípcio 260
Memórias de uma cobaia científica 262
Memórias de um escravo negro 270
O mito de hércules 274
Elaborando a passagem do irmão 275

8

11. Fragmentos de regressões.................................... 285

Memórias de um marinheiro 286

A mãe de outros tempos 287

O retorno de Amélia...................................... 290

Uma trama se desvenda 292

12. ATH – uma nova abordagem psicológica.......... 299

Um olhar transpessoal sobre a vida 302

A despedida de Luiza...................................... 305

13. Desvelando a teia da vida 307

Referências bibliográficas............................... 315

Sites de autores 320

Vídeos 320

APRESENTAÇÃO

Primeiramente devo lembrar os prezados leitores que os fatos psíquicos aqui descritos correspondem a dados clínicos coletados de sessões terapêuticas realizadas com cada amigo evolutivo[1] e aqui referido, revelando, a partir das memórias transpessoais de cada um, a "Teia da Vida", tecida através dos milênios, em momentos de encontro e desencontro entre eles.

Nesta obra, acrescentamos referências bibliográficas publicadas após o término da primeira etapa do processo terapêutico desta família, permitindo que os fenômenos aqui relatados possam ser melhor compreendidos do ponto de vista técnico.

Os diálogos terapêuticos – anotados na ficha clínica de cada amigo evolutivo – sofreram acréscimos de explanações teóricas,

---

[1] Amigo Evolutivo – Termo utilizado pelo Psicólogo e Antropólogo Roberto Crema para designar a pessoa que busca terapia, dentro da Abordagem Transdisciplinar Holística, e que não mais é percebido como um mero paciente (postura passiva) ou cliente (alguém que contrata serviços profissionais), mas como alguém que, no encontro terapêutico, busca um processo de crescimento interior ou evolução que envolve ambas as partes. "(...) é assim que denomino uma pessoa que se encontra sob os meus cuidados terapêuticos..." (CREMA, Roberto. *Antigos e Novos Terapeutas: Abordagem transdisciplinar em terapia.* Petrópolis: Vozes, 2002, p. 23.)

para se evitar, a cada momento, a inclusão de citações que cortariam a sequência dramática do relato vivencial, prejudicando dessa forma a expressão emocional do texto. As referências bibliográficas estão nas notas de rodapé.

O foco central, aqui, é o sentimento das personagens destas histórias reais. Focalizamos o processo de ampliação da consciência dessas pessoas sobre si e sobre o mundo a sua volta, à medida que foram integrando, no presente, as emoções contidas em suas memórias transpessoais, tornando-se seres humanos mais inteiros. A bibliografia citada no final desta obra compõe o referencial teórico da ATH – Abordagem Transdisciplinar Holística[2] em Psicoterapia, para os interessados num estudo mais sistematizado dos fenômenos aqui relatados.

A forma romanceada de relato facilita a percepção de amplitude e profundidade de um processo psicoterápico, dentro da Abordagem Transdisciplinar, para o público leigo, que poderá se beneficiar da identificação com muitos dos fenômenos aqui descritos, através dos quais irão compreender suas próprias experiências.

Aos profissionais de saúde mental, esta obra oferece a possibilidade de considerarem a abertura conceitual de seus enquadres metodológicos[3], quando estes ainda estiverem baseados no

---

[2] Abordagem Transdisciplinar Holística – "Recusando qualquer projeto globalizante, qualquer sistema fechado de pensamento, qualquer nova utopia, reconhecemos, ao mesmo tempo, a urgência de uma pesquisa verdadeiramente transdisciplinar, em intercâmbio dinâmico entre as ciências 'exatas', as ciências 'humanas', a arte e a tradição. De certa maneira, essa abordagem transdisciplinar está escrita em nosso próprio cérebro por meio da interação dinâmica entre seus dois hemisférios. O estudo conjunto da natureza e do imaginário, do universo e do homem poderia, assim, aproximar-se melhor do real e permitir-nos enfrentar melhor os diferentes desafios de nossa época." (BRANDÃO, Denis M. S.; CREMA, Roberto. *O Novo Paradigma Holístico: Ciência, filosofia, arte e mística*. São Paulo: Summus, 1991, p. 12.)

[3] Enquadre Metodológico – Refere-se aos pressupostos teóricos que delimi-

antigo paradigma newtoniano-cartesiano[4], para a abrangência dos fenômenos de Estados Superiores de Consciência[5], que

---

tam a maneira como o terapeuta percebe o seu cliente. Quanto mais o enquadre for especializado e restrito, maior será a possibilidade de que o comportamento do cliente seja considerado fora dos padrões de normalidade. Quanto mais amplo o referencial teórico do terapeuta, maior a sua capacidade para compreender os referenciais de mundo do seu cliente. Daí se infere a importância da Visão Holística e da Abordagem Transdisciplinar no processo terapêutico. "Deixando para trás o material didático, o psicoterapeuta holístico descobre que o seu fazer psicológico tornou-se algo intrinsecamente ligado ao seu SER e que, desde há muito tempo, já sabia exatamente como agir, encontrando em si a chave mágica que abre as portas da comunicação inconsciente e o coloca em sintonia direta com o seu cliente, num clima recíproco de comunhão e sinergia (...). Os resultados que podem ser obtidos por meio desses procedimentos vão muito além do que poderia ser dito sobre um conjunto de técnicas. O que decorre do encontro entre cliente e terapeuta ficará para sempre escrito no grande livro da vida..." (MEIRELLES, Sueli. *Abordagem Transdisciplinar Holística: Apostila de Técnicas de Intervenção em ATH - Abordagem Transdisciplinar Holística em Psicoterapia.* Rio de Janeiro: Instituto Vir a Ser, 2006, p. 4.)

[4] Paradigma Newtoniano-Cartesiano II – Pierre Weil: Segundo o Paradigma Newtoniano-Cartesiano "um observador, emocionalmente neutro e impessoal poderia assim descobrir fatos e leis; que poderiam ser redescobertos por outros pesquisadores, permitindo uma validação consensual considerada indispensável; a possibilidade dessa validação por outros pesquisadores era e é ainda baseada nas bem conhecidas leis da causalidade e do determinismo: nas mesmas condições experimentais, as mesmas causas produzem o mesmo efeito, e todo fenômeno tem uma causa, da qual ele constitui um efeito". (WEIL, Pierre. *A Mudança de Sentido e o Sentido da Mudança.* Rio de Janeiro: Record - Rosa dos Tempos, 2000, p. 18.)

[5] Estados Superiores de Consciência – "Existem quatro estados de consciência. Em cada um deles vivemos uma ordem de realidade diferente. São a *vigília*, o *sonho*, o *sono sem sonho* e a *superconsciência* ou estado transpessoal. No estado de vigília, experimentamos uma realidade de separatividade que favorece a vivência de um mundo de causalidade linear, pois estamos usando os sentidos físicos e o raciocínio lógico-formal. No estado de sonho, perdemos o contato com o mundo físico e tornamo-nos sujeitos a percepções extrassensoriais. No estado de sono profundo, a consciência em estado puro ainda está adormecida. No estado de superconsciência ou estado transpessoal, vivenciamos uma realidade dentro de

tanto nos esclarecem sobre o sentido espiritual da existência humana.

Acima de tudo, este livro resgata a fantástica experiência de entrega e abertura[6] para a vivência de fenômenos somente possíveis em estados elevados de consciência, cujos significados, muitas vezes, sequer podem ser traduzidos em palavras.

Fica aqui, por último, o convite a todos aqueles que tiverem coragem suficiente para se libertar das dúvidas e dos questionamentos sobre este tema tão fascinante da espiritualidade humana, aventurando-se a viver a inigualável experiência de se transformar em autor de um livro de histórias vividas...

---

uma dimensão fora do tempo-espaço." (WEIL, Pierre. *Os Mutantes: Uma nova humanidade para um novo milênio.* Campinas: Verus, 2003, p. 43-4.)

[6] Abertura – "Inicialmente, é imprescindível uma abertura e inclusividade para abranger o desconhecido e acolher os mais diversos discursos e visões sobre o real. Humildade ou capacidade de assumir o próprio tamanho também é fundamental. Ninguém pode pretender supremacia nessa abordagem que parte do reconhecimento da impossibilidade de abranger a realidade a partir de um só domínio ou esfera, por mais capacitado que possa ser o seu porta-voz. A árdua e fecunda convivência com a diferença é exigida e, para tal, tornam-se necessárias persistência e boa capacidade de suportar frustrações, bem como o respeito proveniente do que D'Ambrosio denomina uma ética da diversidade." (WEIL, Pierre; D'Ambrósio, Ubiratan; Crema, Roberto *Rumo à Nova Transdisciplinaridade: Sistemas abertos de conhecimento.* São Paulo: Summus, 1993, p. 155.)

INTRODUÇÃO

Desde os tempos mais remotos a história da humanidade está repleta de relatos de fenômenos psico-espirituais. A Bíblia, o livro religioso mais respeitado no Ocidente, fala-nos do contato do homem com o divino através de visões, premonições e outras maneiras de percepção extrassensorial. O Apóstolo Paulo, na Carta aos Coríntios, Cap. 12 v. 4/11, assim se refere aos dons do espírito:

"... Ora há diversidade de dons, mas o Espírito é o mesmo. E há diversidade de ministérios, mas o Senhor é o mesmo. E há diversidade de operações, mas é o mesmo Deus que opera tudo em todos. Mas a manifestação do Espírito é dada a cada um, para o que for útil. Porque a um, pelo Espírito, é dada a palavra da sabedoria; e a outro, pelo mesmo Espírito, a palavra da ciência; e a outro, pelo mesmo Espírito, a fé; e a outro, pelo mesmo Espírito, os dons de curar; e a outro a operação de maravilhas: e a outro a profecia; e a outro o dom de discernir os espíritos; e a outro a variedade de línguas; e a outro a interpretação das línguas. Mas um só e o mesmo Espírito operam todas estas coisas, repartindo particularmente a cada um como quer".[7]

---

[7] Biblía Sagrada. CORÍNTIOS. Cap. 12. V 4/11. 1969.45.

Ainda na mesma Epístola, v.12/13, Paulo compara os homens aos membros de um único e mesmo corpo, traduzindo, nesta metáfora, o conceito de Unidiversidade, proposto pela moderna Abordagem Transdisciplinar do homem e do Universo:

> "Porque, assim como o corpo é um e tem muitos membros, e todos os membros, sendo muitos, são um só corpo, assim é Cristo também. Pois todos nós fomos batizados em um Espírito, formando um corpo, quer judeus, quer gregos, quer servos, quer livres, e todos temos bebido de um Espírito".

Seguindo esta linha de raciocínio, nos versículos seguintes concluimos que, assim como os diferentes membros do corpo têm funções específicas, também os seres humanos participam de um único Plano Divino, cada um com uma diferente missão existencial.

No Bhagavad Gita, um dos textos sagrados da cultura indiana, a linguagem metafórica mostra-nos a forma de expressão característica do inconsciente humano. Para os mestres hindus este maravilhoso livro contém as sete chaves, ou estados de consciência, para a compreensão do sentido espiritual da vida: "Cada um, porém, poderá assimilar e compreender só aquilo que estiver em harmonia com o desenvolvimento de suas faculdades psíquicas e espirituais".

Esta mesma compreensão, de que vivemos em diferentes estados de consciência, é compartilhada pela moderna psicologia. Pierre Weil[8],

---

[8] Pierre Weil (1924-2008) – Doutor em psicologia pela Universidade de Paris; cidadão honorário da cidade de Brasília; presidente da Fundação Cidade da Paz e 1.º Reitor da Universidade Holística Internacional de Brasília, Unipaz, onde trabalhou pela paz no mundo; co-fundador da Associação Internacional de Psicologia Transpessoal, da Associação Brasileira de Psicologia Aplicada, da Sociedade Brasileira de Psicoterapia, Dinâmica de Grupo e Psicodrama e da Organização das Entidades Não Governamentais Brasileiras junto à Organização das Nações Unidas (ONU); autor de mais de cinquenta livros e de uma centena

Reitor da UNIPAZ[9], cunhou a fórmula **VR = *f* (EC)**, que significa:

"A vivência da Realidade (VR) é função (f) do Estado de Consciência (EC). Inspirada num texto sânscrito, e bastante conhecida da ioga, essa fórmula nos parece hoje uma das chaves fundamentais para a compreensão da epistemologia e das relações entre o conhecedor, o conhecimento e o conhecido, isto é, entre o sujeito, o conhecimento e objeto de conhecimento".[10]

Esta mesma visão é compartilhada pela moderna Programação Neurolinguística[11], teoria da comunicação desenvolvida por

---

de artigos em várias línguas. Em 2002, recebeu o Prêmio Unesco de Educação para a Paz e o Prêmio Verde das Américas. (WEIL, Pierre. *Os Mutantes: Uma nova humanidade para um novo milênio.* Campinas: Verus, 2003, 2.ª orelha.)

[9] A Rede Internacional UNIPAZ é composta por diversas unidades autônomas e foi criada para disseminar uma Cultura de Paz, promovendo a inteireza do ser a partir do paradigma transdisciplinar holístico. Fundada em 1988, em Brasília, por iniciativa do Dr. Pierre Weil, com incentivo do então Governador deste estado, José Aparecido de Oliveira, tem contado com o apoio da ONU e da UNESCO para seus projetos educacionais. Possui atualmente Campus avançados em diversos estados brasileiros, e em várias partes do mundo. (Fonte: www.unipaz.org)

[10] Weil, Pierre; D'Ambrósio, Ubiratan; Crema, Roberto. *Rumo à Nova Transdisciplinaridade: Sistemas abertos de conhecimento.* São Paulo: Summus, 1993, p. 51.

[11] Neurolinguística – "A Programação Neurolinguística (PNL) é um novo modelo de comunicação e de conduta humanas desenvolvidas, na década de 1970, por Richard Bandler, John Grinder, Leslie Cameron-Bandler e Judith Delozier. O primeiro é matemático, gestalt-terapeuta e perito em computadores, e o segundo, um dos mais proeminentes linguistas do mundo." (BANDLER, Richard; GRINDER, John. *Sapos em Príncipes.* São Paulo: Summus, 1975, p.17.) A PNL foi, a princípio, desenvolvida pelos estudos sistemáticos realizados por Virgínia Satir, grande terapeuta familiar, Milton Erickson, psicanalista e hipnólogo, criador de formas originais de indução hipnótica e Fritz Perls, criador da Gestalt-Terapia, considerados por Bandler e Grinder como "magos" terapeutas modernos." (MEIRELLES, Sueli. *Apostila de Psiconeurolinguística.* Rio de Janeiro: Seminários do Instituto Vir a Ser, 2006, p. 6.)

Richard Bandler e John Grinder, oferecendo recursos para o desvelamento dos selos dos estados superiores de consciência, que se abrem para a dimensão espiritual da vida.

Como nos explica Trigueirinho, em seu livro *Hora de Crescer Interiormente: Os doze trabalhos de Hércules*, estes trabalhos representam as doze etapas evolutivas do ser humano, em seu processo de aperfeiçoamento espiritual, durante o qual a personalidade vai sendo trabalhada até que esteja sob o comando da individualidade.

Na antiguidade, o místico caminhava ao lado do poder. Os oráculos e suas pitonisas eram consultados pelos governantes, em momentos de grandes decisões políticas e militares. Com o decorrer do tempo, o poder religioso alcançou tal extensão que, ao se tornar absoluto, mergulhou a humanidade na escuridão que caracterizou a Idade Média. Embora oficialmente cristã, a população vivia contida pelo medo e pelo pensamento supersticioso, alimentado pelos filtros e poções mágicas criados pelos magos de então. Por outro lado, a religião institucionalizada subjugava as pessoas aos seus interesses, num clima de terror e desrespeito ao livre-arbítrio e ao direito de escolha inerente ao ser humano, enquanto ser pensante. Aqueles que desafiavam esse poder tinham seus corpos "purificados" nas fogueiras da Santa Inquisição que, mesmo acesas com o sacrifício de vidas humanas, não foram suficientes para clarear as mentes ignorantes da época.

Na construção da espiral evolutiva, um ciclo se fechou e outro teve início. Novas descobertas se fizeram. Primeiramente a Química, derivada da antiga Alquimia, a Biologia, e, depois, a Matemática e a Física, com suas leis precisas e imutáveis, assumiram o comando do conhecimento, criando uma nova forma de poder: O poder da ciência.

Por medida de garantia contra o obscurantismo anterior, esse novo saber cercou-se de métodos objetivos e da exigência de comprovação para definir aquilo que realmente poderia ser considerado científico. O subjetivo e o metafísico tornaram-se motivo de descrédito; passaram a ser vistos como crendices. Desvalorizando o intuitivo, o ser humano prendeu-se ao extremo da racionalidade perdendo, mais uma vez, a sua inteireza e o seu ponto de equilíbrio.

Dentro desse contexto de cientificismo e objetividade, a psicologia, num evidente estado de contradição, pretendendo ser a "ciência do subjetivo", propôs-se a desvendar com objetividade científica os mistérios da alma humana, tornando-se objeto de severas críticas por parte daqueles que, de modo pioneiro, hoje, realizam pesquisas sobre a consciência humana. O físico indiano, Amit Goswami[12], em seu livro *Universo Autoconsciente*, descreve uma reunião virtual, "na qual se encontram físicos, neurocientistas e psicólogos, onde estes últimos podem ser facilmente reconhecidos pela quantidade de gaiolas de ratos à sua volta...".

Durante anos a psicologia, seguindo um modelo biomédico, buscou estudar o comportamento observável do ser humano, deixando escapar uma preciosa parcela do seu potencial, oculto pelo véu de subjetividade. Mesmo depois que o inconsciente humano foi descoberto pela genialidade de Sigmund Freud, no início do século passado, a chave de acesso a esse rico manancial de informações sobre a história da humanidade permaneceu fora do campo da pesquisa científica, em estados de consciência que transcendem a realidade tridimensional na qual vivemos, como selos a espera de serem desvelados.

---

[12] Amit Goswami – Eminente físico indiano, autor dos Livros *Universo Autoconsciente, A Física da Alma, A Janela Visionária*, nos quais propõe a compreensão do Universo como uma Unidade auto-organizada, e auto-organizadora, que se expressa através da diversidade de formas do mundo material. Em suas teorias, Goswami integra as últimas descobertas da Física Quântica aos princípios da Sabedoria Oriental. Seu trabalho é abordado no documentário em DVD "Quem Somos Nós?", encontrado em locadoras brasileiras.

Decorridos mais de cem anos – embora os conceitos abstratos da psicologia tenham sido absorvidos pelos meios científicos, através de consenso, como nos informa Aroldo Rodrigues, ex-Coordenador do Curso de Mestrado da UGF/RJ, em seu livro *Psicologia Social*, tornando-se termos de uso comum, na linguagem científica e, até mesmo, popular –, a dúvida quanto à questão da cientificidade da psicologia ainda persiste. Será possível a psicologia enquadrar-se entre as ciências baseadas no paradigma newtoniano-cartesiano? Será sua metodologia tradicional capaz de explicar fenômenos que não se encaixem nos critérios de reaplicabilidade e que não podem ser limitados ao que é percebido pelos cinco sentidos? Ou será que precisamos reformular o conceito de ciência e adotar um outro modelo mais abrangente, que dê conta da amplitude da experiência humana?

Em resposta a essa indagação, Weil considera que:

> "(...) colocamos em evidência a existência de uma revolução científica caracterizada por uma mudança de paradigma na ciência e na tecnologia. Mostramos então como esta mudança de paradigma começa a penetrar na psicologia, provocando mudanças de comportamento de psicólogos e terapeutas, mais particularmente no que se refere à introdução da parapsicologia e da psicologia transpessoal, cujas visões da natureza energética do homem e do Universo se aproximam ou mesmo se inspiram na física e cosmologia quânticas".[13]

Defendendo a mesma proposta de ampliação do modelo científico, o psicólogo e antropólogo Roberto Crema, também da UNIPAZ, citando Roll e Vaughan, assim se refere aos chamados "fenômenos psi":

---

[13] WEIL, Pierre. *A Mudança de Sentido e o Sentido da Mudança*. Rio de Janeiro: Record - Rosa dos Tempos, 2000, p. 61-2.

"A pesquisa psi pode contribuir para a sobrevivência e bem-estar do homem neste mundo. O uso de sensitivos psíquicos, cuja maioria, nas sociedades ocidentais, é de mulheres, poderia ser um salto em direção a uma sociedade utópica".[14]

Numa visão subjetiva, as grandes Tradições da Humanidade, a Filosofia e a Metafísica, enquanto saberes não subordinados à comprovação dentro dos moldes científicos, explicam as infinitas possibilidades da consciência humana. A Teosofista Annie Besant, em sua obra *Um Estudo Sobre a Consciência*, afirma:

"Estudando as variadíssimas manifestações da consciência corremos o risco de esquecer dois fatos capitais: primeiro que a consciência de todo homem é uma unidade, por mais autônomas e discrepantes entre si que possam parecer suas manifestações; segundo, que todas essas unidades são partes da consciência do Logos e, portanto, reagem de forma semelhante em condições semelhantes".[15]

Saindo do pensamento cartesiano, concreto e objetivo, que orientou a pesquisa psicológica, damos passos pioneiros no caminho da compreensão dos processos energéticos, estudados pela Física Quântica[16], compartilhando com outros pesquisadores os fe-

---

[14] BRANDÃO, Denis M.S.; Crema, Roberto. *Visão Holística em Psicologia e Educação*. São Paulo: Summus, 1991, p.18.

[15] BESANT, Annie. *Um Estudo sobre a Consciência: Uma contribuição à psicologia*. 10.ª ed., São Paulo: Pensamento, 1995, p. 75.

[16] Física Quântica – A parte da física que se desenvolveu a partir da Teoria da Relatividade de Albert Einstein compreendendo o processo de reversibilidade entre energia e matéria, a partir do que se iniciaram os estudos mais profundos sobre as partículas energéticas, até a compreensão da dinâmica dos quantas, dos neutrinos etc., passando por todas as teorias que hoje compõem a base do moderno pensamento científico, mostrando-nos que a energia ora se manifesta como

nômenos psíquicos que ocorrem nesse novo campo, situado entre as tradições e as ciências, e que, para ser explorado, nos exige novas metodologias de trabalho.

A nova Física[17] – que se desenvolveu a partir da Teoria da Relatividade de Albert Einstein, compreendendo o processo de reversibilidade entre energia e matéria – abriu espaço para os estudos mais profundos sobre as partículas energéticas, até a compreensão da dinâmica dos quantas, dos neutrinos etc., passando por todas as teorias que hoje compõem a base do moderno pensamento científico, mostrando-nos que a energia ora se manifesta como onda, ora como partícula. Transportando essa nova visão para o campo da psicologia, Weil acrescenta:

> "As consequências muito inesperadas das recentes descobertas da Física obrigam os pesquisadores a levarem em conta o fator psicológico, não somente do experimentador

---

onda, ora como partícula. Para Pierre Weil, isto significa que todos os sistemas do universo são compostos de energia. Logo, quem conhece as leis da energia, conhece as leis de todos os sistemas físicos, biológicos e psicológicos (...). A identidade se encontra no fato de que matéria, vida e psique são espaço-energia e, no entanto, se manifestam de modo não idêntico, e em interação constante. São sistemas que não são compostos de elementos permanentes e, sim, de eventos transitórios" (WEIL, Pierre. *A Mudança de Sentido e o Sentido da Mudança*. Rio de Janeiro; Record - Rosa dos Tempos, 2000, p. 48.) Weil considera ainda que: "Se os inúmeros paradoxos da física quântica surpreendem até hoje os físicos acostumados, como nós, a uma lógica contradição, é mais do que compreensível o espanto e a rejeição a priori pela psicologia convencional, dos fenômenos da parapsicologia e da psicologia transpessoal, que também apresentam caracteres paradoxais. Por isso, essas duas áreas da psicologia se entendem muito bem com a física quântica" (WEIL, Pierre. *A Mudança de Sentido e o Sentido da Mudança*. Rio de Janeiro: Record - Rosa dos Tempos, 2000, p. 49.)

[17] Física – "O mundo a partir de Einstein e sua teoria da relatividade e de Heisenberg, com o princípio de indeterminação, abrem-se para o inesperado da criatividade (...)" (WEIL, Pierre. *Os Mutantes: Uma nova humanidade para um novo milênio*. Campinas: Verus, 2003, p. 53.)

considerado observador influente no resultado das experiências, mas também das características psíquicas do espaço dos buracos negros e do elétron. (...) as consequências destes novos desenvolvimentos se situam também em um campo no qual a Física não tinha ainda penetrado: o campo da natureza e das propriedades do Espírito. Eis, sem dúvida, o que fará da Física do século XXI uma Física totalmente nova, uma espécie de Psicofísica".[18]

Esse é o desafio presente nesta obra: Lidando com a mente humana, durante os últimos vinte e três anos, apoiada em pesquisas de ponta[19], ainda não totalmente aceitas pela ciência oficial, resolvi compartilhar com os leitores as fantásticas histórias que habitam os recantos mais profundos da mente humana. Nessas memórias inconscientes encontrei histórias de regressões do processo de fecundação e infância, mostrando-nos o quanto é fundamental para a estruturação da personalidade a aceitação e o afeto dos pais; histórias de regressões aos chamados registros transpessoais, desvendando-nos uma intricada rede de interligações entre os seres através dos tempos, tornando coerentes e compreensíveis acontecimentos aparentemente isolados em si; histórias de percepções antecipadas no tempo, captações psíquicas[20] de imagens mentais e estados emo-

---

[18] WEIL, Pierre. *Nova Linguagem Holística*. Rio de Janeiro. Espaço e Tempo, 1987, p. 150.

[19] Pesquisa – "O Brasil, em matéria de campo de observação e mesmo de experimentação da cura psíquica, é um celeiro inesgotável em virtude da sua tradição xamanística; infelizmente, a pesquisa médica está ainda nos seus primórdios e precisa ser reforçada por um trabalho interdisciplinar, com pessoas de formação metodológica ímpar, justamente em razão da complexidade e do alcance do assunto." (WEIL, Pierre. *A Mudança de Sentido e o Sentido da Mudança*. Rio de Janeiro: Record - Rosa dos Tempos, 2000, p. 30.)

[20] Captação Psíquica – Termo que adotamos para designar o fenômeno através do qual um sensitivo, em estado de transe, é capaz de "captar" os registros de

cionais de outras pessoas por meio do inconsciente simbiótico[21], a web mental, que conecta todos os inconscientes numa grande rede; fenômenos somente possíveis de ocorrerem nos chamados estados superiores de consciência, quando a mente transcende o espaço tridimensional em que vivemos, movimentando-se através do tempo-espaço quadridimensional curvo e atemporal descrito por Einstein. Em tal dimensão suprafísica, a sensibilidade humana, elevada ao seu potencial máximo, permite que o véu do esquecimento de quem nós realmente somos seja transposto, revelando-nos o sentido da vida no esplendor de sua dimensão espiritual[22].

---

imagens, sons e sensações do inconsciente profundo de um paciente, e através do qual podemos reprogramar o imaginal da pessoa captada. A esse respeito, Pierre Weil afirma: "As minhas observações pessoais me têm convencido que por traz de fenômenos de transferência de sintomatologia somática e psicológica de um corpo (do doente) para outro corpo (do sensitivo em estado de transe), tal como se pode observar nos rituais afro-brasileiros, encontra-se a possibilidade de compreender melhor a natureza da doença e da sua programação. Há um campo que merece maiores estudos em nível universitário." (WEIL, Pierre. *A Mudança de Sentido e o Sentido da Mudança*. Rio de Janeiro: Record - Rosa dos Tempos, 2000, p. 30.)

[21] Inconsciente Simbiótico – "O inconsciente simbiótico representa uma antena sensível que pode conectar-se e fazer-se canal de expressão de outras mentes, a exemplo da telepatia, bem como de seres humanos errantes na esfera psiconoética e de uma grande diversidade de forças mobilizadoras existentes no plano energético sutil, como elementais e arquétipos da psique coletiva e do mundo natural. Através da brecha desta camada tão sensível de nossa psique, o ser humano pode ser habitado, tornando-se veículo de expressão de energias várias, das mais destrutivas e obtusas, passando pelas neutras, até as mais curativas e sábias." CREMA, Roberto. *Antigos e Novos Terapeutas: Abordagem transdisciplinar em terapia*. Petrópolis: Vozes, 2002, p. 88.

[22] Pesquisa Religiosa – "O psicólogo que estuda os fenômenos religiosos terá, preliminarmente, de desembaraçar-se 'do estranho preconceito que somente considera verdadeiro aquilo que se apresenta ou se apresentou na forma de um dado físico"... 'o critério de uma verdade não é apenas seu caráter físico: há também verdades psíquicas que, do ponto de vista físico, não podem ser explicadas ou demonstradas, nem tão pouco recusadas' (Jung). Como toda função, a reli-

Confirmando o que nos disse Carl G. Jung:

> "Visto que a religião constitui, sem dúvida alguma, uma das expressões mais antigas e universais da alma humana, subentende-se que todo o tipo de psicologia que se ocupa da estrutura psicológica da personalidade humana deve pelo menos constatar que a religião, além de ser um fenômeno sociológico ou histórico, é também um assunto importante para grande número de indivíduos".[23]

Na construção da ponte entre psicologia e religião, apoiamo-nos no irretocável texto de Ouspensky:

> "Aqui é indispensável observar que todos os sistemas e doutrinas psicológicos, tanto os que existiram ou existem abertamente como aqueles que permaneceram ocultos ou disfarçados, podem dividir-se em duas categorias principais":
>
> Primeira: as doutrinas que estudam o homem tal como o encontram ou tal como o supõem ou imaginam. A "Psicologia Científica" moderna, ou o que se conhece por esse nome, pertence a essa categoria.
>
> Segunda: as doutrinas que estudam o homem não do ponto de vista do que ele é ou parece ser, mas do ponto de vista do que ele pode chegar a ser, ou seja, do ponto de vista de sua evolução possível.
>
> Estas últimas são, na realidade, as doutrinas originais ou, em todo caso, as mais antigas e as únicas que podem fazer compreender a origem esquecida da psicologia e sua significação.

---

giosidade é susceptível de ser desenvolvida, cultivada e aprofundada, e poderá também ser negligenciada, deturpada ou reprimida." (SILVEIRA, Nise. *Jung, Vida e Obra*. Rio de Janeiro: Paz e Terra, 1981, p. 142-3.)

[23] JUNG, C. G. *Psicologia e Religião*. Petrópolis: Vozes, 1990, p. 7.

Quando tivermos reconhecido como é importante, no estudo do homem, o ponto de vista de sua evolução possível, compreenderemos que a primeira resposta à pergunta: o que é psicologia? "Deveria ser: psicologia é o estudo dos princípios, leis e fatos relativos à evolução possível do homem".[24]

Em nosso trabalho, observamos os fenômenos no contexto em que eles ocorreram, utilizando como crivo analítico os conhecimentos da Bioenergética e da Neurolinguística, buscando identificar o que denominamos de "Coerência Interna": Um fenômeno espiritual genuíno precisa ter autenticidade e conteúdo relacionados àquilo a que se refere. Procuramos, também, compreender os princípios e leis que o regem, ao mesmo tempo sustentando um espaço de apoio e confiabilidade, no qual o processo evolutivo de cada pessoa possa acontecer por meio da ampliação da consciência de si, e das possíveis conecções com outras dimensões de realidade, além do espaço tridimensional em que vivemos.

Este é o relato da psicoterapia de Luiza, nome fictício – escolhido por seu significado – para preservar sua identidade real, cuidado que também tivemos em relação a todos os membros da sua família aqui citados.

Luiza origina-se de luz, a mesma luz que habita cada ser humano. Por sua história e vivências, por seus questionamentos e indagações, Luiza representa os alunos da escola da vida, os eternos estudantes das questões primeiras da humanidade: De onde viemos? Para que vivemos? Para onde vamos? Luiza representa, também, cada um de nós, tripulantes da Nave Terra, na transcendental viagem interior em busca do aperfeiçoamento espiritual, da comple-

---

[24] Ouspensky, P. D. *Psicologia da Evolução Possível ao Homem.* 9.ª ed. São Paulo: Pensamento, 1993, p. 5.

titude dos opostos que nos constituem até que o caminho do meio seja encontrado.

No plano de dualidade da vida, Luiza procura unir pensamento e sentimento, sensação e intuição, objetivo e subjetivo, os quais, em equilíbrio, poderão ajudá-la a revelar-se como um ser desperto[25] para a sua totalidade psíquica[26], integrando corpo, mente e espírito.

---

[25] Seres Despertos – Seres humanos conscientes do sentido espiritual de ser e estar no mundo, que identificam suas missões existenciais, alcançando a autorrealização e, voluntariamente, colocando-se a serviço do bem-estar dos seus semelhantes e da comunidade onde estão inseridos, promovendo intervenções sociais em favor da ecologia pessoal, social, ambiental e espiritual da humanidade. Na visão de Roberto Crema: "(...) É promissor constatar que um número progressivo de indivíduos, das mais diversas origens, culturas e ocupações, estão abrindo os olhos, despertando e conspirando pela renovação consciente de nossos horizontes. Não será um bom tempo para os insensíveis, sonolentos e pretensiosos proprietários das velhas certezas!". (*Manuel do Aprendiz – Formação Holística de Base* – Rio de Janeiro: UNIPAZ, p. 21.)

[26] Totalidade Psíquica – "No coração da nossa finitude uma fagulha da eternidade, um Filho da Vida, um Outro, uma Presença, Arquétipo Crístico, afirmava Jung, referindo-se ao Self, como a totalidade psíquica e o seu centro organizador, um núcleo interior dinâmico que integra todas as polaridades, transcendendo todas as contradições." (CREMA, Roberto. *Antigos e Novos Terapeutas: Abordagem transdisciplinar em terapia*. Rio de Janeiro: Vozes, 2002, p. 108.)

1

A LINGUAGEM DOS SONHOS

A primeira vez que vi Luiza algo em sua pessoa despertou a minha atenção, mas, naquele momento, eu jamais poderia imaginar todas as fantásticas experiências que iríamos compartilhar.

Quando passei pela sala de espera do consultório, ela estava elegantemente sentada no sofá, segurando, com mão trêmula, um copo com água, que tomava em pequenos goles.

Ao ver-me, ela endereçou-me uma expressão de máscara ou persona[1], habitualmente produzida pelo treino da vida social, contorcendo os músculos do rosto na tentativa de esboçar um sorriso. Devolvi-lhe um sorriso acolhedor, fixando-me em seus olhos. Eles eram tristes e inteligentes, escondidos atrás dos óculos de aros dourados que, soube mais tarde, corrigiam o astigmatismo provocado

---

[1] Persona – "A palavra persona significava originalmente uma máscara usada por um ator e que lhe permitia compor uma determinada personagem numa peça. (Outras palavras derivadas da mesma raiz são personagem e personalidade.) Na psicologia junguiana, o arquétipo da persona atende a um objetivo semelhante: dá a um indivíduo a possibilidade de compor uma personagem que não necessariamente seja ele mesmo. Persona é a máscara ou fachada ostentada publicamente com a intenção de provocar uma impressão favorável a fim de que a sociedade o aceite. Também pode ser denominada arquétipo da conformidade." (HALL, Calvin S.; NORDBY, Vernon. *Introdução à Psicologia Junguiana*. São Paulo: Cultrix, s/d., p. 36.)

pela rigidez inconsciente de sua visão de mundo, como tão bem nos explica Alexander Lowen[2], o criador da Terapia Bioenergética. Em seu olhar, havia um pedido de socorro; em sua garganta contraída, um grito contido. Com a prática de trabalho, nós bioenergeticistas, aprendemos a fazer essa rápida leitura corporal, o que muito nos auxilia nos diagnósticos, e na abordagem das questões trazidas pelos clientes.

Luiza era uma mulher esbelta, de estatura pequena, usava o cabelo puxado para trás, num coque, e vestia-se com sobriedade. Toda a sua figura denotava classe por meio dos gestos leves e da expressão polida, apesar do tremor produzido pela contenção das emoções. Parecia-me uma mulher em luta consigo mesma, e talvez estivesse a ponto de explodir.

Quando a chamei para entrar na sala de psicoterapia, ela levantou-se prontamente e acompanhou-me. Logo que entrou, desabou sobre o sofá num choro convulsivo. Ofereci-lhe um dos lenços de papel que costumamos utilizar em terapia. Faz parte do trabalho o esvaziamento de emoções negativas, como o medo, a raiva, a tristeza e a dor; sentimentos que se contrapõem criando pressões opostas. Enquanto a raiva e a tristeza são forças centrífugas, o medo é centrípeto, e a dor provoca o fechamento da pessoa em si mesma, constituindo uma forte couraça energética atrás da qual ela tenta se proteger do sofrimento. Enquanto aguardava que esvaziasse a emoção, perguntei-me se ela teria uma estrutura de personalidade histérica. Embora a classificação da personalidade de um cliente

---

[2] Alexander Lowen – Discípulo de John Pierrakos nos estudos da Terapia Reichiana, Alexander Lowen, quando ainda era Professor de Educação Física desenvolveu a Bioenergética, a partir de sua experiência pessoal como paciente, posteriormente aplicando-a – já como médico – na compreensão dos sintomas de seus pacientes.

seja de pouco utilidade para a mudança do seu comportamento, ela dá ao psicoterapeuta um "pano de fundo" para o seu trabalho, segundo o qual um conjunto de possibilidades comportamentais caracteriza cada estrutura.

Ainda entre soluços, Luiza relatou-me que sua mãe se encontrava em vida vegetativa havia quatro anos, vítima de um AVC. Perdera a fala, a capacidade de deglutição e os movimentos de todos os membros. Usava fraldas descartáveis e sonda nasogástrica para alimentação. Ficava a maior parte do tempo sobre um colchão d'água, para evitar o surgimento de escaras, as feridas provocadas pelo bloqueio da irrigação sanguínea nas partes do corpo pressionadas contra a cama.

Em outras ocasiões era colocada numa cadeira de rodas, para mudar de posição e tomar sol. Vivia na casa de Luiza, onde era cuidada por uma dedicada enfermeira, desde que adoecera. Após esse breve relato, Luiza referiu-se ao sonho que tivera com a mãe.

– Os sonhos são a linguagem simbólica do inconsciente e constituem um riquíssimo material terapêutico – esclareci. Em seguida, convidei-a para trabalharmos o seu sonho, terapeuticamente, com o que concordou. Após induzi-la a um estado ampliado de consciência, através de Hipnose Ericksoniana[3], sugeri à sua mente

---

[3] Hipnose Ericksoniana – Método de indução ao estado de transe por meio da ativação dos canais sensoriais (visão, audição e sinestesia) desenvolvido pelo hipnoterapeuta americano Milton Erickson, cujo objetivo é alcançar a sabedoria interior, visando à solução de problemas, e à autorrealização do indivíduo. São conceitos básicos da Hipnose Ericksoniana; Inconsciente Sábio; Recursos para superação de problemas; Aprendizagens automatizadas; Transe terapêutico; Sugestões indiretas; Anedotas e Metáforas; Conceito de inconsciente e consciente. (...) "Até sua morte em 1980, Erickson era considerado o maior médico hipnotizador do mundo. Era consagrado por seu trabalho bem-sucedido e muitas vezes 'milagroso' com clientes 'impossíveis', bem como famoso por seu vasto trabalho sobre a hipnose." (GRINDER, John; BANDLER, Richard. *Atravessando: Passagens em psicoterapia*. São Paulo: Summus, 1984, p. 15.)

inconsciente que relatasse o sonho no tempo presente. Atendendo à indução, ela começou:

— Estou dormindo e acordo no meio da noite. Penso em mamãe que está no quarto em frente, do outro lado do corredor. Isso já aconteceu na realidade, pois o estado de mamãe é uma preocupação constante para mim. Às vezes, ela se engasga com a própria saliva e fica sufocada. Por isso, é preciso ajudá-la constantemente. Essa preocupação interfere na minha vida afetiva. Meu marido e eu nos relacionamos bem, mas em certas ocasiões sinto dificuldades em conciliar o clima romântico que estabelecemos entre nós com aquele quadro de doença e sofrimento, com o qual tenho que me defrontar diariamente.

O quarto de mamãe é pequeno, mobiliado com móveis antigos. Logo à esquerda de quem entra há um pequeno guarda-roupa, colocado no canto, enviesado em relação à parede. Em frente, ainda à esquerda, está a cama de papai. Ao lado, sob a janela, há uma cômoda, sobre a qual ficam os medicamentos, o termômetro e o aparelho para verificar a pressão, que é usado diariamente. À direita do aposento, bem em frente à porta, está a cama hospitalar de mamãe.

Ao entrar no quarto, mantido na penumbra, vejo mamãe, como de hábito, com aquele olhar estático, fixo no teto. Conforme me aproximo da cama, ela olha para mim. Ainda sinto medo dos seus olhos, e meu corpo estremece diante deles. Lembram-me as repreensões de infância, quando seus olhos expressavam toda a sua irritação. Agora são tão diferentes! Tão apagados!... Aos pés da cama, segurando o ferro frio da proteção, que impede que ela caia, converso internamente com minhas angústias, diante dessa muda expectadora de si mesma que é a minha mãe. Dizem que os olhos são os espelhos da alma. Onde estará sua alma agora? O que será que se passa em sua mente? O que será que sua mente ainda registra? O quanto ela percebe do que acontece à sua volta? Não tenho respostas para essas perguntas. Nesse momento, tenho a impressão de que existe alguma coisa que poderia ser feita, mas não sei o que é. Algum poder curativo que poderia ser mobilizado; alguma outra maneira de esvaziar a energia ruim que alimenta a doença, que sai lentamente através dos sintomas, como uma chama que se queima devagar, até ser apagada pelo vento da morte... Será que todo esse sofrimento tem alguma utilidade? Encerra alguma aprendizagem? Acredito que sim. Penso que todas as experiências de vida têm um significado maior...

Envolta em minhas reflexões, debruçada sobre mamãe, procuro vencer o medo infantil que ainda se esconde em minha alma, e passo a mão direita pelos seus cabelos brancos e desalinhados. Muitas vezes, um sentimento de compaixão toma conta de mim. No fundo, eu acredito que existe um motivo para que ela viva essa experiência. Mas, e eu? O que eu tenho a ver com tudo isso?

Agora, a cena de meu sonho é outra. Eu continuo ali, de pé diante da cama, mas mamãe está evacuando, e eu tento limpá-la, sem dar conta da quantidade de fezes que ela expele e que vai escorrendo até cair no chão. Uma raiva surda vai crescendo dentro de mim, até que meus olhos se encontram novamente com os agora impassíveis olhos verdes de mamãe.

À medida que Luiza fala, a pele de seu rosto vai ficando avermelhada, com a cor mais acentuada em seu nariz. Não se contendo mais, ela grita, com expressão transtornada:

– Por que eu tenho que arcar com as consequências do que você fez? Por quê? Por quê? Eu não aguento mais! Eu quero viver normalmente! Você não defendeu os seus direitos e, agora, eu tenho que aguentar tudo isso! Você se deixou destruir! Você permitiu que papai a dominasse. Eu sinto raiva de você! Muita raiva!

A voz de Luiza estava esganiçada, e o pescoço, intumescido pela emoção acumulada, parecia quase estourar.

Nessa parte do sonho resolvi fazer uma intervenção terapêutica. Era necessário fornecer ao inconsciente de Luiza símbolos para que ela pudesse esvaziar a emoção e se atualizar no tempo, ressignificando[4] aquela experiência tão sofrida e ambivalente:

— Perceba que, nesse momento, um raio de luz violeta (símbolo inconsciente de transmutação, transformação do negativo em positivo) chega até você, mudando o cenário à sua volta. Você, agora, está num campo, onde há um riacho próximo. Caminhe até o riacho e lave as mãos de toda essa sujeira. Perceba que, à medida que faz isso, uma energia escura vai saindo de suas mãos, levando junto as mágoas, os ressentimentos e todo o medo que sua mãe despertou em você. Sinta o seu corpo tremendo, enquanto o medo sai. Se necessário, entre nesse riacho, que tem uma temperatura agradável e a profundidade adequada, e deixe que essa água cristalina lave todo o seu corpo. Mantenha essa imagem até que você possa se perceber totalmente limpa e tranquila. Quando você terminar de fazer isso, avise-me.

Após o seu sinal, perguntei-lhe:

— O que você deseja dizer à sua mãe, agora?

— Mãe, quero dizer-lhe que eu também a amo e compreendo que você tem uma maneira de ser diferente da minha. Você é de outra época, de um tempo em que os homens mandavam e as mulheres obedeciam. Você tem um outro modelo de relacionamento, muito diferente do mundo de hoje.

---

[4] Ressignificar – "o significado de todo acontecimento depende do 'molde' (frame) pelo qual o vemos. Quando mudamos de molde, mudamos o significado. (...) a isto se chama 'ressignificar' (reframe); modificar o molde pelo qual uma pessoa percebe os acontecimentos, a fim de alterar o significado. Quando o significado se modifica, as respostas e comportamentos da pessoa também se modificam." (BANDLER, Richard; GRINDER, John. *Ressignificando: Programação neurolinguística e a transformação do significado*. São Paulo: Summus, 1986, p. 9.)

Terminado o esvaziamento emocional, induzi Luiza a retornar ao estado de vigília, aguardando que ela voltasse a falar. Depois de algum tempo em silêncio, ela começou a falar em voz alta, como se precisasse justificar, para si mesma, o comportamento de sua mãe:

— Hoje, a maioria das mulheres é economicamente independente e estabelece uma relação de igualdade com seus parceiros. Antigamente, os casamentos eram mantidos pela dependência financeira da mulher. Mamãe amava papai, mas seu amor era submisso. Ele a protegia e dominava, como alguém que conserva um precioso pássaro numa gaiola, privando-a da liberdade. Eu penso que isso não é amor; é posse e representa o sacrifício de alguém. Acredito que amar é desejar o bem do outro e permitir que seja livre; mas naquele tempo não era assim.

— Feche os olhos outra vez e se imagine dizendo isso diretamente à sua mãe. Quando você terminar, sinalize para mim.

Enquanto visualizava o diálogo sugerido, Luiza mostrava-se mais tranquila. Seu rosto havia recuperado a cor e a respiração se aprofundara.

Quando ela movimentou o dedo indicador, informando-me que havia terminado, continuei a indução:

— Agora, "seja" a mãe de Luiza. Coloque-se no lugar dela e diga à sua filha o que você tiver vontade.

— Filha, eu a compreendo. Você está cansada. Você tem razão. Eu não soube defender os meus direitos; lutar pelo que eu queria. Deixei-me dominar e acabei cheia de ressentimentos e insatisfações. Isso me fez ficar doente. Não aguentei toda a frustração em que se transformou a minha vida. Mas agora é tarde. Não dá mais para voltar atrás. Quem sabe, como diz seu pai, da próxima vez?... Será que realmente vivemos outras existências? Eu não acredito nisso!

Terminada a representação do diálogo, solicitei a Luiza que se percebesse novamente sendo ela mesma e lhe perguntei se queria dizer mais alguma coisa à sua mãe. Diante da resposta negativa, sugeri que ela se despedisse da mãe, da maneira que desejasse. Induzi-a, gradativamente, a vê-la dormindo tranquila em sua cama, agora limpa e confortavelmente instalada. Sugeri que a própria Luiza se imaginasse, pouco a pouco, acordando do sonho, até abrir os olhos novamente.

Luiza olhou-me e sorriu, estendendo-me a mão esquerda para que eu a segurasse. Era um gesto de busca de apoio e, ao mesmo tempo, de agradecimento, ao qual eu correspondi. Parecia mais jovem depois de aliviada de todo aquele fardo emocional. Espreguiçou-se languidamente, voltando a sentar-se no sofá.

– Como era o seu relacionamento com sua mãe antes de ela adoecer?

– Tenho a impressão de que mamãe é minha avó. Na realidade, eu a chamo de avó, desde que meus filhos nasceram. Eu a sinto distante. Nunca tivemos muitas afinidades. Minha irmã mais velha parece mais minha mãe. Ela cuidou de mim quando eu era criança. Levantava-se comigo à noite, porque eu tinha medo de ir ao banheiro, sozinha; tinha medo de escuro.

Mamãe era uma pessoa contraditória. Às vezes tinha a pose de uma dama e, outras, era muito rude. Quando jovem, era bonita e vestia-se com elegância. Era romântica, apaixonada pelo meu pai. Ela vivia em função dele, e eu nunca a vi reclamar de nada, mesmo que tivesse vivido um dia difícil. Servia-lhe o jantar na mesa da cozinha, sentada ao seu lado, enquanto ele lhe contava os últimos acontecimentos no trabalho. Mamãe era persistente, criativa, prática, muito prendada e habilidosa. Quase sempre estava alegre e gostava de pregar peças, de enganar os outros. Mas quando vinha a raiva, ela se transformava. Seus olhos verdes ficavam congelados pelo ódio. O orgulho e o preconceito parecem-me características de personalidade da nossa família. Mamãe guardava muitas mágoas e ressentimentos. Ela não atendeu ao chamado de um de seus irmãos quando ele estava morrendo no leito de um hospital e queria vê-la. Ela estava em condições econômicas difíceis, e o seu orgulho levou-a a se afastar dos parentes.

– Você costuma aceitar os limites do ser humano?

– Não. Tenho dificuldades. Sei que sou rígida e um tanto intransigente. Procuro modificar-me, mas, de vez em quando, encontro-me repetindo esse padrão familiar. Intimamente também sou parecida com eles, mas eu discordo desse modelo. Eu achava mamãe muito preconceituosa e radical. Ela se preocupava excessivamente com a opinião alheia, com tabus de virgindade e estava sempre vigilante em relação à minha irmã e a mim. Vigiava mais minha irmã, que já era moça. Eu achava tudo aquilo ridículo, mas era o padrão da época. Para mim não fazia sentido, mas eu me habituei a não discutir com mamãe. Ela não aceitava as minhas ideias. Acho que não me levava a sério, porque eu era a caçula. Ainda pequena, decidi guardar minhas opiniões para mim mesma, salvo quando se tratava de defender meus próprios direitos. Nessas ocasiões, ela dizia que eu não era igual à minha irmã; dizia que eu era rebelde.

Com a idade, ela tornou-se mais passiva e, depois, por causa do agravamento da doença, nos aproximamos um pouco mais. Eu cuidava dos seus cabelos e lhe aparava as unhas. Quando ela piorou ainda mais, eu a ajudava a tomar banho, porque ela ficava tonta ao se abaixar.

Luiza voltou a chorar, agora expressando um pranto manso, recostada nas almofadas do sofá. Respirando profundamente, continuou:

– Mais tarde, ela perdeu a fala e depois o movimento das pernas. O lado direito do corpo ficou todo atrofiado, o que lhe confere uma feição patética e inexpressiva...

Nesse ponto interrompeu o relato voltando a soluçar. Em movimentos mais profundos, seu corpo se esvaziava do sofrimento que havia guardado ao longo do tempo.

Olhando-a nos olhos, indaguei:

– O que você sente por ela, agora?

– Na maioria das vezes, sinto muita pena dela. Pena de que sua vida esteja terminando assim. Sei que a situação dela não tem retorno e que, mais cedo ou mais tarde, ela vai embora. Só que eu penso que a velhice não precisa ser sinônima de doença. Acho que se uma pessoa se mantiver ativa, com ideais e objetivos a serem alcançados, pode envelhecer saudável e disposta a aprender. Acredito que podemos acrescentar algo de útil às nossas vidas até o último momento da existência terrena. Papai é assim, saudável, e luta pelo que acredita. É otimista e participante. Ele se sente necessário e isso dá sentido à sua vida.

Às vezes, eu brinco com meu marido dizendo-lhe que, quando eu estiver bem velhinha, vou saber quando chegar a hora de morrer. Vou deitar-me na cama, despedir-me da família e sair do corpo físico tranquilamente. Para mim, morrer é como despir uma roupa que não nos serve mais. O sofrimento é desnecessário. Ele é fruto das imperfeições humanas, que levam a pessoa a adoecer. Talvez, por isso, eu tenha tanta dificuldade para aceitar a doença de mamãe.

Lamento também por papai. Eles sempre foram como namorados. Ele procura conformar-se e, com o tempo, creio que conseguirá. Ele havia feito planos para a aposentadoria, mas eu acho que mamãe parou de esperar pela prosperidade tão demorada, entregando-se à doença e aos sentimentos negativos.

Tudo isso interfere em nossas vidas. Embora meu marido seja compreensivo e aceite a situação. Às vezes, ele sai com as crianças, enquanto eu fico em casa com papai para cuidar de mamãe. Isso nos deixa divididos e me impede de participar de muitas coisas com os meus filhos. Mas não me arrependo. Acho que é para ser assim mesmo. Deve haver alguma razão. Eu devo estar aprendendo alguma coisa! Talvez esteja aprendendo a servir... Só que, no dia a dia, existem momentos em que sou tomada pelo desespero, como aconteceu hoje!

Triste também é a solidão que nos rodeia. Logo que mamãe ficou doente, nossos parentes ainda vinham nos visitar nos fins de semana, demonstrando grande pesar pela situação dela. Depois, passaram a vir em dias de semana, porque o fim de semana é reservado ao lazer. Por fim, as visitas foram escasseando até que cessaram de vez. Hoje, raramente recebemos alguém. Alguns de nossos parentes, quando telefonam para saber notícias, dizem que não têm coragem de vê-la naquele estado. Eu compreendo que possa ser difícil para eles, mas, para nós, representa a mais pura solidão. Nós passamos intermináveis fins de semana sozinhos. Nesses dias, fico relembrando os tempos em que dávamos festas e tínhamos a casa cheia. Por isso, meu conceito de amizade está se modificando. Penso que amigo é aquele com quem temos afinidades e que nos apoia nas horas difíceis.

Tenho uma amiga, Luciana, que é assim. Quando chega o Ano Novo, ela me telefona para saber quem irá à nossa casa. Como quase sempre ficamos sós, ela vai para lá com o marido e as filhas e passamos a noite de ano juntas. O gesto dela nos traz conforto e nos dá forças para comemorarmos o Ano Novo, apesar das circunstâncias. Eu lhe serei grata pelo resto da vida. Talvez ela nem saiba todo o bem que está nos fazendo!

Luiza ficou pensativa durante alguns minutos e, depois, mudando de assunto, referiu-se ao procedimento terapêutico:

– Gostei dessa metodologia de trabalho. Estou me sentindo bem melhor, agora!

– Procuro atuar terapeuticamente no sentido de promover o esvaziamento emocional e fechar as gestalts[5], ou situações em aberto. Isso permite que o psiquismo se reequilibre rapidamente. É diferente de um processo linear, que vai acumulando ansiedade até que o organismo libere, de forma catártica, a emoção contida. Penso que o método analítico causa mais sofrimento ao cliente, porque mantém o estado de tensão por mais tempo. Na Gestalt-Terapia[6], cada sessão abre os arquivos emocionais, promovendo o esvaziamento e o fechamento, reintegrando a personalidade como um todo. Isso permite que o cliente mantenha um razoável estado de equilíbrio durante o decorrer do processo terapêutico.

Quem indicou o meu trabalho?

– Uma colega de faculdade fez o treinamento aqui no instituto. Eu também sou psicóloga e achei interessante quando ela me falou sobre a nova abordagem que você desenvolveu.

---

[5] Gestalts – Gestalt é uma palavra alemã que significa fechamento. John Stevens, um dos criadores da Gestalt-Terapia, assim a descreve: "A filosofia da gestalt serve como uma orientação de vida, um lembrete de que a consciência é sempre útil, e oferece técnicas e estratégias específicas que podemos usar para caminhar em direção a uma maior tomada de consciência. (p. 15.) (...) Talvez a mensagem mais notável da gestalt e, no entanto óbvia, seja a seguinte: Se você vê claramente os acontecimentos da sua vida, o seu viver vai bem, sem confusão e sofrimentos desnecessários. Algumas vezes a vida é difícil e dolorosa, às vezes alegre e plena. Com consciência você poderá minimizar a dor e aumentar alegrias e satisfações". (STEVENS, John O. (org.) *Isto é Gestalt*. São Paulo: Summus, 1975, p. 14.)

[6] Gestalt-Terapia – Teoria psicológica desenvolvida por Frederich Perls, na década de 1950, que tem como pressuposto básico o conceito: O todo é mais do que a soma de suas partes constituintes. Segundo Pierre Weil: "Uma das primeiras teorias holísticas em psicologia, que recomenda que se perceba o homem, assim como todos os fenômenos do mundo, como um conjunto indissociável". (WEIL, Pierre. *Nova Linguagem Holística*. Rio de Janeiro: Espaço e Tempo, 1987, p. 71.)

Pelo fato dela ser psicóloga, após o término da sessão, passamos a conversar sobre a ATH – Abordagem Transdisciplinar Holística em Psicoterapia:

– Holos é uma palavra grega que quer dizer totalidade, assim como gestalt é uma palavra alemã que também tem o mesmo sentido de todo integrado ou fechamento.

As técnicas da Psicologia Clássica não são suficientes para explicar uma série de fenômenos do psiquismo humano. Reunindo teorias psicológicas interligadas entre si, como a Gestalt-Terapia, a Bioenergética e a Programação Neurolinguística, e associando--as aos novos conhecimentos da Psicologia Transpessoal, da Física Quântica e da Metafísica, que integra as chamadas Tradições Sapientais da Humanidade, é possível sintetizá-las numa nova teoria psicológica: A ATH, ou Abordagem Transdisciplinar Holística em Psicoterapia. Venho desenvolvendo o trabalho nos últimos vinte e três anos. Esse referencial mais abrangente permite ao terapeuta trabalhar os bloqueios energéticos que produzem os sintomas, as questões emocionais e psíquicas propriamente ditas, e o processo que Stanislav Grof denomina de "Emergência Espiritual".[7] Emergência no sentido de emergir, de vir à tona, e emergência no sen-

---

[7] Emergência Espiritual – "(...) a chamada doença mental e as alucinações são, muitas vezes, fenômenos paranormais ou transpessoais que expressam outros níveis de realidade, em outros estados de consciência, desconhecidos pelo paciente, pelo público leigo e pelo médico – que coloca nesses fenômenos o rótulo inadequado de esquizofrenia ou psicose maníaco-depressiva." (WEIL, Pierre. *Os Mutantes: Uma nova humanidade para um novo milênio.* Campinas: Verus, 2003, p. 77.) (...) "Grof organizou, com a ajuda de inúmeros terapeutas, uma rede de organismos que cuidam do que ele chamou de *spiritual emergencies*. Esses terapeutas recebem e acompanham as pessoas dominadas por uma crise até que elas a transformem em um processo de individuação. Muitos são os que se tornam mutantes depois de semelhante crise e passam a compreender que o que estão procurando é o que denominamos transpessoal. O chamado surto psicótico nunca mais aparece, e a pessoa passa a cuidar conscientemente de seu processo de evolução." (WEIL, Pierre. *Os Mutantes: Uma nova humanidade para um novo milênio.* Campinas: Verus, 2003, p. 78.)

tido de urgência, porque tais percepções extrassensoriais deixam as pessoas assustadas e temerosas de que estejam ficando loucas.

Dentro desse enfoque, o conceito de loucura torna-se questionável, convocando os psicoterapeutas para uma reflexão sobre a importância do diagnóstico diferencial[8]: Até onde uma pessoa, inicialmente diagnosticada como louca, não é apenas uma pessoa cuja percepção alcança uma dimensão invisível para os considerados normais? Aldous Huxley, em seu livro *As Portas da Percepção*, afirma que cada ser humano é capaz de perceber qualquer coisa, a qualquer momento, em qualquer ponto do Universo. Essa imensa antena perceptual necessita de um afunilamento para adequação às percepções do espaço tridimensional em que vivemos. Sem isso entraríamos num estado de confusão mental, em que o concreto e o abstrato estariam misturados, dificultando a vida relacional. Dentro dessa nova visão, a loucura decorre do sentimento de onipotência, em que o ser deseja que a vida seja do seu próprio modo, resultando num conflito entre a realidade não aceita e a fantasia onipotente, gerando desequilíbrio psíquico e emocional. Um dos aspectos mais importantes desse diagnóstico diferencial é o fato de que as experiências culminantes[9] são auto-organizadoras enquanto os surtos

---

[8] Diagnóstico Diferencial – "Enquanto o estado psicótico é uma regressão a um estágio pré-egoico de indiferenciação, o estado transpessoal consiste em ultrapassar a fase dual do ego, representando uma terceira fase da evolução do adulto: a da unidade diferenciada. (...) A terceira fase, que corresponde à descoberta do "eu superior", Jung já a pressentia quando falava na existência de um processo de individuação, no sentido de se tornar indivisível com o todo." (WEIL, Pierre. *A Mudança de Sentido e o Sentido da Mudança*. Rio de Janeiro: Record - Rosa dos Tempos, 2000.)

[9] Experiência Culminante – "Essa vivência acontece de modo repentino, no momento de um pôr do sol particularmente envolvente, ou ao nascer do sol. Pode acontecer também ao se segurar uma criança no colo, durante a gravidez, durante um parto, ou ao entrar num lugar sagrado como um templo ou uma igreja." (WEIL, Pierre. *Os Mutantes: Uma nova humanidade para um novo milênio*. Campinas: Verus, 2003, p. 78.)

psicóticos se caracterizam por serem experiências conflituosas, com intensas cargas emocionais, desorganizadoras do psiquismo.

Outra característica dos fenômenos espirituais[10] é o deslocamento no tempo e no espaço, o que já foi objeto de pesquisa, realizada por Pierre Weil na Universidade Federal de Minas Gerais, na década de 1970. Como a vivência transpessoal[11] está conectada, indiretamente, com o presente, apenas por seu conteúdo, ela fica dissociada do que denominamos de realidade, assemelhando-se a um surto psicótico. Outra diferença essencial é o fato de que o sensitivo[12], fora do estado de transe ou consciência transpessoal[13], apresenta um comportamen-

---

[10] Fenômenos Espirituais ou Fenômenos PSI – "Os fenômenos psi geralmente são definidos como interações organismo-meio ambiente (incluindo as interações entre organismos) nas quais parece ter ocorrido uma informação ou influência que não pode ser explicada pela interpretação científica de canais sensoriais-motores. Em outras palavras, estes relatórios são anômalos porque parecem permanecer fora dos conceitos de tempo, espaço e força da ciência moderna." (BRANDÃO, Denis M.S.; CREMA, Roberto. *Visão Holística em Psicologia e Educação*. São Paulo: Summus, 1991, p. 16.)

[11] Vivência Transpessoal – "O que caracteriza essencialmente o nosso mutante será o resultado do trabalho sobre si mesmo, visando a uma transformação profunda em direção à superconsciência. Seus heróis e modelos são os grandes sábios, místicos e santos da história ou da contemporaneidade. As práticas transformativas é que determinam sua nova forma de ser consigo mesmo e com os outros, isto é, a qualidade de suas relações amorosas e da vida profissional e social, caracterizadas pela prática da compaixão." (WEIL, Pierre. *Os Mutantes: Uma nova humanidade para um novo milênio*. Campinas: Verus, 2003, p. 14-5.)

[12] Sensitivos – Identificados pelo psicólogo e pesquisador Júlio Peres como aqueles que funcionam, psiquicamente, como uma espécie de transcomunicador interdimensional.

[13] Estados de Consciência Transpessoal – "(...) as pessoas que passaram pelo estado de consciência transpessoal nos dizem que vivenciaram uma situação em que não existia mais nenhum ego, nenhum indivíduo, em um espaço luminoso onde não tinha mais dentro e fora, um espaço consciencial não dual. Falam, tam-

to de acordo com os padrões de normalidade e, principalmente, de expressão afetiva, ao contrário dos psicóticos, que apresentam severos bloqueios ao estabelecimento de vínculos afetivos.

Na ATH incluímos também o processo de desenvolvimento espiritual que, fora de um contexto religioso, permite que o cliente possa conhecer seu fenômeno espiritual, sem as pressões e os direcionamentos característicos das instituições religiosas.[14] Além disso, ele pode contar com o apoio emocional oferecido pelos procedimentos terapêuticos nessa fase de confusão mental e de indecisão, tão comuns no início do despertar de uma consciência mais ampla. É um procedimento terapêutico bastante comum nos Estados Unidos, onde David Lukof[15], psicólogo californiano, adicionou a emergência espiritual como uma das causas de acompanhamento psicológico nos serviços de psicologia do país.

---

bém, de uma vacuidade não vazia, de um espaço pleno do potencial de tudo que existe; espaço fora do tempo, vivência do absoluto." (WEIL, Pierre. *A Mudança de Sentido e o Sentido da Mudança*. Rio de Janeiro: Record - Rosa dos Tempos, 2000, p. 50.)

[14] Religião – "Quando falamos em religião, neste trabalho, estamos nos referindo exclusivamente ao seu aspecto místico e no sentido original do termo: religare. Com efeito, toda religião e, em grande parte, fundamentada em experiências místicas dos seus fundadores, em revelações obtidas num nível de consciência fora da nossa dimensão espaço-tempo, em que a pluralidade e a dualidade desapareceram; em que houve um religamento e uma volta à unidade fundamental. Todas as religiões constituem uma divulgação, para o leigo, dessas revelações." (WEIL, Pierre. *A Mudança de Sentido e o Sentido da Mudança*. Rio de Janeiro: Record - Rosa dos Tempos, 2000, p. 68.)

[15] David Lukoff –PHD em psicologia pela Universidade de São Francisco. Palestrante internacional sobre o tema da espiritualidade e saúde mental. Professor. Especialista em emergência espiritual e didata de profissionais da área de saúde. Autor da inclusão da categoria de "Problemas Religiosos ou Espirituais no DSM (índice de classificação de estados de saúde mental) nos Estados Unidos". Seu trabalho pode ser encontrado no site: www.bodysoulandspirit.net

Em recente visita ao Brasil, o psiquiatra e pesquisador Stanislav Grof[16], durante sua palestra numa Universidade do Rio de Janeiro, surpreendeu-se com a resistência do meio acadêmico brasileiro em relação às pesquisas de fenômenos espirituais, quando alguns cientistas se retiraram, em protesto, diante de sua afirmação de que não compreendia por que, sendo o Brasil um país tão espiritualizado, estava tão atrasado nesse campo de pesquisas.

Pierre Weil, psicólogo conhecido internacionalmente e pioneiro da Psicologia Transpessoal no Brasil, afirma que, aqui, encontramos em cada esquina fenômenos que, no exterior, pagamos em dólar para vivenciarmos.

– Por que isso acontece?! – Indagou Luiza, com espanto. – Somos um país tão voltado ao espiritual?!

– Talvez seja esse o problema. Como somos um país espiritualizado, nossos cientistas e pesquisadores temem a distorção ou contaminação de seus estudos pelas visões religiosas. Um outro motivo para a resistência pode ser o pensamento colonialista do brasileiro, que sempre acredita que o importado é melhor do que aquilo que é desenvolvido em nosso país. Observe que, aqui no Brasil, é raro o desenvolvimento de teorias psicológicas. As teorias aceitas por consenso foram desenvolvidas em outros países, onde os estudiosos do assunto têm a coragem de lançar novas propostas e abordagens, construídas a partir de suas experiências profissionais.

– É lamentável que isso ainda aconteça. Temos um potencial de transcendência tão rico! Temos tantos sensitivos confiáveis e sérios aqui, no Brasil! – comentou Luiza.

---

[16] Stanislav Grof – psiquiatra e psicanalista criador da Terapia Holotrópica, "um método de hiperventilação, inspirado por Leonardo Orr, acompanhado de música adequada e de desenhos de mandalas. Criador do conceito de 'Emergência Espiritual' para as crises existenciais, muitas vezes confundidas com estados patológicos." (WEIL, Pierre. *Os Mutante: Uma nova humanidade para um novo milênio*. Campinas: Verus, 2003, p. 140.)

– Em minha prática de trabalho tenho observado que o número de sensitivos, principalmente mulheres, vem aumentado a cada ano... Mas, voltemos ao nosso trabalho: Inicialmente, iremos abordar, em cada sessão, aquilo que você trouxer para a psicoterapia; o material psíquico emergente, procurando sempre facilitar o processo de esvaziamento emocional. Liberando a energia emocional bloqueada no conflito e procurando levar sua mente inconsciente a perceber que agora é outro momento, e que tudo aquilo que aconteceu anteriormente não precisa acontecer outra vez. O inconsciente desconhece a diferença entre realidade e fantasia. É um campo virtual. Desse modo, quando promovemos, em estado de transe, a substituição de símbolos negativos por símbolos positivos, os programas mentais são igualmente transformados, resultando em comportamentos mais construtivos e condizentes com as metas existenciais de cada cliente ou amigo evolutivo. Esse procedimento permite que o inconsciente se atualize em termos de tempo, libertando-se das situações passadas e utilizando a energia vital liberada em ações positivas no tempo presente.

Segundo a Psiconeurolinguística, o inconsciente se comunica por meio de imagens, sons e sensações. Quando fornecemos a ele símbolos mais positivos e um caminho ou processo de raciocínio mais simples, livre de distorções e crenças autolimitantes[17], ele

---

[17] Crenças Autolimitantes – "Você aprendeu que sucesso ou fracasso começam com crença. Quer você acredite que possa fazer alguma coisa, ou acredite que não possa, está certo. Mesmo que tenha as técnicas e os recursos para fazer alguma coisa, uma vez que diz para si mesmo que não pode, fecha os caminhos neurológicos que fariam isso possível. Se disser para si mesmo que pode fazer alguma coisa, você abre os caminhos que podem fornecer-lhe os recursos para a realização." (ROBBINS, Anthony. *Poder Sem Limites*. São Paulo: Best Seller, 1987, p. 192.)

tende naturalmente para o estado de homeostase[18], de acordo com os interesses e motivações da própria pessoa.

– Por que você induziu a ideia de luz violeta e água?

– A Cromoterapia[19] é uma técnica milenar da Medicina Ayur-Védica. A medicina indiana. Autores como René Nunes, Richard Edde e René-Lucien Rousseau podem lhe dar uma boa visão sobre o simbolismo das cores.

Quando passei a trabalhar com a Psiconeurolinguística, observei que o inconsciente é susceptível à influência das cores e, assim, posso induzi-las como símbolos de transformação psíquica. Quando induzo o violeta, por exemplo, que, segundo a Cromoterapia e a Teosofia[20], representa a transmutação ou transformação do negativo em positivo, estou fornecendo ao inconsciente um instrumento, um caminho para mudanças positivas. Se ele mudar o padrão

---

[18] Homeostase – Condição de equilíbrio entre as diferentes forças biopsicoespirituais que compõem o ser humano integral. Condição a ser alcançada por meio do processo terapêutico, resultando num fluxo da energia vital por todo o organismo. Corresponde ao conceito de ecologia interior, na Abordagem Transdisciplinar. MEIRELLES, Sueli.(*A Dimensão Holística da Gestalt-Terapia.* Rio de Janeiro: Apostila do GDT- Grupo Didático Terapêutico do Instituto Vir a Ser, 2005.)

[19] Cromoterapia – "As cores se referem aos arquétipos que se tornam, ao mesmo tempo, a essência do vermelho, do azul etc., e os complexos "universais" válidos para o mundo psíquico, o qual se confunde em sua infraestrutura com o mundo físico, prolongando-o, exprimindo-o. Reconduzidas ao nível profundo dos arquétipos, as cores nos aparecerão como encruzilhadas onde se encontram a Arte, a Ciência, a Filosofia, as Religiões. Elas indicam, como postes sinalizadores, o sentido das energias físicas e morais. Elas formam uma ponte entre a Ciência e a Arte, entre a Física e a Metafísica, entre a Natureza e Deus. O arco-íris é considerado, nas antigas tradições, como uma ponte lançada entre o Céu e a Terra." ROUSSEAU (René-Lucien. *A Linguagem das Cores*. São Paulo: Pensamento, 1980, p.14-5.)

[20] Teosofia – Escola Esotérica fundada por Helena P. Blavatsky, que procura unir os conhecimentos esotéricos do Oriente e do Ocidente e tem como sua obra mais conhecida *A Doutrina Secreta*.

psíquico do registro, por meio do símbolo, isso promove mudanças também no comportamento. É como mudar o programa instalado num computador. O comando do "computador mental"[21], o seu código de acesso, é a linguagem específica que provoca alteração dos símbolos ou registros emocionais, guardados no inconsciente, sob a forma de sons, imagens e sensações, como me referi antes. Essa nova visão sobre a mente humana é bem explicada no documentário "Quem Somos Nós", no qual são entrevistados expoentes da pesquisa sobre a consciência humana, tais como Amit Goswami e Andrew Newberg.[22]

A água, por sua vez, é um símbolo universal de purificação e conduz ao esvaziamento emocional. Numa pesquisa recente do cientista japonês Masaru Emoto, publicada em seu livro *As Mensagens da Água,* ele demonstrou, por meio da técnica de ressonância magnética, como o efeito de determinados sons, palavras, pensamentos e sentimentos alteram a estrutura molecular da água, evidenciando sua sinergia com a mente humana. Afinal, somos 70% água! Tenho conseguido excelentes resultados trabalhando diretamente com os símbolos do inconsciente profundo. Isso evita a re-

---

[21] Biocomputador Humano – termo forjado por John Lilly para designar o ser humano em seu conjunto e, mais particularmente, o cérebro e o espírito. "O cérebro humano é um imenso biocomputador, cujas propriedades não estão todas decifradas nem profundamente compreendidas. A interação entre os biocomputadores colocados em grupo é igualmente plena de desconhecidos." Este biocomputador é capaz não somente de programação, mas igualmente de metaprogramação. O espírito funciona na base de simulações, como um computador. (WEIL, Pierre. *Nova Linguagem Holística.* Rio de Janeiro: Espaço e Tempo, 1987, p. 15.)

[22] Andrew Newberg – Psiquiatra americano, diretor do Centro de Pesquisas sobre Espiritualidade e Mente, da Universidade da Pensilvânia, onde, através de estudos tomográficos, acompanha as alterações cerebrais, durante os estados de transe. Seu trabalho pode ser encontrado no site: www.andrew-newberg.com

sistência provocada pelos mecanismos de defesa contra o sofrimento, porque o consciente, a princípio, não compreende os símbolos e os deixa passar livremente. É mais fácil esvaziar-se de uma emoção por meio de um símbolo do que se lembrando da experiência real, que pode ter sido muito dolorosa. Assim, posso levar a mente inconsciente a representar uma vivência sob a forma de uma mancha ou cor, e trabalhar com esse símbolo até alcançar uma representação positiva da situação vivida. Isso predispõe o psiquismo a agir positivamente diante da questão.

– É realmente muito interessante! Você não faz entrevista inicial?

– Sim. No primeiro contato, normalmente, faço uma anamnese, que inclui a motivação para o trabalho terapêutico, os sintomas físicos apresentados, a dinâmica familiar, a autodefinição, percepções extrassensoriais ou fenômenos de emergência espiritual e as expectativas em relação ao trabalho terapêutico. Como você já estava muito mobilizada emocionalmente, preferi trabalhar com o seu sonho, deixando a entrevista para a próxima sessão. Podemos, no entanto, aproveitar o tempo restante para colher alguns dados. Fale-me sobre você.

– Tenho trinta e seis anos e sou psicóloga, mas ainda não exerço a profissão. No momento, estou fazendo um Curso de Especialização em Psicopedagogia. Também faço parte da diretoria de uma Instituição Filantrópica. É um trabalho interessante, e penso em aproveitar, na instituição, os conhecimentos sobre aprendizagem. Lá estamos planejando criar um novo modelo de escola; uma escola experimental, mais de acordo com a realidade de vida daquelas crianças. Depois, quero falar novamente sobre isso.

Mudando de assunto, Luiza continuou:

– Sou casada há doze anos e tenho um casal de filhos; João Vicente, com dez anos, e Ana Luiza, com oito. Ana Luiza está bem. Ela não me dá trabalho, mas meu filho me preocupa. Ele tem reações que não consigo explicar... Em outra oportunidade, quero falar-lhe também sobre ele.

Perguntei-lhe por que ainda não exercia a profissão.

– Interesso-me por aprendizagem e por métodos educacionais. Eu comecei a estudar psicologia pensando em trabalhar com dificuldades de aprendizagem. Somente agora estou descobrindo a Psicologia Clínica. Pode ser que, mais tarde, eu venha a exercê-la, mas, no momento, quero mergulhar no meu inconsciente e encontrar respostas para as perguntas que ficam na minha mente.

– Você quer saber mais alguma coisa sobre a minha forma de trabalho?

– Essas técnicas que você utiliza são validadas cientificamente? Uma vez assisti, na faculdade, a um debate sobre essa questão de novos procedimentos terapêuticos...

– As técnicas de Regressão de Memória[23], Hipnose Ericksoniana e Reprogramação Mental[24] que utilizo têm como base a vi-

---

[23] Regressão de Memória – Técnica terapêutica em que, por meio de indução hipnótica se acessam os registros inconscientes de adolescência, infância, nascimento, vida intrauterina e registros transpessoais. Esta última modalidade, mais conhecida como TVP (Terapia de Vidas Passadas), foi criada pelo Dr. Morris Netherton, PhD em psicologia, Califórnia, USA, em 1967, que trabalha com essa técnica há mais de trinta anos, tendo tratado nesse período mais de 15 mil clientes com excelentes resultados. A Terapia de Vida Passada foi trazida ao Brasil na década de 1980, com a vinda do Dr. Morris Netherton. Consiste em um processo de autorresolução de conflitos, no qual o próprio cliente, pela vivência, regressa a situações traumáticas do passado e obtém a conscientização das origens remotas dos seus problemas atuais e a redecisão de reformular seu modelo de vida, por meio de mudanças e reprogramação do seu estado psíquico presente. Fonte: Site da SBTVP www.sbtvp.com.br

[24] Reprogramação Mental – "Do ponto de vista neurológico, cada experiência vivida por um indivíduo está registrada em seu organismo, formando um conjunto de neurônios, que são associados a outros, de modo específico, em função da intensidade das descargas emocionais presentes nessas vivências, compondo circuitos neurológicos ou caminhos peculiares de raciocínio, que irão de-

sualização criativa proposta pela Gestalt-Terapia, associada aos conhecimentos da Bioenergética e da Programação Neurolinguística. Todas já largamente utilizadas pela psicologia. O que considero importante é lembrar que a própria psicologia precisa rever seus conceitos de ciência.

– Como assim?

– Propondo-se a ser uma ciência objetiva[25], baseada no enfoque biomédico[26], a psicologia não dispõe de instrumentos validados para o estudo de fenômenos subjetivos. Se tomarmos a própria psicanálise como exemplo, iremos constatar que não existem critérios objetivos que comprovam a existência de *id, ego* e *superego*. São constructos que, com o tempo, foram aceitos pela ciência oficial, por consenso. O fato de que uma teoria é aceita pela maioria dos cientistas de uma época constitui uma das formas de validação científica.

---

terminar os modos de ação daquela pessoa. Somente a partir da reprogramação direta destes registros é possível se operar a modificação do comportamento." (MEIRELLES, Sueli. *Apostila de Psiconeurolinguística*. Rio de Janeiro: Seminários do Instituto Vir a Ser, 2006, p. 9.)

[25] Ciência Objetiva –"O mito da objetividade, o tabu da isenção valorativa e o método de separatividade entre o sujeito, o objeto e o conhecimento resultaram numa sofisticada ciência-tecnologia destituída de alma e espírito. Ética, estética e pneuma foram banidas dos domínios ditos científicos, e essa perigosa patologia dissociativa adquiriu estatuto e status." (WEIL, Pierre; D'Ambrósio, Ubiratan; Crema, Roberto. *Rumo à Nova Transdisciplinaridade: Sistemas abertos de conhecimento*. São Paulo: Summus, 1993, p. 139.)

[26] Enfoque Biomédico – "A excessiva concentração da medicina no enfoque biomédico fez com que, durante muito tempo, a separação mente-corpo de Descartes tivesse sido levada às últimas consequências; durante dezenas de anos a medicina simplesmente ignorou os fatores psicológicos da doença; a própria psiquiatria, movida pelo entusiasmo despertado pelas descobertas da endocrinologia, da neurologia e da bioquímica, fez da chamada 'doença mental' um fenômeno puramente fisiogênico e, por conseguinte, passível de tratamento biofísico." (WEIL, Pierre. *A Mudança de Sentido e o Sentido da Mudança*. Rio de Janeiro: Record - Rosa dos Tempos, 2000, p. 21.)

– Eu não havia pensado nisso...

– Ainda estamos vivendo um momento extremamente importante dentro do campo da ciência. Precisamos de um novo modelo científico que possa abranger níveis mais abstratos. A Física Quântica, voltada para o estudo da energia e da consciência, serve de base para o desenvolvimento desse novo modelo. Pierre Weil, em sua obra *A Mudança de Sentido e o Sentido da Mudança,* faz uma importante reflexão sobre o novo paradigma holístico[27]... Você quer perguntar mais alguma coisa?

– Não! Agora, compreendi. É que, na Faculdade, nossa turma foi alertada para essa questão de trabalhos novos que não têm fundamentação científica.

– Nosso trabalho é amplamente fundamentado em bibliografias e na observação dos fenômenos vivenciados pelos clientes, no que Pierre denomina de Estados Superiores de Consciência. Em relação ao papel das Universidades e do Conselho de Psicologia, Weil propõe a revisão das crenças que orientam esses centros de saber. Outro autor, o filósofo americano Ken Wilber, em *A União da Alma e dos Sentidos* propõe que a ciência amplie seu enquadre

---

[27] Paradigma Holístico – Segundo Pierre Weil, o novo paradigma holístico foi definido pela Universidade Holística Internacional, em Paris, da seguinte forma: "Este paradigma considera cada elemento de um campo como um evento que reflete e contém todas as dimensões do campo (cf. a metáfora do Holograma.). É uma visão, na qual 'o todo' e cada uma das suas sinergias estão estreitamente ligados, em interações constantes e paradoxais". (WEIL, Pierre. *A Mudança de Sentido e o Sentido da Mudança.* Rio de Janeiro: Record - Rosa dos Tempos, 2000, p. 33.) Roberto Crema considera que "O Paradigma Holístico surge como uma resposta criativa a esta crise global, partindo do postulado evidenciado por Jan Smuts (1926) do continuum MATÉRIA-VIDA-MENTE. "Sendo uma abordagem inclusiva, ao mesmo tempo integra o adequado e positivo do antigo paradigma, transcendendo-o em direção de uma integrativa cosmovisão que leva em conta a dinâmica de o todo-e-as-partes." (*Manuel do Aprendiz – Formação Holística de* Base – UNIPAZ/RJ, p. 25.)

científico e que as tradições religiosas abram espaço em seus dogmas para o método experimental: hipótese, experimentação, confirmação ou rejeição do fenômeno espiritual, que poderão trazer esclarecimentos confiáveis sobre o assunto... Você quer saber mais alguma coisa?

– Não. Pelo que nós fizemos hoje eu pude compreender como você trabalha.

– O nosso tempo está terminando...

– É, eu sei. São cinquenta minutos de atendimento, uma vez por semana.

– Isso mesmo. Uma semana de intervalo é tempo suficiente para que você possa perceber mudanças significativas no seu comportamento, provocadas pelas novas programações inconscientes que forem instaladas. Quando você entrar na fase produtiva da psicoterapia, apresentando mudanças positivas de comportamento em sua vida, poderemos espaçar nossas sessões para encontros quinzenais. Isso lhe dará a oportunidade de testar sua autoconfiança e os resultados obtidos na terapia.

Tendo sinalizado o término da sessão, comecei a me levantar, no que Luiza me acompanhou. Despedimo-nos e eu continuei o meu dia de trabalho, atendendo a outros amigos evolutivos. À noite, voltei a pensar em Luiza, percebendo em mim certa expectativa quanto à próxima sessão. Algo me dizia que ela era um ser com questões especiais. O que ela traria em nosso próximo encontro?

2

A Primeira Entrevista

Na sessão seguinte, Luiza chegou bem mais tranquila. Seu esvaziamento emocional no encontro anterior havia lhe proporcionado um equilíbrio temporário. Sua expressão estava mais leve, a pele corada e os olhos mais brilhantes. Estas são pistas sensoriais[1] que sempre observamos. O inconsciente é extremamente autêntico e se expressa, de hábito, por meio de reações fisiológicas como mudanças de padrão respiratório, tônus muscular, coloração da pele e tonalidade da voz. Observando os sinais podemos identificar a verdadeira condição emocional do cliente pela concordância

---

[1] Pistas Sensoriais – São expressas pela linguagem corporal do falante: Ritmo de fala ou respiração, postura corporal, tonalidade da pele, contrações musculares etc., que comunicam o estado emocional do falante, e a veracidade ou congruência entre o que ele sente e o que fala, independentemente do que ele esteja dizendo. Os autores da PNL (BANDLER e GRINDER – 1982), assim se referem a essas pistas: "Se vocês fazem a uma pessoa uma pergunta envolvendo um programa motor, podem observar as partes do corpo que terão de utilizar a fim de captar essa informação. A informação não procede de um vácuo dentro dos seres humanos. A fim de conseguir informações para responderem a perguntas os seres humanos precisam entrar em contato com alguma representação das mesmas. E apesar de talvez trazerem apenas um desses sistemas para o limiar da consciência, eles irão checar inconscientemente todos os sistemas para reunir os dados". (BANDLER, Richard; GRINDER, John. *Sapos em Príncipes: Programação neurolinguística*. São Paulo: Summus, 1982, p. 61-2.)

ou congruência entre suas reações fisiológicas e o seu discurso. Pode ocorrer, por necessidade defensiva, que o cliente tente camuflar algum sentimento. Nesse caso, a observação das pistas sensoriais é um valioso recurso de atuação terapêutica.

Continuando a avaliação, observei Luiza como um todo. Ela se vestia de maneira mais descontraída: usava uma calça branca de algodão e uma veste lilás, do mesmo tecido. Tinha os cabelos soltos, que lhe desciam pelos ombros, em leves ondulações. Eu diria que havia sido o seu *timing* (tempo interno de cada um) e que ela estava pronta para aquele esvaziamento, como um fruto maduro que naturalmente cai da árvore.

Continuei a entrevista iniciada na sessão anterior aprofundando os dados sobre o seu relacionamento conjugal. Luiza confirmou que mantinha uma boa relação com João Luiz, seu marido:

— Somos diferentes um do outro, o que nos traz equilíbrio. Apoiamo-nos mutuamente, conscientes de nossas diferenças. Por outro lado, temos afinidades nas questões básicas da vida a dois, como valores morais, princípios religiosos, educação dos filhos, sexualidade e objetivos de vida. Ele trabalha numa instituição financeira e ganha razoavelmente bem. O relacionamento de nossas famílias também é excelente. Papai e meu marido são amigos. Não tenho problemas quanto a isso; o que me preocupa são as minhas próprias reações, para as quais não encontro uma razão.

Por exemplo: Quando ouço um coral, *vejo* em minha mente um grupo de seres com roupas diáfanas, que cantam músicas apenas vocalizadas, quer dizer, sem letra. Sinto-me, então, transportada para um outro lugar que não sei onde é, e uma saudade imensa invade o meu coração. É como se eu já houvesse estado lá, em algum outro momento do tempo.

— Você não tem nenhuma outra percepção a respeito?

— Não. A cena é só esta.

– Oportunamente iremos trabalhar esses registros. Podem ser registros transpessoais, registros de inconsciente profundo que não se encaixam na experiência de vida atual.

– Você quer dizer registros de outras vidas?

– Cientificamente não podemos comprovar que vivemos outras vidas. Além disso, dentro de nosso referencial teórico, no qual associamos os princípios da Psicologia Transpessoal e da Física Quântica, preferimos utilizar o conceito de vida eterna, segundo o qual a energia vital ora se apresenta na condição de onda, ora na condição de partícula. Essa mesma visão de intervalos está contida no Bardo Todol, o *Livro Tibetano dos Mortos*. Muitos clientes entram espontaneamente nessas experiências. Quando acompanhamos experiências regressivas, enquanto o cliente está em transe promovemos o esvaziamento das cargas emocionais contidas nessas experiências, levando a mente inconsciente a perceber que aquele acontecimento é apenas uma memória, e que não está ocorrendo outra vez. Isso faz com que a mente se atualize no tempo, retirando-se, emocionalmente, daquele contexto de sofrimento... O que mais desperta o seu interesse?

– Gosto também de pintura. Quando adolescente, eu pintava quadros a óleo. Depois, parei, não sei por quê. Também já pintei vitrais e tecidos, mas, há tempos, deixei estas atividades de lado. Gosto de artes em geral: aprecio artesanato e, às vezes, escrevo poemas e pequenos artigos. Faço isso desde criança. Qualquer dia eu os trarei para você ler.

Como já lhe disse, participo da diretoria de uma Instituição Filantrópica. Sinto-me gratificada com essa atividade. Na maioria dos casos, as instituições são entregues à coordenação de pessoas leigas em educação, e que, com as melhores intenções, prejudicam a formação e o desenvolvimento psicológico das crianças, com radicalismos e conceitos educacionais ultrapassados. Em nossa instituição, na medida do possível, as crianças têm suas características individuais respeitadas. Elas podem escolher suas roupas, calçados e cortes de cabelo. Já ouvi falar de instituições onde esses aspectos são padronizados. Isso prejudica a construção de uma autoimagem individualizada e dificulta a autoaceitação. Sentir-se um indivíduo com características únicas é parte do processo de desenvolvimento. Promove a autoconfiança necessária para conviver em comunidade, e, ao mesmo tempo, poder aceitar as diferenças individuais. Elas também dispõem de atividades recreativas e culturais. Assim, ficam mais bem preparadas para conviver em comunidade e exercer sua cidadania.

Eu faço um trabalho de consultoria, no qual são debatidas as dúvidas e os diversos temas relacionados com a aprendizagem. Quero desenvolver um bom trabalho. Tenho novas ideias, principalmente quanto a conteúdo programático e métodos de ensino.

Reconduzindo a entrevista para o seu tema principal, perguntei a Luiza sobre a constituição de sua família.

– Sou a caçula de quatro irmãos: Susane, treze anos mais velha do que eu; Marcelo, nascido três anos depois dela, e Hércules. Entre eu e Hércules há uma diferença de quatro anos. Em outra oportunidade, quero lhe falar sobre o por que desse nome.

– Como é o seu relacionamento familiar? – indaguei.

– Eu me relaciono bem com papai. Ele é protetor e amigo. É idealista, falante, inteligente, com valores morais bem definidos. Eu o admiro muito. Ele foi um modelo importante em minha vida. Com mamãe, como já lhe disse, tive alguns atritos. É como se minha irmã fosse a minha mãe, porque ela cuidou de mim na infância. Quanto ao meu irmão Marcelo, sinto-me emocionalmente distante dele. Nós convivemos pouco. Ele não se enquadrava nas expectativas da nossa família. Havia muita rigidez de valores e ele não alcançava o padrão de comportamento exigido, por isso vivia a maior parte do tempo fora de casa. Converso mais com meu irmão mais novo. Ele é arquiteto e, como eu, tem interesse por música e arte. É solteiro, mora só, e, frequentemente, almoça lá em casa. Nessas ocasiões, mantemos longas conversas.

– Se eu lhe perguntar quem é Luiza, o que você me dirá?

– Sou uma pessoa sensível, criativa, produtiva, com alguns traços de rigidez característicos de minha família. Sou também ativa e romântica como mamãe. Sei que tenho qualidades enquanto pessoa. Gosto da minha maneira de ser. Gosto também de ter herdado algumas das características positivas de meus pais. Só quero me livrar do que não tem mais utilidade para minha vida, hoje, como essas reações que não consigo explicar. Por isso, desejo me conhecer melhor. Por exemplo: tremo de medo quando tenho que subir em um palco, mesmo que eu não precise falar nada. É um tremor tão intenso, uma agonia tão grande, que mal consigo ficar de pé.

Quando tinha oito anos e estava na segunda série primária, minha professora me escolheu para declamar a História da Carochinha, em versos. Eram quarenta estrofes, e eu decorei todas; tenho boa memória. Só que, na hora em que me vi na frente das turmas, no auditório da escola, fui tomada por um medo terrível; pânico, mesmo. Não pude recordar os versos e parei na segunda estrofe. Todas as crianças riram de mim. Foi horrível, mas eu sei que o medo não surgiu ali. Eu senti medo antes delas rirem, quando vi toda aquela gente me olhando.

Pela manhã, não gosto de sair de dentro de casa porque a claridade me incomoda. Quando eu era mocinha, mamãe falava sobre a importância de tomarmos sol. Ela gostava de colocar as roupas de cama ao ar livre e dizia que sol é vida. Eu, não sei por que, pensava: "sol é morte". Realmente, a exposição ao sol me incomoda. Sinto angústia e uma tristeza imensa quando a claridade bate no meu rosto. Depois, a sensação vai passando e eu consigo ficar do lado de fora de casa.

Tenho problemas também com relação a lugares altos, e sinto tremor nas pernas quando subo escadas. É um mal-estar indefinido, angustiante. Chego a ficar quase impossibilitada de descer, às vezes precisando do amparo de outra pessoa. É como se eu estivesse suspensa no ar.

Quando eu estava grávida de João Vicente, não conseguia assistir àquele seriado de TV, *Holocausto*, sobre campos de concentração, na Segunda Guerra Mundial. Eu ia para o meu quarto e colocava o travesseiro sobre a cabeça, tapando os ouvidos.

Se alguém falar sobre aquele filme *A Escolha de Sofia*, estrelado por Meryl Streep, sinto angústia e dor no peito. É uma dor terrível! Parece que vou morrer! Nele, a heroína, presa num campo de concentração, é obrigada a escolher qual de seus dois filhos será salvo pelo guarda que lhe propõe passarem a noite juntos. Um horror!...

Depois do sétimo mês da primeira gestação, comecei a ter taquicardia e falta de ar; suava muito e ficava angustiada. Meus familiares diziam que eu tinha que reagir, e eu realmente queria, mas não sabia como. Até hoje não entendo de onde vinha aquele sentimento.

Na hora de ir para o centro cirúrgico, tive a sensação de que caminhava para um matadouro. Isso não fazia sentido! Não era lógico! Eu estava com a minha família perto, os médicos eram conhecidos. Por que eu passava por tudo aquilo?

Senti uma intensa dor de cabeça durante a cirurgia. Tive que ser sedada. Quando fui levada para o quarto fiquei cianótica e perdi a consciência por alguns minutos. Tudo isso é muito estranho para mim.

Preferindo abordar terapeuticamente questões tão específicas em sessão própria, dei continuidade à entrevista, colhendo mais dados. Perguntei a Luiza se ela seguia alguma tradição religiosa, já que iríamos trabalhar também a sua essência, o seu nível espiritual, dentro do seu próprio referencial religioso. É uma postura transreligiosa que adotamos em respeito à ética.

– Minha família era tradicionalmente católica, mas quando nos mudamos para Nova Iguaçu, nos afastamos da igreja. Meu pai gostava de comprar livros sobre a vida fora da matéria. Ele sempre gostou muito de ler, e acredita que vivemos várias vezes para nos aperfeiçoarmos.

– Você também acredita nisso?

– Não sei. Não tenho muita certeza. Sinto que preciso de provas, nem que sejam apenas dentro de mim mesma...

Voltando as suas lembranças, Luiza continuou:

– Havia um livro em especial e numa de suas páginas aparecia a cena de uma mulher bonita, num quarto extremamente pobre, diante de um pequeno espelho, maquiando-se para receber o amante. Sobre a cama em desalinho estava deitada uma menina pequena, parecendo doente e pálida. Entre mãe e filha, flutuando no éter em outra dimensão, circulavam ondas de energia escuras que conferiam à cena um caráter lúgubre, de coisa ruim. Eu ficava pensativa, impressionada com aquilo. Queria entender, mas não me lembro de ter perguntado a alguém sobre o assunto.

Luiza parou de falar, e seu olhar desfocou-se, evidenciando um momento de reflexão interior. Depois, num tom de voz suave, olhou-me com seriedade e disse:

– Sou uma pessoa em busca de mim mesma. Acredito em Deus como um Princípio Inteligente, como uma Força Amorosa e Única que tudo penetra e interliga. Tenho uma fé imensa, um sentimento intenso de religiosidade, e isso me faz bem. Minha fé me conforta nas horas difíceis. Eu não sei o que seria de mim sem ela!...

Lembrei Luiza sobre a experiência de Viktor Frankl, psiquiatra contemporâneo, que desenvolveu uma teoria psicológica, a Logoterapia, segundo a qual o problema essencial da existência humana é o sentido da própria vida. Para Frankl, que foi prisioneiro de um campo de concentração durante a Segunda Guerra Mundial, enquanto o homem tiver uma razão para viver, terá esperança, mesmo em face da situação de vida mais desesperadora.

Após este momento reflexivo, Luiza retomou suas lembranças:

— Fui criada no campo, em contato com a natureza, com árvores e animais à minha volta. Antes morávamos no Rio de Janeiro, onde papai era relojoeiro e ourives. Quando os negócios começaram a fracassar, ele resolveu mudar-se aqui para Nova Iguaçu. Um amigo de papai era dono de uma casa, num bairro afastado do centro. Era uma casa simples, de alvenaria. Tinha uma varanda na frente com portãozinho de madeira e me parecia grande (ela sorri). Quando voltei àquela casa depois de adulta, descobri que a grande varanda tinha apenas uns dois metros de comprimento. Como o mundo parece imenso para as crianças!

— Isso nos mostra que a percepção humana é relativa. O grande e o pequeno, o bom e o mau são valores que você atribui, usando o seu próprio referencial. Por isso podem ser modificados. Se você mudar o seu referencial, muda também a sua percepção de mundo. Essa é a base do processo de resignificação que utilizo na terapia.

— Por essa minha experiência é possível compreender isso. Vivi deliciosas brincadeiras de médico e paciente nessa mesma varanda com um casal de primos do Rio de Janeiro. Eles eram mais novos do que eu e, nas férias escolares, vinham para a nossa casa. Na brincadeira, o paciente ficava deitado sobre um lençol colocado num banco comprido, que servia de maca. O "curativo" era feito com pedacinhos de papelão colocados em todas as dobrinhas do corpo. Lembro-me da agradável expectativa do toque em cada parte, inclusive na região genital.

Não me lembro de nenhuma conotação de malícia ou sentimento de culpa. Estávamos, apenas, descobrindo o prazer de tocar o próprio corpo. Como crianças, sabíamos que estávamos nos dando prazer e já havíamos aprendido, havia algum tempo, que este prazer não era bem visto pelos adultos. Não me recordo se sentíamos medo ou se tínhamos sentimentos de culpa. Havíamos desenvolvido uma "consciência" em relação às dificuldades dos adultos em lidar com a sexualidade infantil. Sabíamos, acima de tudo, que quando um deles aparecesse, deveríamos aparentar "inocência". Nenhum de nós falava sobre isso. Parece que tínhamos um acordo tácito e inconsciente, uma estratégia preestabelecida, que entrava automaticamente em funcionamento, tão logo um adulto se aproximasse de nós durante essas brincadeiras sexuais. Assim que isso acontecia, cobríamos o "paciente" para esconder os "curativos" e fazíamos expressão *inocente*.

Rimos juntas da estratégia infantil. Comentei sobre a representação assexuada dos anjos barrocos e sobre o mito da inocência infantil, originado pela repressão sexual e pelo desconhecimento do instinto de prazer, que já é presente nos bebês. Acrescentei que essas brincadeiras sexuais, extremamente comuns na infância, são motivadas pela curiosidade sexual da criança e pela natural busca de sensações prazerosas, não havendo nelas as alterações hormonais e a malícia que caracteriza a vida sexual adulta.

Voltando às suas lembranças, Luiza continuou:

– Na casa não havia luz elétrica, nem água encanada. Lembro-me de que, à tardinha, quando começava a escurecer, minha mãe e minha irmã abraçavam-se e choravam. Eu assistia à cena passivamente e me afastava. Não me parecia haver dúvidas sobre o que estava acontecendo. Eu tinha a impressão de que havia um motivo para que elas vivessem aquela experiência.

Mudamo-nos para Nova Iguaçu no mês de janeiro, e, na época, chovia muito. A chuva perdurou por mais de quinze dias. Como a casa já estava mobiliada pelo dono, os móveis de sala de mamãe ficaram no quintal. Eram móveis bonitos! Com a chuva, o folheado de madeira foi se soltando e podia ser retirado em grandes placas. Não sei o que foi feito deles depois, mas penso que foram jogados fora.

— Deve ter sido difícil para sua mãe passar por isso!

— Acredito que sim! Nesses dias ficávamos todos dentro de casa, com os lampiões acesos. Não tínhamos rádio nem televisão, por causa da falta de luz. Mamãe, sempre criativa, inventava brincadeiras para nos distrair, enquanto papai, muito pensativo, ficava num canto. Com o senso de responsabilidade que o caracterizava, ele deve ter sofrido intensamente, preocupado com o sustento da família. Aquela mudança tão radical de estilo de vida trouxe sofrimento para todos. Apenas eu, em função da pouca idade, não tive consciência do que ela significou, em termos de perdas e dificuldades. Com a luminosidade reduzida de um lampião, papai não podia consertar relógios, e, se no Rio de Janeiro, a situação financeira estava difícil, ali, tão distante de tudo, ficou ainda pior.

Éramos paupérrimos, mas isso não me preocupava. Eu estava encantada com a nova vida e, de manhã cedo, corria para a cerca de arame farpado atrás da casa para olhar, no curral vizinho, os bezerrinhos mamando.

Às vezes, perdia-me pelo campo, onde havia um tipo de mato mais alto do que eu chamado sapê, formado por tiras longas, com serrilhas nas laterais, que cortavam a pele, deixando-a ardida. Era necessário caminhar com cuidado, mas era também muito bonito. Nas tardes frescas de verão o vento soprava o sapê e ele balançava, parecendo ondas de um mar às vezes verde, às vezes amarelado pelo sol.

Luiza relembrava esses momentos com uma alegria infantil estampada no rosto. Fora uma criança livre, vivendo em contato direto com a natureza e isso parecia explicar certo grau de ingenuidade que a caracterizava. Depois de uma breve pausa, continuou:

– Na maior parte do tempo, aquele bairro era dominado pelo silêncio que mediava as casas esparsas. Perdíamos a noção de tempo mergulhados nessas brincadeiras que podiam durar uma tarde inteira, até que o sol poente anunciasse que a hora do jantar se aproximava. Depois, se houvesse lua cheia, brincávamos de polícia e ladrão, na clareira de terra batida, em frente de casa, onde nossos joelhos deixaram a pele, sobrepondo inúmeras raladuras. Mas valia a pena! Além da clareira onde brincávamos, a rua se tornava um espaço coberto de vegetação rasteira como grama, com uma trilha no meio, formada pelos pés das poucas pessoas que por ali passavam.

Com o tempo, mamãe foi-se habituando à nova situação e começou a colocar sua criatividade em funcionamento, providenciando uma lata d'água com torneira para a pia da cozinha. Era difícil para ela adaptar-se àquela vida primitiva, depois de ter vivido com todo o conforto da cidade grande.

A água do poço que servia a casa era esbranquiçada, leitosa e deixava as panelas meio engorduradas, por mais que mamãe as esfregasse e enxaguasse. Papai dizia que a água continha caulino. Era uma espécie de massa de um branco amarelado, muito macia, que eu usava como massa de modelar, fazendo bonecos. Também grudava em tudo, nos calçados e nas roupas – disse Luiza, com um toque divertido na voz infantil.

Como a água do poço não servia para beber, íamos à mina d'água, na chácara em frente. Os donos da chácara nunca apareciam por lá e a propriedade ficava entregue a um casal – os caseiros – e que tinha muitos filhos, nossos companheiros de folguedos nas noites de lua cheia.

A chácara ficava numa encosta de morro, com mata fechada e bem espessa. Eu a achava misteriosa e atraente. Sempre senti atração pelo desconhecido! Eu ia com meus irmãos Marcelo e Hércules. Caminhávamos por baixo das árvores, numa trilha estreita, sombreada e fresquinha. Subíamos um pouco a encosta do morro e chegávamos à mina d'água. Lá, havia quatro toras como as de trilho de trem, entrecruzadas como no jogo da velha. No meio era fundo, e a água se acumulava. Podíamos, então, mergulhar nosso balde e enchê-lo com aquela água cristalina. Nas proximidades havia um pequeno olho d'água com o qual eu me divertia, colocando o indicador naquele furinho, para sentir o frescor da água que brotava com a força do ventre da terra. Aquela era a "minha mina secreta". Perto de nossa casa, mais para o final da rua, havia um outro morro com a subida cortada em ziguezague. Eu achava aquilo muito interessante. Não sei por que fizeram assim!

Nas tardes de verão, minha mãe preparava um lanche e, junto com Susane e Hércules, subíamos o morro para fazer piquenique. Íamos acompanhando a sinuosidade da encosta íngreme e, quando chegávamos lá em cima, nos deixávamos cair, cansados, sobre a relva macia. No topo, envolvidos pelo silêncio quebrado apenas pelo assobio do vento e pelo canto dos pássaros, olhávamos o vale lá embaixo, onde a vegetação espessa era pintada, aqui e ali, pelos telhados simples das poucas moradias existentes. Esse passeio nos dava uma sensação de harmonia e tranquilidade; colocava-nos em comunhão com a natureza e com Deus. Depois, satisfeitos e famintos pelo exercício de subida, estendíamos a toalha no chão e comíamos o lanche trazido na cesta. Antes que escurecesse descíamos a mesma ladeira em ziguezague e voltávamos para casa.

– O que você sente quando se recorda desses momentos?

– Sinto a mesma paz e alegria daquela época! Havia em nós uma pureza que se manifestava na capacidade de apreciar as coisas simples da vida. Acho que hoje, perdi esse dom. É como se eu pudesse recuperá-lo a partir dessas lembranças. Agora nossa vida é mais complexa e corrida. Temos mais recursos, uma vida agitada e cheia de tensões, o que nos torna insensíveis ao contato com as pessoas e com a natureza que nos cerca. Nestes tempos agitados, quantos olham para o céu, pela manhã, ao se levantarem?

Esta é a lição que eu encontro nessas lembranças. Minha infância foi repleta de experiências significativas de contato com a natureza e mesmo entre nós. Não havia dinheiro, mas isso não nos impedia de criarmos nossas próprias diversões, de compartilharmos a vida e sermos felizes. Hoje, quando vejo tantas pessoas insatisfeitas consigo mesmas, entediadas, fico pensando naquele tempo e na capacidade – principalmente de mamãe – de tirar o melhor da própria vida...

O olhar de Luiza voltou a ficar reflexivo, como que aprendendo aquela lição de otimismo e perseverança oferecida pela sua família. Isso parecia ajudá-la a integrar os sentimentos ambivalentes que nutria em relação à mãe, permitindo-lhe percebê-la melhor como um ser humano que possuía qualidades positivas e negativas, e cuja vida, como a de qualquer um de nós, fora composta de erros e acertos.

Depois de alguns minutos, Luiza continuou:

– A vida de meus pais também não foi nada fácil. Contudo, eles souberam preservar o equilíbrio e a harmonia familiar. Estou buscando isso agora. Lembranças como essas me levam a pensar que a felicidade pode estar nas pequenas coisas que fazem parte da vida. Não é preciso que tudo esteja bem para sermos felizes. Talvez isso seja impossível, mas podemos estar atentos a esses momentos especiais de nossas existências, quando, então, a magia da própria vida nos envolve e nos acalenta com sentimentos de puro enlevo e gratidão, apenas por estarmos vivos e saudáveis!

Luiza tornou-se novamente reflexiva e, depois, sorrindo, falou:

– Lembrei-me, agora, de outra situação. Sobre o telhado de nossa casa caíam muitas folhas e gravetos. Papai subia para limpá-lo e, junto com o lixo, trazia uma quantidade enorme de ovinhos de lagartixa. Talvez uns trinta ou quarenta. Eu os guardava envoltos num paninho, em lugar seco e seguro e, depois, brincava de "ajudar" lagartixas a nascer, jogando ovinhos escuros no chão e vendo-as sair correndo, às vezes largando a cauda, que ficava pulando, até que sua energia vital acabasse. Só os ovos bem pretinhos tinham lagartixas prontas para nascerem. Eu colocava cada um deles contra a luz do sol, para ver se estavam no ponto, e, então, atirava-os ao chão. Quando me enganava no diagnóstico, ficava decepcionada e com pena porque, ao se espatifar, o ovo mostrava uma gosma amarela e sem forma. Às vezes, sentia-me culpada por ter errado e ter provocado a morte da lagartixinha, mas logo depois me esquecia do ocorrido, buscando outras brincadeiras.

Papai também deixava que eu pegasse na mão filhotes de cobras não venenosas, que de vez em quando apareciam no quintal de nossa casa. Elas eram sedosas, macias, com pele fria e deslizavam sobre a minha mão, enroscando-se no meu pulso e movimentando uma linguinha tipo forquilha. Eu não sentia nenhum medo! Antes, papai havia me mostrado um livro que ensinava a identificar as cobras venenosas. Estas tinham a cabeça em forma de pera e a cauda se afinava abruptamente, em relação ao corpo. Além disso, as cobras venenosas eram agressivas, agindo de maneira bem diferente das outras, que logo fugiam com a nossa aproximação.

– Sua vida foi rica em experiências incomuns. Talvez por isso você seja tão sensível e criativa! Poucas crianças poderiam contar aventuras como estas!

– É verdade! O espírito de abertura em relação ao novo permanece em mim até hoje. Sinto-me atraída por novas descobertas!

68

Mudando de assunto, Luiza referiu-se ao seu filho João Vicente:

– Aconteceram com meu filho coisas que me deixaram preocupada. João Vicente nasceu com os pezinhos voltados para dentro. Ele caía com frequência, e só com o decorrer do tempo seus pés foram se posicionando corretamente. Ele também só começou a falar aos dois anos de idade. Isso aconteceu, repentinamente, numa viagem de férias que fizemos para São Pedro D'Aldeia, no litoral do Rio de Janeiro, no verão.

No caminho havia um carro azul, batido, tombado na beira da estrada. Quando meu filho viu começou a falar, ansiosamente: "Olha lá: *bibi* tombado!". Não consigo uma explicação lógica para esse acontecimento e isso me incomoda bastante. Até aquele dia, ele só balbuciava; a partir de então, passou a falar normalmente.

– Nesse caso, precisamos trabalhar diretamente com ele. Quando você quiser, marque uma sessão.Utilizamos os princípios da Ludoterapia no trabalho com crianças. Nas brincadeiras e jogos, a criança projeta seus problemas e ansiedades, tendo assim a oportunidade de procurá-los com a ajuda do psicoterapeuta. Quando o conteúdo emocional é extremamente forte, como acontece com os chamados registros transpessoais, utilizo o recurso da Captação Psíquica, uma técnica na qual trabalho com uma pessoa sensitiva que, em estado de transe, é induzida a entrar na faixa de frequência do inconsciente do cliente, captando imagens e sensações através do que Roberto Crema – psicólogo coordenador do CIT – denomina de "inconsciente simbiótico", uma espécie de Rede de Intercomunicação Eletromagnética, em linguagem de Física Quântica, ou, ainda, aquilo que os físicos chamam de "campo psi", uma faixa de onda situada muito acima da percepção consciente, onde todas as mentes se acessam, como computadores na web.

– Nunca ouvi falar disso! Como se define um sensitivo?

– Um sensitivo é uma pessoa que possui uma quantidade maior

de cristais de Apatita na glândula pineal. Estes estudos são realizados na USP, pelo psiquiatra Sérgio Felipe de Oliveira[2], e também pelo Psicólogo Júlio Peres que, já há alguns anos, realiza pesquisas sobre tais fenômenos.

— A técnica não é nova; ela foi criada pelo psiquiatra Eliezer Mendes como recurso para reduzir os sintomas de fragmentação de pacientes psicóticos, com o nome de Psicotranse. Aprendi a aplicá-la com um médico mineiro, Dr. Carlos Alberto Jacob, na cidade de Uberaba. Na ocasião, eu também desconhecia tal possibilidade. Depois, aprofundando meus estudos sobre o fenômeno, desenvolvi uma nova metodologia de trabalho, associando-a a técnicas de Bioenergética e Psiconeurolinguística, considerando que, se as imagens e sensações podem passar da mente do cliente para a mente da sensitiva, o inverso também é possível. Passei, então, a reprogramar e integrar partes psíquicas dissociadas com este novo método.

— Que coisa fantástica!... Eu soube que você faz supervisão e treinamento de psicólogos em Abordagem Transdisciplinar. Esta técnica também é incluída no treinamento?

— Sim. Ela integra o último módulo, junto com as técnicas de Regressão de Memória.

— Em que situação ela pode ser utilizada?

— Quando trabalho com clientes que, por algum motivo, estão impossibilitados de acessar, diretamente, seus registros inconscientes, como é o caso de crianças menores de três anos de idade,

---

[2] Sérgio Felipe de Oliveira é um psiquiatra brasileiro, mestre em Ciências pela USP (Universidade de São Paulo) e destacado pesquisador na área da Psicobiofísica. A sua pesquisa reúne conceitos de psicologia, de física, de biologia e do espiritismo. Desenvolve estudos sobre a glândula pineal, estabelecendo relações com atividades psíquicas e recepção de sinais do mundo espiritual por meio de ondas eletromagnéticas. Realiza um trabalho junto à Associação Médico-Espírita de São Paulo AMESP e possui a clínica Pineal Mind, onde faz seus atendimentos e aplica suas pesquisas.

bebês em vida intrauterina, pacientes terminais, idosos com Mal de Alzheimer ou em estado comatoso, Mal de Parkinson, ou ainda quando o próprio medo impede que a lembrança do ocorrido venha à consciência. Quando a memória transpessoal está impregnada com altas cargas emocionais acontece um estado confusional, que também impede que a memória seja acessada.

Em situações menos conflituosas utilizo as técnicas de Hipnose Ericksoniana para acessar o inconsciente profundo de cada cliente, facilitando a emergência do material psíquico que será abordado terapeuticamente.

Por meio deste método estabeleceremos contato com a sua Sabedoria Interior. As respostas que você procura estão dentro de você mesma. Serei sua companheira nesse processo de mergulho interior, a partir do qual você vai vivenciar suas experiências, segundo seu próprio direcionamento, até que tenha alcançado melhores condições de autorrealização.

– Gosto desse modo de trabalho! Isso me trará autoconfiança!

Os habituais cinquenta minutos pareciam ter se alongado com o seu relato. As lembranças de Luiza fluíam facilmente e a sua expressão muitas vezes tornava-se infantil diante das imagens mentais dos primeiros anos. Como não pareciam ter um conteúdo traumático, eu apenas a acompanhava. Rememorar boas lembranças de infância recupera a criança interior, a criança divina, geradora da motivação que impulsiona a vida, tornando o dia a dia prazeroso.

Concluídas as explicações, comuniquei a Luiza que o tempo de sessão estava terminando. Ela sorriu tranquilamente dizendo-me:

– Nem percebi o tempo passar! Acho que eu estava precisando ser ouvida. Estou bem melhor, agora!...

Luiza levantou-se e saiu da sala, despedindo-se.

3

AS LEMBRANÇAS DE INFÂNCIA

A memória consciente surge aproximadamente em torno do terceiro ano de vida. A partir daí, podem ocorrer esquecimentos motivados por experiências traumáticas, que levam os mecanismos defensivos do psiquismo a bloquear conteúdos emocionais e lembranças que causam sofrimento. Entretanto, há outro tipo de memória, a memória inconsciente, que registra todo e qualquer acontecimento, ocorrido nos três primeiros anos, no nascimento, na vida intrauterina e, mais além...

Eu havia trabalhado com clientes cuja depressão tinha origem em experiências traumáticas vividas no nascimento, no segundo mês de vida ou em qualquer momento dessa primeira fase de memória inconsciente. Havia encontrado, ainda, pessoas com registros inconscientes de outros momentos do tempo, cujas histórias não se encaixavam em suas experiências de vida. Tais memórias haviam funcionado como um desafio para o meu conhecimento científico, levando-me a desenvolver uma nova teoria da personalidade, com uma nova cartografia da mente, que me permitisse compreender e auxiliar esses clientes, em seus processos terapêuticos. Nesses trabalhos, eu observava que o esvaziamento dos conteúdos emocionais, associado à recondução da mente inconsciente, em estado de transe, à experiência de vida atual, tinha um efeito profundamente terapêutico. Sheila Ostrander e Lynn Schroeder, autoras de *Experiências Psíquicas Além da Cortina de Ferro*, já há alguns anos, pesquisam o assunto. Autores conceituados como Stanislav Grof, Pierre Weil e Roberto Assagioli, já haviam se referido a eles. O Esalem Instituto, na Califórnia e o Departamento de Pesquisas Espirituais, chefiado por Andrew Newberg, na Universidade da Pensilvânia, também pesquisavam os fenômenos religiosos.

Em relação a Luiza, era necessário acessar, primeiramente, o período de memória inconsciente dos três primeiros anos de sua vida para, depois, focalizar possíveis registros transpessoais.

No dia de sua consulta, Luiza parecia satisfeita. Como de hábito, chegou cerca de quinze minutos antes do horário marcado, sentou-se elegantemente na sala de espera e, ainda demonstrando ansiedade, pediu água à secretária.

Quando a chamei, Luiza entrou animadamente na sala:

– Trouxe uma coisa para você ver! – disse, ansiosa.

Mal se sentou na almofada começou a remexer rapidamente na bolsa, tirando uma foto de tamanho postal, na qual se via uma menina pequena, sentada sobre uma banqueta de piano, na varanda de uma casa.

– Esta sou eu aos três anos, em nossa casa no Rio de Janeiro.

Olhei a foto detalhadamente. A menina da foto tinha os cabelos castanhos bem claros, quase louros, com franjinha, presos em maria-chiquinha por fitas de cetim. Seu olhar era vivo e a pose altiva e elegante. Mantinha as perninhas cruzadas e o dedo indicador da mão esquerda pressionando o rosto, numa postura estudada e proposital. Usava um vestido de mangas fofas, com babado arrematando a saia comprida. Completava o traje com sapatinhos de verniz preto, abotoados ao lado, como sapatos de boneca, e calçava meias soquetes. Sua expressão era tranquila e inteligente.

Luiza mostrou-me também uma outra foto sua, aos nove meses de idade, em que aparecia de pé, descalça, com um vestidinho leve. Tomando por base os conhecimentos de postura corporal e leitura de bloqueios energéticos, nenhuma das duas fotos denunciava qualquer experiência traumática significativa, em tais idades. Parecia uma criança saudável e vivaz.

Aproveitando a oportunidade, perguntei-lhe sobre o que mais se lembrava em relação à infância.

– Lembro-me de nossa casa no Rio de Janeiro, no bairro de Santa Tereza, bem lá no alto do morro, perto do Largo das Neves, onde havia a linha do bonde e que ainda existe até hoje! Só que, agora, o bairro está decadente!

Era uma casa de tamanho médio, cercada por um muro baixo, com um portão na frente, com um gramado com roseiras. Uma escadinha levava à varanda coberta de ladrilhos azuis, até a metade da parede. As cadeiras eram de madeira, pintadas de branco.

Na sala, havia o piano de minha irmã, um jogo de cadeiras antigas, tipo poltronas, e cortinhas de veludo vermelho. Não entendo bem o por quê daquelas cortinas. Eram suntuosas demais para aquele ambiente simples! Era um toque aristocrático, muito fora de nossa realidade de vida... A porta do quarto de mamãe dava para essa sala. A seguir, separada por um arco, havia a sala de jantar, para onde se abriam as portas dos outros dois quartos: o meu e de minha irmã, e o outro, dos meninos. Uma terceira porta dava acesso à cozinha e ao corredor, que levava ao banheiro e à saleta dos fundos, onde papai trabalhava. Nessa saleta havia relógios dos mais variados tipos; alguns muito bonitos, trabalhados como joias. No chão ficavam uns vidros grandes, tampados, que papai me proibia de mexer porque continham ácido clorídrico, usado para precipitar o ouro, como ele dizia.

Às vezes ele me dava mercúrio líquido para brincar. Eu gostava de sentir o frescor e o peso do metal em minha mão e passava horas a fio separando e juntando outra vez as dezenas de bolinhas que se formavam. Sabe, como você mesma disse na outra semana, eu vivi ricas experiências em minha infância! O mundo me parecia um grande reservatório de surpresas e de coisas a descobrir! Sempre fui curiosa. Fui uma criança feliz!...

Nesse momento, os olhos de Luiza brilharam intensamente, expressando alegria. Assenti levemente com a cabeça, permitindo que ela continuasse:

– Além da saleta, seguindo pelo corredor, havia uma porta por onde se descia por outra escadinha, para o quintal. Lá, havia um quarto de guardados e o pomar, com goiabeiras, uma jabuticabeira e algumas bananeiras. Muitas vezes, após o almoço, mamãe pegava um prato, ia até o quintal, e colhia goiabas grandes e brancas para a nossa sobremesa. Mamãe dizia que as frutas eram boas, porque ela mandava cavar buracos no quintal, onde ia colocando o lixo da casa, para depois fechá-lo novamente. Isso fazia com que a terra ficasse bem adubada e boa para as plantas. Hoje, quando vejo todo esse lixo nos bairros pobres, fico pensando por que eles não o enterram no quintal de suas casas, em vez de jogá-lo na rua, espalhando tanta sujeira e deixando a cidade desse jeito!

Sorri novamente, assentindo com a cabeça. Luiza tinha opiniões bem próprias a respeito das coisas. Possuía, talvez por sua história de vida, uma maneira especial de solucionar problemas e de ver o mundo à sua volta. Tinha ideias transformadoras.

Pedi-lhe que continuasse seu relato.

– Na escadinha dos fundos, tenho minha lembrança mais antiga. Eu devia ter uns três anos de idade e estava sentada no primeiro degrau, de calcinha, com os joelhos bem afastados um do outro. Olhando para baixo, descobri o meu órgão genital e, curiosa, toquei-me. A sensação que tive foi extremamente agradável, e aí, eu me toquei de novo. Estava ocupada com essa agradável descoberta, quando recebi sonora tapa de minha mãe. Ela não falou nem explicou nada, mas sua expressão era de intenso desagrado e os seus olhos verdes estavam frios como era habitual quando se zangava. Na ocasião, não consegui entender o que eu havia feito de errado. Fiquei trêmula e assustada e, ainda confusa, chorando, corri para o quarto. Cheia de raiva de mamãe decidi que continuaria minha busca de prazer, quando não houvesse ignorantes adultos por perto.

Durante alguns dias, eu ainda olhava para ela de soslaio, porque ela simplesmente parava de dar atenção aos filhos quando fazíamos algo que a desagradasse.

Perguntei a Luiza se ela gostaria de dizer alguma coisa à sua criança interior:

– Acho que não! Ela parecia entender bem as dificuldades dos adultos, apesar de sua pouca idade.

– Uma criança precisa de afeto e compreensão – Em seguida lhe disse:

– Feche os olhos e se imagine entrando nessa cena da escadinha dos fundos. Abrace essa criança. Embora ela possa compreender os adultos, ainda é pequena e necessita do seu apoio.

Luiza concordou. Cerrou os olhos e se visualizou como adulta, acolhendo aquela criança. Duas lágrimas densas desceram-lhe pelo rosto, evidenciando a mágoa que ficara retida na experiência.

Esse trabalho terapêutico com as partes inconscientes dissociadas – o adulto e a criança – permite que se reconstrua a história de vida, concluindo situações de infância que tenham sido inadequadas, e introduzindo na memória inconsciente um programa de ação mais positivo. Tal programa, por sua vez, influencia positivamente o comportamento do cliente em sua vida atual.

Terminada a intervenção, Luiza prosseguiu:

– Tenho uma lembrança muito especial de um dos aniversários de papai. Nessa época, mamãe já costurava para fora, porque a situação financeira da família estava difícil e, assim, ela guardava alguns retalhos de tecido.

Naquele dia de março dos anos 1950, ela me chamou e me mostrou dois tecidos: um azul de bolinhas brancas, e outro branco de bolinhas azuis. Disse-me que ia fazer um vestido novo e uma calcinha para mim. Acrescentou que era aniversário de papai nesse dia, mas que ninguém tinha dinheiro para lhe dar um presente. Por isso ia fazer para mim uma roupa nova e dar-me de presente para ele! – disse Luiza, com os olhos cheios de lágrimas, emocionando-se com a lembrança daquele momento.

Continuando a sua narração, acrescentou:

– Senti-me importante e orgulhosa com a notícia e acompanhei mamãe durante o resto da tarde, enquanto ela fazia o vestido. Já ao anoitecer, minha irmã deu-me banho e mamãe mandou Hércules ao armarinho, comprar uma folha de papel de presente. A essa altura, minha expectativa era imensa. Papai já havia chegado, e aguardava do lado de fora da casa, avisado por minha irmã sobre uma surpresa para ele.

Mamãe colocou a folha de papel sobre a mesa da sala e me mandou deitar sobre ela. Eu obedeci, fechando os olhinhos e prendendo a respiração, para ficar bem quietinha como mamãe havia ordenado. Senti ela fechar o embrulho com seus alfinetes de costureira, enquanto ouvia, de dentro do pacote, a informação de que papai já podia entrar. Quando ele desembrulhou o "presente", minha alegria foi total.

Luiza começou a chorar novamente, demonstrando grande emoção:

– Sabe, mamãe tinha dessas coisas! Ela possuía dois lados: Algumas vezes era muito agressiva e eu senti medo dela; outras, eu a admirava por sua criatividade e capacidade de se superar e transformar uma situação difícil num acontecimento memorável e feliz. Nessas ocasiões, havia forte sentimento de amor e de união em nossa família. Nesse dia, quando papai abriu o "presente", ele me abraçou demoradamente e todos cantaram *Parabéns pra você*. Estávamos bastante alegres, apesar das dificuldades financeiras.

Esse foi o último ano naquela casa, antes de nos mudarmos para Nova Iguaçu. Na semana do Natal, mamãe me proibiu de brincar com a amiguinha que morava no sobrado em frente, filha do nosso médico de família. Eu a ouvi dizendo à minha irmã que não queria que eu sentisse falta dela, depois da mudança.

– Quer dizer que você não se despediu de sua amiguinha?

– Não!

– Você gostaria de fazer isso agora? É uma situação em aberto na sua história?

– Se você acha necessário, posso fazê-lo.

– Então, retorne a essa experiência, visualizando sua amiguinha diante de você. O que você tem vontade de dizer a ela?

– A ideia de me mudar para Nova Iguaçu parece-me atraente. Vou contar a ela as novidades que existem lá. Vou falar sobre o campo e sobre os animais!

– Faça isso e aproveite para se despedir dela – orientei-a, aguardando que Luiza terminasse a visualização. Ela abriu novamente os olhos, comentando:

– Eu era tão pequena que não tive tempo de me apegar afetivamente a ela. Praticamente não senti nada, agora, com a técnica!

– Pelo menos não ficou nada em aberto. Às vezes, pensamos que uma situação não é significativa e, quando a ressignificamos, somos surpreendidos pela intensidade da emoção! Assim não fica nenhuma dúvida. Você quer continuar?

79

– Nesse ano, ainda, levaram o piano de Susane, porque papai o vendera. Lembro-me de que ela foi para dentro do quarto chorar. Mais tarde levaram também o telefone, as cortinhas de veludo e o carro de papai.

Interrompi Luiza, novamente, indagando-lhe sobre seus sentimentos diante dessas lembranças.

– Procure identificar o que você sente – sugeri. Luiza fechou os olhos durante alguns minutos e as lágrimas começaram a descer mansamente sobre as faces.

– Eu pensei que essas lembranças não tivessem me marcado, mas, agora, percebo que havia uma grande tristeza em nossa casa, naqueles dias e, como criança, eu absorvi tudo isso!

– Então se imagine entrando na casa. Pegue essa criança no colo e converse com ela. Explique-lhe o que vai acontecer. Se uma criança for preparada para lidar com as situações de frustração, ela sofrerá menos. Diga-lhe tudo o que ela quiser saber sobre o assunto, assegurando-a de que, de hoje em diante, você estará sempre ao seu lado, protegendo-a e orientando-a. Diga-lhe, também, para soltar o corpinho e deixar que a tristeza se esvazie.

Aguardei que Luiza terminasse a ressignificação de sua experiência. Ela, então, abriu os olhos e sorriu, agradecendo com seu gesto habitual de tocar a minha mão. Correspondi ao toque e ela continuou:

– Então nos mudamos, como lhe contei na semana passada. Ficamos morando naquela casa por um ano ou dois, não sei bem, até que nos mudamos para uma espécie de chalé de madeira que papai construiu. Ele havia comprado um terreno naquele bairro, alguns anos antes, com a intenção de fazer um sítio.

O chalé era feito de madeira, com telhado em bico, com duas frentes. Era um modelo bonito! Papai dizia que ia cobri-lo com tela de *ployer*, uma tela especial que permite que se faça emboço sobre madeira. Eu achava tudo isso complicado. Aliás, tudo de papai era complicado! Ele era idealista demais, ao contrário de mamãe, que era prática e objetiva. Penso que, com o passar do tempo, isso a levou a adoecer. Era mais insatisfação do que ela podia suportar. Mamãe era uma mulher caprichosa, e tantas dificuldades tornaram sua vida uma grande batalha contra a adversidade.

Ainda por terminar, as paredes tinham frestas entre as tábuas e a casa não tinha forração no teto. Quando chovia, uma leve garoa caía dentro dela, umedecendo tudo.

Nessa casa, passamos um Natal muito interessante. Mamãe já havia feito as compras para a ceia, quando, na semana seguinte, recebeu a notícia de que vovó Eulália, sua mãe, e tia Olívia, sua irmã, estavam com tifo. Naquele tempo, tifo era ainda uma doença que inspirava cuidados. Mamãe nos reuniu na sala e disse para minha irmã: "Vocês fiquem aí e façam o Natal com seu pai, que eu vou cuidar de sua avó e de sua tia".

Mamãe partiu e, dias depois, Susane comunicou a mim e a Hércules que só iríamos comemorar o Natal depois que mamãe voltasse da casa de vovó. Nem me lembro o que fizemos na noite de Natal!...

No mês de janeiro, vovó e titia, já restabelecidas da doença, vieram com mamãe para nossa casa. No dia vinte e quatro de janeiro comemoramos o Natal. Eu fui incumbida de ser o Papai Noel. Eu devia ter, por essa época, uns sete anos e, feliz e orgulhosa com a tarefa, distribuí os presentes simples e significativos, que ia tirando de dentro de um saco vermelho. No final, não havia nenhum presente para mim e eu olhei, entre surpresa e interrogativa, para os adultos à minha volta, até que meu irmão Marcelo saiu da frente do móvel da sala e eu vi uma linda e loura boneca que até "sabia" andar. Foi um Natal inesquecível, aquele! Hoje, quando me lembro de ter lido, em algum lugar, que Jesus não teria nascido no mês de dezembro, penso que se podemos comemorar seu nascimento erroneamente nesse mês, por que não comemorá-lo, também, em janeiro? Afinal, todos os dias deveriam ser dias cristãos de amor e fraternidade entre os homens, você não acha?

Concordando com ela, expliquei-lhe que 25 de dezembro era a data de uma tradicional festa pagã, originada na cultura Celta, e que essa data foi escolhida pela igreja para sobrepor o cristianismo ao paganismo.

O fato de Luiza também ser psicóloga, às vezes, nos levava a tecer comentários sobre assuntos de interesse em comum. Seu trabalho terapêutico não ocorria de modo convencional. As lembranças fluíam livremente. Havia em Luiza uma capacidade especial para elaborar os sentimentos a partir da simples evocação das situações. Conforme ela relatava suas experiências, seu corpo se mantinha solto e relaxado, até ser mobilizado pela liberação natural dos sentimentos que brotavam espontaneamente. Enquanto isso, eu mantinha a condição de companheira, percebendo que, nesses momentos, Luiza precisava apenas ser ouvida e que qualquer intervenção da minha parte seria desnecessária.

Retomando suas lembranças, ela continuou:

– Marcelo dava muito trabalho a mamãe. Ele ia cedo para a rua, não cumpria as tarefas que ela determinava e não conversava com ninguém dentro de casa. Vivia sempre mal-humorado. Mamãe batia nele com a correia da máquina de costura até cair sentada, exausta, roxa e com falta de ar. Ela sentia raiva por não conseguir modificá-lo. Quando apanhava assim, ele dizia que não doía e mantinha-se rígido e insensível, até que ela terminasse de esvaziar suas frustrações sobre ele. Nessas ocasiões, eu passava longe, sentindo novamente dentro de mim aquela consciência que parecia me orientar e que me dizia que todo aquele sofrimento era inútil e que nada mudaria, porque estava acima do limite dele. Penso que, contrariamente, esse procedimento ajudou a empurrá-lo mais para baixo, anulando seu sentimento de autoestima e impedindo-o de perceber o que realmente seria capaz de realizar. Talvez não fosse o que a família esperava dele. Sabe? Os pais têm o mau hábito de querer construir os filhos sem levar em consideração as suas tendências naturais. Acho que isso é uma deformação!

Interrompi seu relato, acrescentando que, em minha experiência de consultório, havia constatado esse fenômeno. Um grande número de clientes apresenta tendências, principalmente artísticas ou pouco convencionais, que são impostas pela família, por medo do insucesso financeiro. Os pais tendem a optar pelas profissões mais tradicionais – como se isso fosse garantia de sucesso – sem perceber que, quando uma pessoa realiza aquilo que gosta e que expressa suas qualidades naturais, as chances de ser bem sucedida são maiores. Além disso, seguir um caminho de que não gosta pode significar para o indivíduo carregar para o resto de sua vida as frustrações da não realização de si mesmo, como uma semente que não germinou porque o solo não lhe foi favorável. Se os pais agissem como bons jardineiros poderiam cuidar dos seus filhos como quem cuida de delicadas plantinhas que já trazem em suas sementes a programação daquilo que serão mais tarde. Ninguém espera de uma planta que ela seja diferente de sua tendência natural; que uma jaqueira dê mangas. Mas com os filhos, muitos pais fazem isto, tornando-os como plantas retorcidas que produzem os frutos amargos da insatisfação. Se os pais respeitassem mais os filhos nesse aspecto, certamente a sociedade seria mais feliz!...

Luiza concordou comigo, voltando a falar do irmão Marcelo:
– Aos dois anos de idade ele teve convulsões, após contrair pneumonia. Até hoje, eu me pergunto o quanto isso afetou a sua

mente. Não sei se ficou com alguma sequela ou se eram questões puramente emocionais. Acho difícil uma pessoa dar certo na vida sendo diariamente empurrada para baixo por críticas e repreensões. Como você mesma explicou, isso instala uma programação no inconsciente da pessoa, impedindo-a de acreditar em si mesma e no que é capaz de realizar. Como criança, eu ficava alheia a tudo isso. Não fazia sentido para mim, mas ao mesmo tempo eu *sabia* que era assim mesmo.

— Ficar alheia era sua forma de se proteger? — indaguei.

Luiza olhou-me surpresa com a pergunta, tomando consciência da negação dos seus sentimentos.

— Era! Precisamos ressignificar isso também! — e foi logo fechando os olhos.

Durante a ressignificação, mais uma vez Luiza descobriu que, inconscientemente, havia partilhado dos sentimentos do irmão.

Ao concluir a técnica, avisei-a sobre o término da sessão. Antes de se despedir, ela disse que havia se lembrado de outra situação e que gostaria de contá-la no próximo encontro. Despedimo-nos e ela saiu, deixando-me entregue ao trabalho.

Quando refletia sobre minha atividade profissional, sentia-me privilegiada. Eu vivia muitas vidas numa só, acumulando experiências enriquecedoras que contribuíam enormemente para o meu crescimento pessoal. No trabalho eu aprendia preciosas lições de vida, através dos erros e acertos que fazem parte do processo evolutivo do ser humano. Além disso, sentia-me gratificada por ser útil aos meus semelhantes.

Com esse pensamento, ao final do dia, agradeci a Deus pela tarefa tão especial que me fora reservada.

4

CUIDANDO DA CRIANÇA INTERIOR

Evidenciando traços de rigidez, Luiza era metódica e pontual. Logo que iniciamos a sessão, ela lembrou-me que ainda queria trabalhar com suas recordações de infância, falando sobre os conflitos de sua mãe com a avó paterna:

– Mamãe tinha atritos frequentes com vovó Inácia, mãe de papai. Ela dizia que vovó estava caduca, pois já contava mais de oitenta anos. Mamãe a ajudava a tomar banho e, depois, ela ia para o quintal, jogava-se no chão e se arrastava, sujando a camisola branca que mamãe lavava com tanto sacrifício, deixando-a revoltada e sem paciência. Ela vivia reclamando, dizendo que não aguentava mais a vovó.

Em outras ocasiões, sentada à mesa para o jantar, vovó dizia que não tinha forças para se servir e papai a ajudava pacientemente. Isso deixava mamãe irritadíssima. Ela dizia que vovó estava fazendo "fita" e demonstrava sua raiva levantando-se da mesa e saindo para comer sozinha, na cozinha, engolindo o choro e a raiva junto com a comida. Nessas ocasiões, Hércules argumentava com papai que isso não era justo, porque "a vez era da mamãe" e ela é que deveria permanecer à mesa.

O clima foi se tornando tão tenso que mamãe resolveu que vovó deveria morar sozinha. Partindo imediatamente para a ação, alugou um quarto na casa de uma vizinha, na rua abaixo da nossa, e fez a mudança de vovó, dizendo que, se papai não concordasse com sua decisão, iria separar-se dele, pois não aguentava mais *"aquela velha"*. À noite, quando papai chegou do trabalho, ela lhe comunicou a mudança e ordenou que eu fosse com ele para lhe mostrar onde era a nova residência de vovó. A situação era horrível e eu senti muita pena de papai naquela noite. Apesar dos meus oito anos de idade, eu também não concordava com aquilo. "Eu não faria isso com a mãe dela"... Disse papai, tristemente, enquanto caminhávamos pela trilha do terreno baldio, que levava à outra rua. Ele falava mais para si mesmo do que para mim. Pensei em meus pais separados e senti uma angústia terrível. Eu não sabia o que fazer; não sabia como agir. É muito difícil para uma criança viver essa situação. Comecei a chorar e contei a papai o que mamãe havia falado. Disse-lhe que eu não queria a separação deles; queria que fizessem as pazes e compreendessem um ao outro.

Voltamos para casa e eles conversaram sozinhos. Depois disso, para minha alegria, fizemos a mudança de vovó para nossa casa novamente, e ficou decidido que ela passaria a fazer as refeições na mesinha de cabeceira do seu próprio quarto. Ainda não me parecia a melhor solução, mas acho que era o máximo que mamãe podia aceitar. Isso aliviou um pouco a tensão, até que, tempos depois, vovó veio a falecer. Quando acordamos, pela manhã, ela estava deitada de lado, como se ainda dormisse. Parei de sentir aquela tristeza imensa, embora achasse que alguma coisa entre elas não ficara bem resolvida.

Nesse ponto, interferi terapeuticamente para dar suporte emocional à criança interior. Solicitei a Luiza que fechasse os olhos e, como adulta, entrasse em contato com a criança que ela havia sido, lhe dando parabéns por sua atuação tão lúcida frente ao conflito entre os pais. Luiza visualizou-se abraçando sua criança interior e chorou intensamente. Havia ainda muita emoção guardada dentro dela, precisando ser esvaziada. A tensão emocional gerada pela situação havia sido muito forte para sua idade, na época. Embora ela tivesse agido com clareza de raciocínio, emocionalmente precisava de apoio.

– Como você está se sentindo agora? – perguntei.

– Como se tivessem tirado um peso muito grande do meu peito. Nunca imaginei que houvesse tantas coisas guardadas dentro de mim! Por isso essa história ficou na minha cabeça, desde a semana passada. Eu não conseguia parar de pensar no assunto!

– Agora você está realmente livre disso! Poderá se lembrar sem sofrer. Esse é o objetivo destas técnicas.

Depois de fechada a situação, Luiza continuou o seu relato:

– O Natal lá em casa era uma festa extremamente significativa pra todos nós. Havia um sentimento de unidade, de partilha, que nos levava a fazermos os preparativos em conjunto. Cada presente, por mais simples que fosse, era escolhido criteriosamente, em função da pessoa que iria recebê-lo. O objetivo era agradar. Havia realmente a intenção de presentear e a festividade era vivida de forma intensa e significativa, a partir do contagiante clima de fraternidade que conseguíamos criar.

Nos preparativos para o Natal, Hércules caiava a casa com tinta dissolvida em água, porque era mais barato, e eu o ajudava, pintando os portais e o rodapé das paredes. Até hoje, quando sinto cheiro de tinta, uma imensa alegria me invade. É cheiro de festa!

Dos bons tempos do Rio de Janeiro havia sobrado uns paninhos de crochê que mamãe guardava para enfeitar os móveis, nos festejos de Natal. Houve um ano em que caiu um grande temporal, no dia vinte e quatro. O vento soprava a chuva com força por entre as frestas de madeira das paredes do chalé e os paninhos de crochê foram murchando, murchando...

Como cascata, a água descia pela encosta do morro, atrás da casa, invadindo toda a cozinha com água barrenta. Mamãe nos reuniu na sala, embaixo da mesa, temendo que alguma telha, solta pelo vento forte, caísse em nossas cabeças. Aos poucos, a fúria da natureza foi diminuindo e o silencio voltou. Mamãe mandou que saíssemos de baixo da mesa e, imediatamente, começamos a limpar a casa para o Natal. Todos nós ajudávamos, com exceção de Marcelo. Ele nunca estava em casa, mesmo quando havia temporal.

Enquanto lavávamos o chão, mamãe colocou o ferro elétrico sobre o bocal do fogão a gás, porque nós também não tínhamos luz elétrica nessa casa e era assim que ela passava toda a nossa roupa. Engomou os paninhos de crochê novamente e os recolocou sobre os móveis, como antes, empinados e bonitos. Mamãe era um modelo de persistência e tenacidade. Mais uma vez ela demonstrava como superar as dificuldades da vida.

– Sua mãe lhe deixou bons exemplos!... – comentei.

– É, eu sei. Se mamãe pertencesse a outra geração ou se tivesse, naquela época, a oportunidade de se conhecer melhor, como eu estou tendo agora, sua história teria sido outra. Ela, realmente, sofreu muito, mas apesar de tudo procurava fazer o melhor possível. Ela era inovadora. Nós, às vezes, achávamos graça dos seus hábitos, como fazer sanduíche de pão com bolo. Ela ria e dizia que gostava de fazer coisas diferentes. Havia em mamãe uma liberdade interior e uma força que poderiam ter sido melhor aproveitadas.

Voltando às recordações, Luiza continuou:

– Como sempre, nas férias, meus primos vinham para nossa casa. Junto com Hércules, meu irmão, eu passava tardes inteiras inventando brincadeiras com os materiais que encontrávamos à nossa volta.

Certa vez brincamos de farmácia fazendo "pílulas" para os nossos "filhos", meus e de minha prima Rosa. As pílulas eram feitas de "maisena" com água e colocadas dentro de minúsculas caixinhas redondas de plástico, onde vinha o "cabelo" dos relógios que papai consertava. Era uma espécie de mola, com formato em espiral e ele nos dava a caixinha pra brincarmos. Colocávamos as "pílulas" de "maisena" e água no sol e as deixávamos secar, desenformando-as depois. Edu, meu primo, era o farmacêutico. Ele vendia as "pílulas", recebendo em troca dinheiro de papel de um jogo qualquer, que já havia se acabado há algum tempo.

Em outras ocasiões, nos reuníamos no quintal e eu lia para eles. Eu tinha uma coleção infantil de Monteiro Lobato, *O Sítio do Pica-Pau Amarelo,* e, literalmente, viajávamos através daqueles livros. Íamos ao céu, ao país da gramática e à Grécia Antiga. Cheguei a copiar os personagens do sítio em papel fino, colando-os depois em cartolina. Assim, eu tinha todos eles e podia me deliciar com o meu "anjinho caído das alturas" e com Emília, a boneca de pano, personagem principal dos livros infantis de Lobato.

Na minha infância, o contato com essa obra foi muito importante. A maneira como Lobato apresenta as informações em seus livros é extremamente cativante. Dificilmente uma criança não vai se interessar por eles e desenvolver o gosto pela leitura! Penso em utilizar essa didática no projeto de uma nova escola. Acredito que aprender pode ser uma atividade extremamente atrativa quando apresentada à criança de modo interessante e motivador. As crianças têm uma curiosidade natural direcionada por seus interesses para determinados assuntos. Se isso for respeitado e orientado, ninguém precisará ser forçado a estudar. Quando uma criança é obrigada a aprender algo, isso pode significar que, ou o conteúdo não está de acordo com suas tendências naturais, ou o modo de apresentação desse conteúdo está inadequado. Quero aplicar essas ideias na prática, mas acho que ainda não é o momento. Talvez depois de resolver minhas questões internas... Tenho a impressão de que os meus canais de percepção vão se abrir e novas ideias surgirão.

Coloquei para Luiza o meu interesse pela questão educacional, por encontrar muitos clientes com distorções de personalidade, ocasionadas por inadequações escolares, por etapas de aprendizagem que foram puladas e que, muitas vezes, levam ao desenvolvimento de dificuldades com a linguagem ou com a escrita, nas chamadas dislexias. Luiza acrescentou que vinha estudando o assunto e que me manteria informada sobre suas descobertas. Depois continuou:

– Ah, lembrei-me de uma situação que vivi aos seis anos. Mamãe disse que eu iria para a escola no ano seguinte e eu não gostei da ideia. Na época, eu era uma criança bastante livre e, como não havia sido informada sobre o assunto, a escola me parecia totalmente desnecessária. Eu cursava a escola do mundo e aprendia rapidamente. Mas mamãe foi convincente, dizendo-me que se eu não quisesse estudar, iria ser lavadeira. A imagem que criei me pareceu tão desagradável e cansativa que o argumento de mamãe foi suficiente para que eu aceitasse a ideia de frequentar a escola.

A escola pública de nosso bairro era uma construção única, que funcionava como sala de aula mista e auditório, quando necessário. Minha irmã era uma das professoras. Havia turmas de primeiras e segundas séries, e de terceira e quarta séries, no mesmo horário. As turmas ficavam separadas me fileiras e a mesma professora dava aula simultaneamente a ambas. Hoje, não consigo compreender como isso funcionava, mas, de algum modo, professoras e alunos adaptaram-se àquelas condições.

Fiz as quatro séries nessa escola. Os meus colegas de turma também eram os meus vizinhos. Vivi muitos momentos bons; outros, nem tanto!

Na terceira série, Susane era a professora da minha turma. Quando eu tirava boas notas, os colegas diziam que ela havia me dado "cola"; quando eu tirava notas ruins, ela fazia queixas e recomendações à minha mãe, para que eu estudasse mais. Isso me deixava numa eterna e desconfortável situação e a minha revolta ia crescendo.

Aproveitando o momento para nova intervenção terapêutica, sugeri que Luiza fechasse os olhos e ajudasse a sua criança interior:

— De que ela precisa? – perguntei.

— Ela está com a sensação de que foi injustiçada. De uma maneira ou de outra, ela está sempre errada. As suas qualidades não estão sendo reconhecidas.

— Diga-lhe que você sabe que ela é estudiosa. Que você reconhece o seu valor e que a opinião dos outros agora não é mais importante. Você é, hoje, no mundo, a pessoa mais capaz de ajudá-la e protegê-la. Diga isso a ela – reforcei.

Durante algum tempo, Luiza permaneceu no estado de transe ao qual havia sido induzida, com comandos linguísticos adequados, ressignificando suas lembranças para imagens mentais mais adequadas. Em resposta, sua respiração aprofundou-se, evidenciando o reequilíbrio e ela voltou a abrir os olhos, gradativamente, habituando-se ao procedimento terapêutico. Em seguida, falou:

— Como criança sofre, não é?

— É. Muitas vezes a criança passa por experiências que para ela são traumáticas, sem que os adultos com os quais convive tenham consciência disso. Não é necessário que alguma coisa tenha realmente ocorrido para que seja uma experiência traumática, como já lhe expliquei anteriormente. Se os adultos fossem mais observadores e estivessem mais atentos às experiências infantis, esses acontecimentos poderiam ser evitados. O convívio com a criança exige sensibilidade por parte do adulto. É necessário colocar-se no lugar dela e avaliar os acontecimentos do seu ponto de percepção para entender os significados que ela lhes atribui. Mas continue a relatar suas lembranças.

– Certa vez, íamos ter prova de história. Naquele tempo, as provas eram feitas em papel almaço pautado e consistiam em perguntas ou exercícios sobre o ponto escolhido.

Susane havia comprado as folhas com antecedência, numa papelaria do centro da cidade. Eram folhas de boa qualidade que, em minha opinião, faziam a letra ficar mais bonita e despertava em mim o gosto por escrever. Só que, na hora da prova, faltou uma folha e Susane mandou um aluno comprá-la no armazém da esquina que, como "quebra-galho" local, vendia de tudo um pouco.

Quando o menino voltou com aquela folha de prova, feia e transparente, Susane perguntou à turma quem gostaria de ficar com ela. Obviamente, ninguém queria. Qual é a criança que aceitaria fazer prova numa "folha feia"? Creio eu que nenhuma. Aí, então, veio o pior! Susane virou-se para mim e disse que eu ficaria com a folha feia. Argumentei que não; que seria injusto. Só porque eu era irmã da professora? Perguntei-lhe. Ela disse que me daria um ponto a mais na avaliação e eu lhe respondi que não precisava. Eu era boa aluna em História e iria tirar nota dez.

A essa altura dos acontecimentos eu já estava aos prantos, mas minhas lágrimas e argumentos foram todos em vão e a folha feia foi colocada sobre a minha carteira, encerrando a discussão. Eu olhava para a folha através das lágrimas. Minha garganta doía, presa pela raiva e pela tristeza. Eu não podia aceitar aquela injustiça.

Nesse ponto das recordações de Luiza, resolvi intervir. Havia necessidade de uma ação terapêutica. Induzindo novamente o transe, promovendo o estado de dissociação mental entre a pessoa adulta e a criança, pedi-lhe que fechasse os olhos e visualizasse uma tela branca à sua frente, na qual aparecia a cena da menina na escola, naquela situação:

– O que você, a Luiza adulta, sente por essa criança?

– Tenho vontade de abraçá-la. Ela é uma criança especial, sensível e criativa, e eu a amo muito.

– Então entre na cena e sente-se na carteira, ao lado dela. Abrace-a e deixe-a chorar, livremente, para que ela esvazie toda essa tristeza. Quando ela estiver tranquila, avise-me.

Acompanhei as alterações da fisiologia de Luiza, até que ela estivesse mais calma e acrescentei:

– Diga a essa criança que você compreende o que ela está sentindo e sabe que ela está certa em seus motivos. Ela deseja falar alguma coisa?

– Ela quer dizer à irmã-professora como se sente, e o quanto a considera errada nesse caso.

– Então ajude-a a fazer isso. Veja-a dizendo à professora tudo o que ela tem vontade, ao mesmo tempo em que sua garganta vai se soltando e sua respiração se aprofunda, tornando o seu peito mais livre e descontraído. Quando ela tiver terminado, avise-me.

Esse procedimento é fundamental para o trabalho. No nível inconsciente, cada pessoa tem dentro de si a representação psíquica da criança que foi (seus aspectos emocionais, motivações e desejos), do adulto que é (parte psíquica responsável pela função avaliativa e capacidade decisória) e das figuras paterna e materna (o conjunto de regras e valores de comportamento; a noção de certo e errado, assimilada através da educação).

Induzindo um estado mental de dissociação entre o adulto e a criança, podemos levar o adulto que existe hoje a ressignificar, ou seja, a atribuir um novo significado a uma experiência passada refazendo, dessa maneira, a história de vida da pessoa pela sobreposição de novas imagens mentais sobre as antigas. Este é o processo que denominamos de Reprogramação Mental.

O inconsciente não diferencia fantasia de realidade. Por meio de visualização criativa (criação de imagens mentais) de um novo comportamento damos ao inconsciente a oportunidade de descobrir novos caminhos de ação, mais simples e objetivos, ao mesmo tempo que promovemos a criação de novos circuitos neurológicos, para a solução de problemas, com opções mais positivas, que contribuem para o desenvolvimento da autoconfiança. Esse procedimento evita que ocorra a transferência para a pessoa do psicoterapeuta, uma vez que o adulto que apoia a criança é uma parte psíquica do próprio cliente. Isso impede que o mesmo se torne dependente do psicoterapeuta.

Na experiência original, a criança era o lado mais fraco, sentindo-se impotente diante do adulto. Com essa intervenção terapêutica levamos o inconsciente a perceber que agora é outro momento do tempo. Que é possível esvaziar aquele conteúdo emocional retido pela parte psíquica criança, a qual, apoiada pela parte psíquica adulta, torna-se capaz de mudar a representação mental de sua própria história, criando novas possibilidades de reação. Luiza, agora, expressava a sua criança, falando com a professora:

– Você não devia agir assim! Isso não é justo! Você poderia sortear a folha feia entre os alunos. Se eu fosse sorteada, até aceitaria ficar com ela. Mas assim, não! Você não está sabendo ser professora. Você não está dando um bom exemplo de educação!

Luiza falava aos berros e sua voz era fina esganiçada, como das outras vezes em que expressava raiva. Aos poucos foi serenando e eu voltei a intervir.

– Como a criança está se sentindo agora?

– Ela agora está melhor. Estou lhe contando que os adultos também erram e que eles não sabem todas as coisas. Estou lhe dizendo que também existem adultos que são capazes de compreender as crianças e de ajudá-las. Nem todas as pessoas são iguais. Com a sensibilidade que ela tem, é possível que perceba a diferença entre as pessoas e se oriente em relação à melhor maneira de lidar com cada um.

— Sua irmã e professora provavelmente não errava em todas as situações! Somos seres humanos! Erramos e acertamos e assim vamos aprendendo nossas lições de vida. A criança ainda sente raiva da irmã?

— Não, agora já passou. Ela era boa. Ensinava bem e gostava do que fazia. Os alunos também gostavam dela. Mas essa história estava entalada na minha garganta. Eu também gosto muito dela. Somos amigas, apesar da diferença de idade.

— Sua garganta ficava inflamada, com frequência, quando você era pequena?

— Ficava, muito. Eu tinha febre altíssima e chegava a delirar. Doía terrivelmente.

— Isso é comum acontecer. A energia retida na forma de raiva congestiona o segmento cervical e provoca sintomas de inflamação. Aliás, usamos esse termo para designar uma pessoa tomada por uma forte emoção. Existe uma correspondência direta entre os símbolos da linguagem com os simbolismos do inconsciente. No cérebro, o hipotálamo é o centro das emoções, controlando as funções fisiológicas de sede, sono, sexo, temperatura e pressão arterial. Os padrões mentais, positivos ou negativos, são enviados à hipófise, na qual se transformam em comando bioquímicos passados ao organismo por meio dos plexos glandulares, que também correspondem aos chacras ou centros energéticos, conhecidos pela Medicina Oriental, desde a Antiguidade. Esse é o princípio da psicossomática, segundo a qual podemos compreender o "discurso da doença" como expressão fisiológica da dinâmica de vida estabelecida pela pessoa. As crianças, por sua fragilidade emocional, somatizam muitas dificuldades psíquicas, como no caso da sua febre. Essa foi a maneira como você liberou a raiva que estava contida. Cada sintoma do corpo físico é uma tentativa de retornar ao equilíbrio, pelo esvaziamento das emoções armazenadas. No treinamento de psicólogos damos bastante ênfase aos conhecimentos da psicossomática, pois cada sintoma tem um correspondente emocional que, se acessado e elaborado, permite a recuperação da saúde como um todo.

Retornando à técnica, acrescentei:

– Agora dê um abraço bem apertado nessa criança, elogiando-a pela sua noção de justiça e encaixe-a dentro de você, voltando a se perceber como uma só pessoa, a Luiza adulta, respirando profundamente e abrindo os olhos outra vez. Como você se sente?

– Estou bem! Disse ela, sorrindo.

– Luiza, em relação às suas experiências de infância, é importante que você procure reintegrar a sua criança, o seu lado emocional ao convívio e à troca de experiências com as outras pessoas. Você utilizou o mecanismo de dissociação, de afastamento e de negação dos sentimentos, para se proteger do sofrimento. Você era magrinha, quando criança?

– Era. Até mesmo na adolescência. Depois de adulta, engordei um pouquinho. Como você vê, ainda sou magra.

– Você foi o que a Bioenergética chama de uma criança esquizo. Uma criança sensível e criativa que se protegia da realidade, refugiando-se na fantasia. É preciso trazê-la de volta e reintegrá-la à realidade. O mundo tem muitas coisas boas que fazem com que a vida valha a pena ser vivida! Você quer continuar o seu relato?

– Quero falar só um pouquinho da minha adolescência. Como adolescente eu era bonitinha, mas não tinha nenhuma consciência disso. Lembro-me de uma vez em que estava diante do espelho. Como lhe falei, eu era magrinha e usava o cabelo liso, cortado na altura dos ombros, com franja. Lembro-me desse dia em que eu usava um blusão branco, solto, de gorgorão, sobre uma saia azul de tecido "coco ralado", toda preagueada, e calçava sandálias brancas. Minha figura refletida no espelho era esquia e delicada. Eu não me sentia exatamente contida dentro do meu corpo físico. Tinha a sensação de ser muito maior do que ele.

— Isso confirma o seu estado habitual de dissociação — disse.

— Eu me sentia assim! Ainda criança, tinha a lembrança de já ter sido grande e de falar outras línguas. Brincava de falar enrolado, com sotaque, mesmo antes de conhecer algum outro idioma. Depois, tive muita facilidade para aprender inglês, francês, espanhol e italiano, e vivia decorando as músicas da época, nesses idiomas. Na década de 1960, as músicas europeias faziam muito sucesso.

Perguntei a Luiza se ela sabia que todos nós temos um corpo energético, além do corpo físico, e ela respondeu afirmativamente. Expliquei-lhe que a noção de corpo energético é suficiente para esclarecer uma série de fenômenos não compreensíveis dentro da Psicologia Clássica. No caso das crianças hiperativas, por exemplo, encontramos uma grande diferença quantitativa entre o corpo físico e o corpo energético, o qual costuma ser também maior. Essas crianças voltam-se para a percepção do mundo concreto, sem muita capacidade de abstração, o que lhes dificulta lidar com a própria quantidade de energia. Quando a criança é mais amadurecida do que se esperaria de sua idade cronológica, também encontramos essa mesma diferença. Só que, nesse caso, por seu maior grau de consciência evolutiva e capacidade de abstração, a criança – embora tenha um alto potencial energético – apresenta melhor controle psíquico, sendo mais tranquila. Às vezes, pode parecer "desligada" do que ocorre à sua volta, como se tivesse "conhecimento" de outras dimensões de vida. Em alguns casos, a criança chega a falar sobre isso com os adultos, mas se não for compreendida em suas percepções abstratas pode vir a se fechar em si ou esquecer essa capacidade, a qual ficará latente no decorrer dos anos até ressurgir na díade adulta, na forma de paranormalidade. Quando atendo clientes sensitivos, eles costumam trazer relatos de percepções extrassensoriais também na infância.

Luiza disse que esse conhecimento iria ajudá-la a lidar com as crianças da instituição onde trabalhava e que gostaria de saber mais sobre o assunto, mostrando-se novamente interessada no Treinamento em Abordagem Transdisciplinar.

Avisei-a sobre o término da seção e ela levantou-se agilmente, despedindo-se como de costume.

Na sessão seguinte, logo que se sentou no sofá, Luiza tirou de sua bolsa alguns papéis amarelados pelo tempo. Eram folhas de papel ofício dobradas em pequenos retângulos, que produziam aqueles sulcos profundos, comuns em documentos antigos.

Estendeu-me os textos, dizendo-me:

– Trouxe isso para você ler. São contos que eu escrevi quando jovem. Lá em casa havia uma coisa interessante: era um ambiente contraditório! Vivíamos em extrema pobreza, ouvíamos músicas clássicas, tínhamos gostos refinados e possuíamos coleções de livros que minha irmã comprava. Como quase não havia distrações, a situação era propícia à leitura. Esse contato direto com os livros, desde pequena, despertou em mim a vontade de escrever. Existiam muitos outros textos, mas alguns eu perdi; outros, joguei fora, por considerar comprometedores. Não sei como mamãe reagiria ao ler uma análise da família, que escrevi certa vez.

Olhando minha família da altura dos meus nove anos, eu percebia as pequenas contradições existentes, como se estivesse meio fora daquele contexto, meio alheia, talvez pela grande diferença de idade. Eu era a única criança naquele ambiente adulto e a minha opinião não era solicitada nas reuniões de família ou nos momentos das decisões importantes. Esse, talvez, tenha sido mais um dos motivos para que, com o tempo, eu me refugiasse na fantasia e procurasse extravasar a sensibilidade escrevendo.

Leia esse primeiro texto – disse Luiza, apontando-me um dos papéis que eu segurava nas mãos. Peguei a folha recortada pelo tempo e li:

Três Lágrimas

I

É Natal. Em lugar do sol brilhante, tão comum no verão, o dia está úmido e abafado. Chove. E a chuva tropical molha a terra, tornando-a fértil e poderosa.

Com o rosto colado à vidraça, a menina chora. Por que Papai Noel não traz bonecas para as meninas pobres também? Dizem que ele é um velhinho tão bom! Por que, Papai Noel?... E ela chora. E como a chuva que purifica a terra lá fora, essas lágrimas caem no seu coração, purificando-o, também, nessa primeira imagem das desilusões da vida...

II

A noite é cálida e suave. No jardim, a brisa mansa, espalhando o aroma das flores adormecidas, leva-o até a jovem, quase menina, sentada no banco de madeira, bem ao pé da árvore. Mas a moça chora. É a perda do primeiro amor, desabrochado em sonho e fantasia. Quantos planos perdidos?! O seu amor se foi, como a libélula que pousa de flor em flor, sem guardar recordação de nenhuma...

III

No seu quarto, sozinha, a velha senhora medita, no silêncio da noite. O seu filho partiu. Deus o levou. Por que, Senhor: Ela pensa. Por que ele e não eu, que já cheguei ao fim da estrada? E a velha senhora, no seu desconsolo de mãe, chora lágrimas amargas, do fundo do coração, naquela dor sem remédio, dor de mãe, tão diferente da menina que logo terá esquecido a boneca, na promessa de outra no ano seguinte, ou da jovem, cujo amor será substituído por tantos outros, até encontrar o ideal. Não! Não há lágrima mais verdadeira e sentida do que a lágrima de mãe!

A primeira purifica; a segunda amadurece. Mas esta, esta... É como morrer um pouquinho a cada gota...

– Luiza, seu texto demonstra muita sensibilidade. O que motivou você a escrevê-lo?

– Não sei! Não me lembro mais!...

– O texto fala sobre o sentimento materno diante da perda de um filho. É um tema um tanto depressivo para uma jovem, não acha?

– É! Mas não sei explicar. Às vezes, a vontade de escrever era mobilizada por uma notícia de rádio ou por uma das conversas que eu ouvia entre os adultos. Este aqui, eu lembro que escrevi sentada na carteira, durante um intervalo de aula, quando cursava o segundo grau – disse Luiza, estendendo-me outro papel:

A Flor

Manhã ensolarada. Num imenso jardim multicor, surge um etéreo e límpido botão de rosa branca. Os raios de sol, brilhando sobre suas pétalas ainda fechadas, dão-lhe uma luminosidade fora do comum.

Qual será o destino desta flor? Ela não sabe! Ninguém sabe! Viverá no máximo, uns cinco dias. Depois, então, começará a fenecer. Mas terá cumprido sua missão...

A tarde vem chegando. Anoiteceu. A lua solitária reflete a sua luz prateada sobre o pequeno botão de rosa branca, único naquele imenso jardim.

Passou o primeiro dia. E veio o segundo. O botão de rosa abriu-se em flor que agora brilha entre as demais.

Aos primeiros raios de sol da manhã uma senhora de aspecto triste e insone aproxima-se e começa a colher flores. É a dona do jardim. A rosa branca também é recolhida.

A senhora encaminha para a casa. Que diferença! Em contraste com a luminosidade externa, ali dentro há uma penumbra desagradável. Na sala várias pessoas, também tristes, conversam numa voz apagada e monótona. No ar há um odor característico das velas que choram suas lágrimas de cera. Sobre a mesa, coberta por uma toalha branca, repousa uma menina de, aproximadamente, doze anos.

A senhora triste começa a arrumar as flores sobre a menina. A rosa branca é colocada no seu peito, junto ao rosto. Ninguém lhe deu atenção! Em outras condições seria admirada, mas, no momento, dadas as circunstâncias, ela é apenas mais uma flor entre as outras.

E a rosa torna-se mais úmida. Talvez seja por causa do orvalho da noite que passou; ou talvez esteja chorando, derramando por suas pétalas a saudade de uma existência fugaz, cujo triste fim anuviou-lhe a beleza...

– O tema é praticamente o mesmo: a questão da perda e da morte, vivida pela mãe. Qual a sua idade, na época? – perguntei-lhe.

– Eu tinha dezessete anos. Agora percebo que esse é o sentimento de medo de perder que eu tenho, às vezes, em relação ao meu filho. É também o que sinto quando vejo filmes sobre campos de concentração. Pode haver alguma ligação entre estes textos e as histórias? Como eu poderia ter medo de perder um filho que ainda não havia nascido?

— Isso é o que iremos descobrir. Houve alguma história em sua infância de alguém de seu convívio que tenha perdido um filho?

— Não!

— Então, provavelmente você traz algum registro transpessoal que possa explicar esses sentimentos de perda em relação a filhos. O trabalho terapêutico tem seus mistérios. O inconsciente é um enigma, no qual cada estado de consciência é um selo a ser desvelado, o que o torna fascinante. Faremos esse aprofundamento no decorrer da psicoterapia.

Indicando-me outro texto, Luiza esclareceu:

— Esse aqui tem a influência dos livros de Monteiro Lobato. Eu me sentia inspirada pela linguagem poética da mitologia grega.

O texto versava sobre o ato divino da criação do homem e da mulher, enfatizando a fragilidade feminina. Era o modelo tradicionalmente aceito. Questionei com Luiza o sentido de masculino e feminino para ela.

— Eu gosto de ser mulher, mas tenho também a consciência de que isso não é o mais importante. Em essência, sei que não sou apenas o feminino e que um homem não é apenas o masculino.

— Realmente, constatamos isso em termos de inconsciente profundo. Essa diferença não é tão estanque como a maioria pensa. O seu texto tem um modelo feminino bem antigo. Transmite a ideia de mulher submissa.

— Mamãe era submissa! Ela foi o modelo de mulher que conheci.

— Você se percebe assim?

– Não! Pelo contrário! Apesar de afetiva, eu sou uma pessoa de temperamento forte e mantenho uma relação de igualdade e companheirismo com o sexo masculino.

– Você fala da criação de seres tipicamente da raça branca. Isso está ligado a um preconceito?

– Minha família realmente era preconceituosa, mas acho que essas características devem-se mais ao modelo literário. Na época, eu lia romances como *O Guarani*, de José de Alencar, e algumas obras de Joaquim Manoel de Macedo. Neles, a mulher é delineada como uma figura frágil e delicada. Também na mitologia grega, na qual me inspirei para escrever, as ninfas passam a mesma ideia.

Hoje não penso que as mulheres sejam frágeis. Acho que esse artigo reflete o romantismo que me dominava na minha adolescência. Eu era extremamente sensível e sonhadora – disse-me Luiza, mostrando-me um texto em que descreve a própria adolescência e o seu interesse pelos livros.

– Você conseguiu resumir nesse texto sua própria história de vida. Ficou interessante!

– Eu escrevi já no tempo da faculdade, como exercício de redação. O professor também gostou muito. Incentivou-me a estudar literatura. Ele disse que eu escrevia bem.

– Não entendo nada de estilos literários, mas acho suas histórias agradáveis. Você cria imagens bonitas!

– Obrigada! Eu escrevia também sobre minhas preocupações sociais, sobre esses impedimentos que acabam desviando as pessoas do seu próprio caminho. Da programação de vida, como você diz. Nesse artigo que vem a seguir, também encontro algumas referências às nossas condições de vida, na época. Creio que, por meio da escrita, eu extravasava e organizava os sentimentos mobilizados pela minha fértil imaginação. Parece que escrever, para mim, era um instrumento de reequilíbrio.

Concordando com Luiza peguei outro daqueles papéis, em que ela expressava suas preocupações em relação às condições econômicas que, na maioria das vezes, impedem o indivíduo de concretizar a sua vocação natural, perpetuando, dessa maneira, as diferenças sociais. O texto contava a história de um menino pobre que, no decorrer de sua vida, distanciava-se do sonho de cursar a faculdade.

— Esse é um artigo de protesto, de indignação! No entanto, nele aparece novamente a questão racial!... É como se você estivesse dividida entre dois mundos: A sua realidade proletária e o seu pensamento burguês!...

— É possível que haja em mim alguns preconceitos impregnados dos quais não tenho consciência. Afinal, também sou fruto do meio em que vivi. Se houver, quero livrar-me deles! Mas, talvez, o maior preconceito seja o social, o sentimento de superioridade em relação às outras pessoas por ter conseguido mudar meu padrão de vida, por meio do estudo. Eu me orgulho disso! Sei que sou um tanto elitista!... Isso também é uma questão terapêutica?

— Dentro de um enfoque holístico, sim! Algumas pessoas têm como aprendizagem de vida libertar-se de orgulhos, preconceitos, vaidades e demais aspectos negativos de personalidade. Se esse for o caso, seu próprio inconsciente lhe dará a resposta!

Uma outra coisa que despertou a minha atenção foi a sua referência a prisioneiros de campo de concentração. Parece-me que você realmente possui um registro transpessoal ligado a esse tema. A repetição do assunto tem sido uma constante. É o que nós chamamos de temas recorrentes.

— Eu não havia percebido isso! Agora que você falou, eu observo que realmente esse assunto está sempre voltando à minha mente.

Pensando nas questões de Luiza, resolvi expor-lhe a ideia que me ocorrera havia algum tempo:

– O seu trabalho terapêutico está se tornando extremamente rico. Se divulgado para as outras pessoas, poderá ajudá-las a compreender suas próprias experiências. Você autoriza que eu escreva a história do seu atendimento terapêutico? Logicamente com as devidas exigências de sigilo!

Luiza sorriu e disse:

– Vou me sentir muito lisonjeada com isso! Se a minha experiência de vida puder ajudar outras pessoas, será muito gratificante! Você também se interessa por algum dos textos?

– Sim, pelos que parecem ter um conteúdo transpessoal.

– Então você pode ficar com eles. Para mim representam apenas histórias soltas que escrevi como desabafo!

– Esses artigos têm sensibilidade e estão diretamente associados à sua história de vida. Eles dizem muito sobre você e sobre a sua maneira de ser. Acho importante incluí-los no trabalho.

– Pois então você fica, desde já, autorizada a fazer isso. Estou de pleno acordo! – disse Luiza, com um largo sorriso, ao terminarmos aquela sessão.

5

DIAGNÓSTICOS DA DINÂMICA PSÍQUICA

Até esse momento, o trabalho terapêutico de Luiza transcorreu sobre a emergência de suas lembranças de infância. Eu evitava que ela fizesse o que se denomina parafrasear – relatar acontecimentos anteriores utilizando racionalizações e utilizando verbos no pretérito, evitando entrar em contato direto com os sentimentos originados na situação –, o que dificulta o esvaziamento emocional e a consequente mudança de padrão de comportamento.

Eu procurava intervir terapeuticamente, levando-a a ressignificar suas experiências e a utilizar a parte psíquica adulta como apoio ao seu lado emocional, facilitando-lhe alcançar o nível de autossustentação requerido por um procedimento amadurecido e interdependente.

Esse trabalho havia fluído livremente, conduzindo-nos àquele momento da terapia em que os mecanismos defensivos entram em ação, protegendo o psiquismo do sofrimento e impedindo a livre emergência de conteúdos emocionais mais profundos e significativos. Quando isso acontece dentro de um trabalho vivencial é possível recorrer às técnicas de visualização criativa, que permitem que se alcance o nível inconsciente por meio da sua linguagem metafórica, reduzindo a participação do consciente e, consequentemente, o grau de sofrimento que a consciência total do ocorrido iria provocar.

Naquela sessão, já habituada ao processo terapêutico e sentindo-se à vontade, Luiza propôs que eu lhe aplicasse uma técnica.

– O que, especificamente, você quer trabalhar hoje?

– Embora sensível, sou muito racional e controladora. Quero mergulhar em mim mesma, sem saber o que virá a seguir. Quero conhecer o meu inconsciente!

Optei então por aplicar-lhe a técnica "O objeto". Trata-se de um artifício de visualização criativa que é a indução a um processo, um caminho, cujo conteúdo é criado pelo próprio cliente, com seus símbolos mentais individuais, fornecendo ao psicoterapeuta a dinâmica de sua personalidade. Solicitei que Luiza se deitasse confortavelmente, mais uma fez induzindo-a ao estado de transe por meio das passagens pelos canais sensoriais, até que ela entrasse em nível hipnótico. Em seguida, apliquei-lhe a técnica, na sua forma dialogada, ou seja, "conversando" simultaneamente com ela, para melhor adaptação do procedimento indutivo às suas necessidades individuais.

IDENTIFICAÇÃO COM UM OBJETO

– Perceba na sua frente uma tela branca, como uma tela de cinema, na qual gradativamente vai aparecendo a figura de um objeto. Que objeto é esse? – indaguei, aguardando por alguns segundos a resposta.

– É uma balança.

– Flutue em direção à tela e entre nessa figura. Seja a balança! Como é você, balança?

– Eu sou uma balança de metal dourado, toda entalhada em folhas e flores... Estou em cima de uma mesa, numa joalheria... Sirvo para pesar joias e ouro... Sou uma balança bonita!... Sou pequena e delicada... Também pareço uma joia...

108

Como costuma ocorrer no estado de transe, Luiza falava pausadamente.

– Como você se sente, sendo balança?

– Por um lado, eu gosto!... Sou bonita e estou em equilíbrio... Mas, sinto-me presa... Como balança não posso sair deste lugar... Eu quero me movimentar, conhecer o mundo...

– Você gostaria de escolher outro objeto de identificação?

– Sim!... Acho melhor!

– Pois então perceba que, pouco a pouco, a imagem da balança vai desaparecendo, cedendo lugar a outro objeto. Qual é o objeto que aparece agora?

– Eu vejo uma bicicleta... Ela é leve, cor-de-rosa, com uma cestinha na frente... Quando criança eu sempre quis ter uma bicicleta... Eu andava na bicicleta do meu tio... Mas era de homem, com aquele travessão no meio... Era grande e pesada... Muitas vezes eu caí... Essa é bem melhor!

– Seja essa bicicleta! – reforcei, induzindo-a a entrar na sua experiência pelo canal da sinestesia.

– Como é a sua vida, sendo essa bicicleta? O que você faz?

– Eu ajudo as pessoas a manterem o equilíbrio e... Posso me movimentar... Eu as levo aonde elas querem ir... É uma sensação muito boa!

– Que pessoas são essas que você ajuda?

– São pessoas que precisam aprender a ter equilíbrio... Quando elas conseguem é muito bom... Sinto que cumpri minha tarefa.

– Como você, bicicleta, se sente, indo apenas aonde elas querem?

– Eu sinto que esse é o meu trabalho... É para ser assim! Não me incomodo... Pelo contrário, é gratificante... Sinto-me útil.

– Você gostaria de acrescentar mais alguma coisa na história?

Luiza demorou mais alguns segundos, como que buscando informações, enquanto seus olhos fechados se moviam por debaixo das pálpebras.

– Não!... Não aparece mais nada.

– Então, volte a se perceber como Luiza, retomando a consciência da sua forma humana, lentamente voltando ao espaço do consultório, movimentando seus pés, suas mãos, espreguiçando-se, respirando bem fundo, até abrir os olhos novamente... Como está sua visão? – indaguei, buscando confirmar o encaixe do corpo energético no corpo físico. A visão turva é um indicativo do estado de dissociação entre os dois.

– Está normal – disse Luiza, sentando-se no sofá.

– Se você comparar essa história com a sua própria história de vida, o que você percebe?

– Lembrei-me do desejo de ter uma bicicleta, quando criança. Fora isso, fiquei um pouco confusa. Por que apareceram dois objetos?

– O primeiro, a balança, revela o seu desejo de liberdade. Como é para você lidar com os limites e impedimentos naturais da vida?

– Ah! É realmente muito ruim! Fico irritadíssima quando não consigo alcançar um objetivo, realizar alguma coisa. Principalmente quando esbarro nas dificuldades de outras pessoas. Às vezes, sou intolerante. Não tenho paciência para esperar e me aborreço quando uma pessoa se recusa a aprender algo. Não consigo entender isso! Eu penso que nascemos para aprender. Como é que alguém pode se recusar a aprender ou não ter interesse em aprender? Não compreendo mesmo!

– Alguma vez você parou para pensar que talvez não seja o momento adequado para aquela pessoa? Que talvez ela ainda não tenha despertado em relação àquilo? Tem um ditado que diz que "Quando o discípulo está pronto, o mestre aparece". É uma pena que eu não saiba quem é o autor. É uma bela citação!

Sinalizando outro ponto da técnica, comentei:

– A balança e a bicicleta mostram, principalmente, dois aspectos em comum: a beleza e o equilíbrio. O que significam essas duas virtudes para você?

– Realmente, a beleza, para mim, é muito importante. Gosto de observar a harmonia das cores e das formas. Gosto de decoração, de estar rodeada de coisas bonitas, coloridas e alegres. De certa maneira também tem uma relação com equilíbrio. A beleza é uma espécie de equilíbrio!

– Você sabia que, de acordo com os princípios da Metafísica, essas são qualidades a serem desenvolvidas no ser humano?

– Eu ouço falar em Metafísica, mas não sei exatamente o que seja. Você poderia me explicar?

– *Meta* é uma palavra de origem grega que significa "além de". *Metafísica* é a parte da filosofia que busca explicar a origem primeira das coisas. É constituída pelo conhecimento das grandes Tradições Sapientais da Humanidade e existe desde a Antiguidade. Foi preservado, principalmente, através do conhecimento esotérico, o conhecimento que é passado apenas aos iniciados ou discípulos escolhidos dentro de cada tradição. Exotérico, com x, é o conhecimento aberto a todas as pessoas.

– Esotérico é o conhecimento oculto? Por que oculto?

– Perseguidas durante a Idade Média, as Escolas Iniciáticas procuraram preservá-lo, estabelecendo critérios rigorosos para a admissão de novos adeptos e instituindo graus de desenvolvimento para o acesso em níveis superiores de informação. Por isso, tal conhecimento foi ocultado.

– Mas hoje não se encontram esses assuntos em qualquer livraria? Eles não são mais ocultos!

– É verdade! Estamos agora vivendo o Apocalipse Bíblico e Apocalipse quer dizer revelação. Se você se interessar, Jean-Yves Leloup, um dos principais teóricos com os quais trabalhamos, escreveu um livro intitulado *Apocalipse: Clamores da Revelação*, no qual ele faz uma belíssima interpretação psicológica dos arquétipos do apocalipse.

A humanidade já atingiu um nível de consciência suficiente para ter acesso a essas informações e compreendê-las. Você já ouviu falar em Roda Cósmica?

– Também não. Pelo visto, tenho muito que aprender sobre esses assuntos!

– A Roda Cósmica representa um ciclo completo da evolução humana. Tem a duração de 14 mil anos. Está representada na Gênese Bíblica pelas catorze gerações. Esses 14 mil anos são divididos em sete períodos de dois mil anos, que também são ciclos evolutivos, cada um deles sob a frequência de um raio cósmico ou atributo divino. Esses atributos, por sua vez, são as qualidades básicas que o ser humano deverá desenvolver em seu processo evolutivo. São eles: Vontade, Sabedoria, Amor, Paz, Harmonia, Fé e Misericórdia. À medida que a humanidade evolui, esses atributos vão sendo vivenciados em estados de consciência mais sutis, até que a personalidade esteja totalmente subordinada à individualidade ou Self. É o que chamamos de escalada evolutiva. Você poderá encontrar mais informações sobre o tema nos textos da esoterista Helena Blavatsky.

Levando-se em consideração as divergências de calendário, na década de 1960 terminou a vibração do Sexto Raio Cósmico, simbolizado pela cor rubi, da fé e da devoção idealista, ligada à chamada Dispensação Crística e iniciada pelo Mestre Jesus há dois mil anos. Foi o período do desenvolvimento de muitas religiões.

Dos anos 1960 para cá entramos na vibração do Sétimo Raio Cósmico, representado pela cor violeta, liderado por Mestre Saint Germain e associado ao princípio da transmutação, ou seja, da transformação de energia negativa em energia positiva. Tal raio ou atributo também está vinculado ao conceito de misericórdia e perdão. Esse conhecimento inclui a ideia de que existe uma Hierarquia Cósmica, responsável pelo Plano de Evolução, formada por todos os seres que contribuíram para a iluminação da consciência humana, como Jesus, Buda, Confúcio, Francisco de Assis e muitos outros, trazendo o que cada povo, em cada momento do tempo, necessita para o seu progresso espiritual. Assim, nos conduz à trans-religiosidade e à compreensão de que cada pessoa procura a religião que mais contribuirá para o seu aperfeiçoamento, de acordo com o nível evolutivo em que se encontra, e que todas as formas de adoração levam ao mesmo e único Deus. Por esse caminho podemos sair da crise de fragmentação causada pela fantasia de separatividade, os dois males que alimentam o egoísmo, os preconceitos e os sentimentos de solidão do ser humano, causando tantos sofrimentos.

A energia do Sétimo Raio Cósmico é, principalmente, uma energia de transformação. Você pode constatar que, desde a década 1960, muitas modificações sociais ocorreram: o movimento hippie, a fabricação da pílula anticoncepcional, o movimento feminista, a queda do muro de Berlim, a dissolução da União Soviética. No intervalo entre 7 de julho de 1997 a 12 de dezembro de 2012 temos o período que as Tradições de Sabedoria consideram como um tempo acentuado da transição planetária, período em que a velha civilização entra em decadência, ao mesmo tempo em que uma nova civilização vai se construindo. Uma nova civilização na qual a ética e os valores humanitários vão sendo resgatados, como necessidade surgida pelo esgotamento natural daquilo que não tem mais utilidade evolutiva, ou seja: o mal por si se destrói, deixando lugar vazio para o surgimento natural do bem, como desejo íntimo, e não mais por imposição externa ou cobranças sociais. No mundo de hoje as pessoas que têm valores morais os cultivam por decisão própria, pois, para a maior parte da sociedade o "normal" é ser "esperto", aproveitando-se de toda e qualquer oportunidade de lucro fácil. Para que esta nova sociedade seja construída, é necessário que cada ser humano cultive, dentro de si mesmo, o amor incondicional por todas as formas de vida do planeta, tenha fé no sentido de seguir sua própria verdade interior e, acima de tudo, esteja disposto à transformação interior, libertando-se dos hábitos viciosos da velha civilização, que não contribuem para o aprimoramento do ser humano. E essa é a tarefa mais difícil! A maioria das pessoas diz que deseja um mundo melhor, mas, de um modo geral, não está disposta a se despir de seus hábitos negativos para a melhoria deste mundo. Elas esperam que o *outro* mude! Talvez, por isso mesmo, a maioria das pessoas seja tão resistente à psicoterapia. Não há coragem maior do que conhecer, assumir e transformar os próprios defeitos em qualidades. Este é um difícil exercício diário, que talvez exija uma vida inteira. Se pensarmos bem, ainda somos projetos de seres humanos...

Este movimento de transformação vem se acelerando cada vez mais. É como se o planeta Terra estivesse se aproximando de um ponto de passagem mais estreito; como a água em torno de um ralo, que vai girando cada vez com mais velocidade, até alcançá-lo. Segundo as pesquisas mais recentes, isso está ocorrendo com o orbe terrestre, no seu caminhar da terceira para a quarta dimensão.

Se compararmos a estrutura dos objetos desde a Idade Média até hoje, iremos constatar uma sutilização da matéria. Os objetos são cada vez mais leves e com funções cada vez mais complexas. Há um movimento em direção à síntese, à unidade. Chegamos à conclusão de que tudo se interliga; de que tudo tem haver com tudo. É a visão holográfica, descrita pelo neurocirurgião alemão Karl Pribram, segundo a qual, as partes têm a representação do todo. Esse conceito é a base do novo modelo científico que está surgindo: O paradigma holístico, que vê o homem como um ser integrante e interdependente de um sistema mais amplo, que inclui desde a célula até os planetas. Trabalhando dentro dessa nova visão de mundo, estão pesquisadores conceituados como o físico indiano Amit Goswami, o físico austríaco Fritjof Capra, o psiquiatra americano Andrew Newberg, o psiquiatra tcheco Stanislav Grof – um dos pioneiros da Psicologia Transpessoal –, o parapsicólogo americano Stanley Kripner, o filósofo, também americano, Ken Wilber.

Aqui, no Brasil, esse novo modelo científico vem sendo implementado através da UNIPAZ – Universidade Internacional da Paz, fundada pelo psicólogo transpessoal Pierre Weil. Hoje, a UNIPAZ é uma rede de serviços voltada para a ecologia pessoal, social, ambiental e espiritual, que integra em parcerias várias instituições autônomas, entre elas o nosso Instituto Vir a Ser.

Esta nova visão de ser humano abre espaço para compreendermos que o inconsciente é capaz de se deslocar no tempo-espaço quadridimensional curvo, abrindo-se para as percepções extrassensoriais que estão se tornando mais frequentes, em função desse processo de redução de densidade da matéria. O ser humano está mais sensível; e mais capaz de se abstrair; de apresentar fenômenos mentais. Sua consciência está cada vez mais ampliada e o objetivo desse processo é o desenvolvimento daquelas virtudes sobre as quais falávamos antes, até que a humanidade possa expressar a perfeição para a qual foi criada.

– Por isso você começou a pesquisar estes fenômenos?

– Sim! Para que eu possa entender o que ocorre com o cliente preciso de explicações teóricas que a ciência oficial não é capaz de nos dar. Assim, recorri aos estudos pioneiros da Física Quântica. Ao estudar a energia, em suas partículas subatômicas, a Mecânica Quântica descobriu o campo de probabilidades de eventos, interessando-se pelas pesquisas sobre a consciência humana como um princípio inteligente e pré-existente, cuja sabedoria rege o Universo e também a vida humana. Dessa maneira, a ciência moderna se encontrou com as mais antigas Tradições da Sabedoria Humana. É simplesmente fantástico!

– Isso não é entrar no campo da religião?

– Não! Entramos no campo da religiosidade sem vínculo a nenhuma instituição. Aqui lido apenas com o processo de emergência espiritual do cliente. Se ele seguirá uma religião ou não, a escolha é pessoal. Esse é o enfoque holístico dado à psicoterapia. Nele, podemos trabalhar com o cliente em sete níveis: Físico, sinestésico ou nível de sensações, emocional, mental inferior ou objetivo, mental superior ou nível de ideais, nível intuitivo e espiritual. Para tal, a ATH integra técnicas que me permitem atuar sobre todos esses níveis, e de acordo com aquilo que cada cliente privilegia. Também trabalho em caráter informativo, como estou fazendo com você, agora. Percebo que a compreensão lógica facilita a ampliação da consciência, para outros níveis de realidade. As perguntas dos clientes também são direcionamentos a serem seguidos.

– Por falar em perguntas, por que você trabalha sempre perguntando?

– É a técnica do Metamodelo, utilizada pela Psiconeurolinguística. É uma forma de comunicação humana que pode ir além do modelo tradicional de linguagem; além da estrutura superficial que utilizamos e que, dificilmente, é uma descrição correta da experiência que vivemos. Com essas perguntas, que seguem critérios técnicos, posso identificar os "ganchos" da sua estrutura frasal e conduzi-la a entrar em contato com a emoção contida em sua experiência. Para responder às perguntas formuladas com base no que está faltando em sua descrição, você terá que completá-las adequadamente, transformando, assim, a sua descrição superficial do evento numa estrutura linguística profunda e bem aproximada da situação real. Quando se descreve uma situação com estruturas linguísticas corretas, não há possibilidade de se incorrer nas distorções, generalizações e eliminações, características dos mecanismos defensivos, por meio dos quais escondemos nossos sentimentos, ao falarmos.

– É! São conhecimentos bastante interessantes! Hoje aprendi coisas novas! Você se importa com o fato de que eu pergunte?

– Claro que não! Pode perguntar o que você quiser. O conhecimento não pertence a ninguém. Ele existe para ser passado adiante! É o caráter informativo do qual já lhe falei – esclareci, terminando aquela sessão.

Nas sessões seguintes, a terapia transcorreu sem grandes novidades, até que Luiza novamente se interessou pelo mergulho no estado de transe.

– Podemos aprofundar o trabalho mais um pouco? Sinto-me mais produtiva quando estou com a mente ampliada. É como se eu pudesse me observar e ter uma compreensão maior dos meus próprios sentimentos.

– O estado de transe realmente conduz a esta ampliação – disse, optando por aplicar a técnica "O Animal", um outro processo de identificação da dinâmica psíquica.

Essa técnica é construída utilizando-se o simbolismo universal representativo do instinto, que é o animal; o potencial energético do indivíduo juntamente com o simbolismo da cerca, representante das repressões ambientais e dos mecanismos defensivo decorrentes da internalização dessas mesmas repressões.

Eu já havia aplicado essa técnica de identificação da dinâmica psíquica milhares de vezes e observava uma correlação interessante entre as características do animal escolhido e a personalidade do cliente. Havia encontrado lobos solitários, golfinhos mal-adaptados à vida na terra e à realidade, borboletas flutuantes e sonhadoras, ligadas a ideias de transformação, porcos e peixes sem opção de escolha, como se tivessem nascido apenas para servirem de alimento; elefantes com a sua força passiva, leões e panteras, com sua agressividade natural e instintiva, e dragões que soltavam fogo pelas ventas.

Utilizando esse procedimento descubro se a pessoa investe maior quantidade de energia na expressão de suas potencialidades ou para proteger-se emocionalmente das agressões reais ou imaginárias do meio em que vive. Quando essas forças estão em conflito, direciono o processo terapêutico buscando promover o equilíbrio e a utilização adequada dos instrumentos de proteção emocional, essenciais na adaptação do indivíduo à realidade.

Mais uma vez induzindo Luiza ao estado de transe, introduzi a técnica:

IDENTIFICAÇÃO COM UM ANIMAL

— Perceba que você agora se encontra em uma sala segura, confortável, e há um quadro pendurado na parede à sua frente. No quadro, aparece a figura de um animal. Que animal é esse? – perguntei, como sempre, aguardando que a imagem surgisse em sua tela mental.

— Eu vejo uma onça!

— Imagine-se entrando nessa tela, tornando-se essa onça. Construa uma história sobre a sua vida sendo essa onça. É uma história livre. Não tem certo nem errado! Como é o lugar em que você vive? Você está só ou acompanhada? Conte-me a sua história de onça!

— Eu sou uma onça que vive no campo, em contato com a natureza... Corro livremente e caço... Subo em árvores... Tenho uma família... Um bando...

– Você caça sempre ou somente quando tem fome?

– Eu caço quando necessário!

– Nesse campo, você tem sede?

– Não. Sempre que preciso vou em busca de água.

– Como você se sente sendo onça?

– Tenho sensação de força!... Não sou muito grande, mas sou forte... Tenho mesmo um andar felino... É gostoso sentir a flexibilidade do meu corpo... Ele fica sensual! Minhas garras são afiadas... Meus dentes também... Sou amarelada... Com pintas pretas...

– Perceba que, mais adiante, nessa história, existe um cercado e que agora você, onça, está dentro dele. De que ele é feito?

– É um cercado de madeira... Com fios de arame farpado...

– Como você, onça, se sente dentro desse cercado?

– Eu me sinto presa... Fico irritada, mas a cerca espeta... Tenho medo dela... Quando tento pular, corto a barriga nos espetos de arame... Sinto dor... Dói muito... Sinto mais raiva ainda!...

– O que você, onça, faz com essa raiva?

– Nada!... Se eu atacar, a cerca me espeta!

– Mesmo estando dentro do cercado, deixe a sua raiva sair! Você, onça, pode morder, arranhar, fazer o que quiser! Seja a onça esvaziando a sua raiva! Deixe também o seu corpo tremer! Sinta o medo saindo!... – induzi, dando tempo para que aqueles sentimentos fossem esvaziados.

– Estou tremendo toda... Agora, recupero minhas forças e raspo as patas no chão... Estou mordendo a madeira da cerca... Minha raiva está diminuindo...

– Nessa história tudo é possível, e a cerca também pode se comunicar com você. O que você tem vontade de dizer a ela, estando aí dentro?

– Eu quero pedir a ela que me deixe sair... Mas ela não me ouve!...

119

– O que acontece para que ela não a escute?

– Ela é apenas uma cerca... Foi colocada ali.

– Quem a colocou?

– A dona da cerca.

– E quem é a dona da cerca?

– É uma mulher!... É mamãe!

Nesse momento, lágrimas começaram a escorrer pelos cantos dos olhos de Luiza e seu abdome estremeceu, ligeiramente, evidenciando o medo sendo mobilizado. Continuei a indução:

– Nesse espaço seguro e protegido, seja a dona da cerca! Por que você prende a onça?

– Ela é agressiva!... É uma onça rebelde... Precisa ser domesticada!

– O que a deixa agressiva?

– Eu não sei!... Ela sempre foi assim!... Não é como os outros animais!

– Alguma vez você, dona da cerca, parou para pensar em como a onça se sente, ficando presa neste cercado? O que você teme?

– Que ela possa atacar alguém!...

– Seja a onça novamente. O que você, onça, gostaria de dizer à dona da cerca?

– Que eu não quero ferir ninguém!... Eu só quero ser livre! Não gosto de me sentir presa!...

– O que a dona da cerca lhe responde?

– Que ela pode me soltar... Se eu lhe der a garantia de que não vou ferir ninguém.

– Você, onça, pode fazer isso?

– Sim, posso!... Eu só quero a minha liberdade.

– Agora, saia da sua experiência de onça e se torne a dona dessa onça, entrando na cena para modificar essa história... Do que ela precisa?

– Ela precisa ser compreendida em sua natureza de onça!

– O que você faz para cuidar da sua onça?

– Eu vou substituir o arame farpado por travessões de madeira, pintados de branco... A cerca está ficando bonita... Vou colocar um portão... Para que ela possa entrar e sair quando quiser... É como se o cercado fosse agora a toca da onça... O seu canto... Ela não precisa mais morder nem arranhar ninguém.

– Aparece mais alguma coisa nessa história?

– A dona da cerca está indo para a casa dela. Eu a vejo de costas.

– Pois então, agora, pouco a pouco, seja a Luiza novamente, voltando a se perceber no espaço do consultório, respirando profundamente, movimentando-se até abrir os olhos, como se estivesse acordando!... Como você está se sentindo?

– Estou tranquila! Obrigada!

– Como foi passar por essa experiência?

– Eu me percebi revivendo toda a relação de agressividade que mantinha com mamãe. Acho que acabei de me esvaziar desses sentimentos. Estou realmente muito tranquila, agora!

– Nessa técnica, o arame farpado da cerca simboliza a agressividade verbal, a crítica. Seu ambiente familiar era assim?

– Era! Havia sempre um julgamento, uma avaliação em termos de certo ou errado. Todos nós tínhamos muito medo de errar.

– A barriga ferida simboliza os seus sentimentos infantis; as mágoas e ressentimentos decorrentes da incompreensão que havia em relação à sua maneira livre e independente de ser. Como está o seu abdome agora?

– Bem relaxado! Estou com uma fome de onça! – disse Luiza, sorrindo marotamente.

O trabalho terapêutico continuava. Luiza ia elaborando suas emoções. Fazia também muitas perguntas. Sua vontade de aprender era intensa. Parecia manter ainda dentro de si aquela ingenuidade e a curiosidade que caracteriza a criança em suas descobertas de mundo. Isso lhe dava uma autenticidade pouco comum nas pessoas de hoje em dia. Havia em Luiza um toque primitivo, a sua onça, a sua agressividade natural. Contudo, parecia mais descontraída e aberta para a vida. Algumas sessões à frente, Luiza trouxe a questão da sua dificuldade de escolher, tecendo um comentário.

– Penso que isso está associado ao excesso de crítica com que fui criada; ao perfeccionismo de minha família.

– As escolhas ocorrem em função das características da pessoa. De sua maneira de ser. Se você souber como realmente é, ficará mais fácil decidir o que mais lhe convém. Existe em cada pessoa uma sabedoria interior, uma inteligência maior, o Eu Superior. Se você estiver em contato com essa parte psíquica terá mais *insights*[1], e terá mais facilidade para solucionar problemas e decidir. Além das técnicas de relaxamento, a meditação é um excelente caminho para entrar em contato com esse outro nível de consciência.

– Eu não sei meditar!

– Meditar, ao contrário do que muitos imaginam, é parar de pensar. É calar a voz do consciente, abrir-se para a chamada zona do silêncio e entrar nela. É ter maior capacidade de observação, tornando possível a percepção de vários aspectos de uma mesma situação... Por meio da hipnose, podemos fazer, também, a técnica do "Sábio", através da qual se estabelece contato com a sabedoria interior.

– Eu quero fazê-la. Acho que preciso. Muitas vezes sinto-me em dúvida diante de situações de escolha. Tenho dúvidas em relação a mim; em relação à minha maneira de ser. Falta-me ainda certo grau de autoconfiança, embora eu já esteja bem melhor.

– A terapia não é um processo linear no qual você vai sempre

---

[1] Compreensão simultânea de todos os ângulos de uma questão.

melhorando. Ela tem seus altos e baixos e, de tempos em tempos, outras questões tornam-se emergentes. Você quer fazer a técnica, agora?

– Quero, sim!

– Então vamos lá! Você já sabe o caminho a seguir... – brinquei, enquanto ela se acomodava no sofá.

O hábito de repetir a indução hipnótica acaba por criar "âncoras" no inconsciente do cliente, a partir do tom de voz do psicoterapeuta, da música utilizada, do próprio ambiente, fazendo com que ele tenha cada vez mais facilidade para alcançar o estado hipnótico. Vários clientes já haviam se referido a isso e eu passara a observar que acontecia realmente. Luiza não fugia à regra. Entrava cada vez mais facilmente no estado de transe e parecia estar aprofundando seus mergulhos inconscientes.

Induzi, como de hábito, o estado hipnótico passando, então, para a aplicação da técnica:

IDENTIFICAÇÃO COM A SABEDORIA INTERIOR

– Perceba-se, agora, em um campo seguro, tranquilo, onde você vai caminhando, sentindo o contato de seus pés com a grama. Mais adiante, você vê uma colina, na qual existe um caminho que leva ao topo. Você, então, se dirige para lá e vai subindo, subindo, até chegar no alto. Você vê uma gruta e caminha em direção à entrada. Dentro da gruta, a princípio existe penumbra. Depois, você começa a ver uma luz muito branca e brilhante, surgindo no fundo da gruta e, no meio dessa luz, aparece a figura de um Sábio, o seu Sábio. Ele está aí só para ouvir você e ajudá-la a se decidir em suas escolhas. Durante algum tempo eu vou parar de falar enquanto você conversa com seu Sábio sobre isso!

Induzi, dando tempo para que o diálogo interno ocorresse. Aguardei cerca de um minuto, tempo suficiente para que o inconsciente fizesse as elaborações necessárias. Depois, continuei:

– Perceba agora que o seu Sábio tem uma mochila, de onde ele retira um presente para você, um recurso, que pode ser concreto ou abstrato e que vai ajudá-la a lidar com suas situações de escolha da melhor maneira possível. O que ele lhe entrega?

– Ele está me olhando... Sorri com uma expressão meiga e tranquila... Ele me transmite muita paz... Diz que eu já tenho condições de escolher. Basta que eu acredite... Diz que isso não é o mais importante... Que eu tenho uma tarefa, a de ajudar as pessoas... Ele me entrega um livro grosso de capa preta, dura, com folhas brancas e finas como seda... Mas não é um livro escrito; é um livro de histórias vividas... Ele diz que agora não pode falar mais nada... Junta as duas mãos diante do peito, abaixando a cabeça... Agora está movimentando as mãos juntas, como que fazendo o sinal da cruz... Ele separa as mãos e estende a direita para mim... Uma luz de cor violeta flui de sua mão direita em direção à minha fonte... Parece que ele está me abençoando... (Luiza começou a chorar mansamente e sua expressão permanece tranquila)... Ele está indo embora na luz... A luz está diminuindo... A gruta está ficando escura novamente... Acabou!

Luiza acabara de vivenciar uma experiência transpessoal espontânea. Isso já havia ocorrido com outros clientes. Em certas ocasiões, esse fenômeno psíquico acontecia por si mesmo, independente da indução que estivesse sendo feita. No início de minha vida profissional, eu me assustava, principalmente pela responsabilidade em relação às condições de segurança e sanidade do cliente. Com o tempo, aprendi a reconhecer e a lidar com as experiências do numinoso; as experiências do despertar da espiritualidade a que Vitor Frankl, Carl Jung e tantos outros psicólogos que se interessaram pelo assunto haviam se referido.

124

Continuei então o trabalho, induzindo o fechamento da técnica.

– Pegue o seu presente e coloque-o em uma parte do seu corpo, sabendo que, todas as vezes que necessitar desse recurso, ele estará dentro de você mesma. Onde você o colocará?

– Na minha fronte. No ponto em que a luz do Sábio fluiu.

– Isso! Agora comece a sair da gruta, sabendo também que todas as vezes em que necessitar da ajuda do seu Sábio, ele será acessível por meio da sua própria mente. Saindo da gruta, venha descendo pelo mesmo caminho, voltando a caminhar pelo campo e, gradativamente, retornando a este consultório, sentindo-se tranquila e bem disposta, encaixando-se novamente em seu corpo físico, sentindo a energia circulando em seus pés, mãos, até abrir os olhos outra vez... Como você está se sentindo?

– Estou muito bem!... Estou um pouco emocionada. Foi uma sensação diferente! Eu nunca senti isso antes!... Não sei explicar exatamente o que aconteceu. Também não compreendo o presente que recebi. Um livro preto de folhas finas como seda lembra-me a Bíblia... Mas o que é um livro de histórias vividas?

– Você já ouviu falar em Registro Akáshico?

– Não! Não sei o que é!

– Registro Akáshico ou Akasha é o registro cósmico das experiências vividas pela humanidade. Algumas pessoas têm acesso a ele por meio dos estados superiores de consciência. São pessoas sensitivas. Isso lhes permite colher informações diretamente da Fonte Maior.

Luiza olhou-me surpresa e recomeçou a chorar.

– O que aconteceu agora?

– Não é nada! Não se preocupe... É uma emoção boa. Às vezes, sinto-me diferente das outras pessoas. Complicada mesmo! Outras vezes, sinto que poderia ajudá-las, mas não sei como. Você acha que vou encontrar essas respostas?

– Certamente! Suas respostas estão dentro de você! Você tem facilidade para mergulhar no seu próprio interior. Isso que vivenciou foi o primeiro passo para o despertar de sua espiritualidade. Essas experiências costumam ocorrer espontaneamente, na terapia. Quando for o momento adequado, o que tiver que acontecer, acontecerá...

— O que significa aquele movimento que o Sábio fez com as mãos?

— Eu nunca vi isso antes!

— Esses movimentos simbólicos são chamados de *mudras* pela filosofia oriental. São como saudações e sevem também para identificar uma individualidade ou ser. Assim como os *mudras*, os *mantras* são conjuntos de sons ou de palavras, que também podem identificar um ser, e que, repetidos através dos tempos, passam a ter um poder de limpeza dos planos mentais e emocionais. O Pai Nosso, por exemplo, é um *mantra* magnetizado durante dois mil anos. Por isso produz tanto efeito sobre as mentes das pessoas.

— Por que apareceu a luz violeta?

— O violeta significa a espiritualidade e você está justamente despertando para esse nível de funcionamento. Na sua experiência, o violeta, que pode ser utilizado em processos de limpeza energética, foi direcionado para o seu chacra frontal, o qual está ligado à percepção extrassensorial. Essa cor também simboliza a misericórdia e a compaixão e a frequência do raio da transmutação, do negativo polarizado em positivo. Segundo a Teosofia, tem como diretor o mestre Saint-Germain.

— Esse Sábio, que me passou luz violeta, pode ser este mestre Saint-Germain?

— Você somente poderá ter essa certeza dentro de si mesma, à medida que for ampliando sua consciência e obtendo mais informações sobre o seu processo evolutivo.

— Algo mais?

— Não! Creio que por hoje é suficiente! Eu vou para casa pensar sobre o que aconteceu. Se me ocorrer mais alguma coisa, trarei na próxima sessão.

6

A Fase de Regressão às Memórias de Infância

O trabalho de regressão é fundamental para o processo terapêutico. Lembro-me de que, ainda no curso de graduação, conversávamos sobre os mitos que existiam no meio acadêmico quanto ao fenômeno regressivo. Falava-se sobre a questão do surto psicótico e sobre o medo dos psicólogos de que seus clientes não retornassem das experiências regressivas. Obviamente, no início de minha atividade profissional essa preocupação me acompanhou até que a prática de lidar com o psiquismo, associada aos cursos de especialização e às pesquisas bibliográficas sobre o assunto pudessem me auxiliar no desenvolvimento de uma postura adequada, diante do fenômeno da regressão.

Em primeiro lugar, gosto de estabelecer uma diferença conceitual entre as neuroses, as psicoses e os fenômenos espirituais. A neurose pode ser caracterizada como uma distorção perceptiva, sem que o indivíduo perca o contato com a realidade. Certo grau de neurose pode ser encontrado em cada pessoa, mesmo quando enquadrada dentro dos padrões de normalidade, uma vez que vários indivíduos podem apresentar diferentes percepções em relação a um mesmo acontecimento. É como se a realidade fosse percebida por meio de um crivo ou filtro, formado pelos significados emocionais ou valores atribuídos por cada um às suas experiências de vida.

A psicose, por sua vez, caracteriza-se basicamente pela perda de contato com a realidade tridimensional; pela negação dessa realidade como modo de proteger os sentimentos em relação a experiências percebidas como insuportáveis, ou seja, muito acima do limite emocional daquele indivíduo. Por sua vez, o diagnóstico diferencial entre as psicoses e os fenômenos espirituais pode ser estabelecido pelos seguintes aspectos: os fenômenos espirituais são auto-organizadores, fazendo com que o indivíduo retorne ao estado de vigília, com sensação de harmonia e bem-estar. O discurso apresenta coerência interna, traduzindo sabedoria na transcomunicações efetuadas, enquanto que o surto psicótico é desorganizador do psiquismo, e apresenta um discurso confuso. A diferença fundamental entre ambos é que o sensitivo convive harmoniosamente em sua vida social e afetiva, enquanto o psicótico apresenta sérias dificuldades de relacionamento.

Para trabalhar dentro do paradigma da Abordagem Transdisciplinar precisei construir um novo modelo para a cartografia da mente que explicasse o ser humano como uma totalidade corpomente-espírito, que pode vivenciar experiências em sete diferentes estados de consciência ou faixas vibracionais. Considero cada ser humano como um ser eterno, que possui uma individualidade permanente, formada pelos seus três níveis superiores (mental, intuitivo e espiritual) e pelos quatro níveis da personalidade (físico, sensorial, emocional e mental inferior).

No nível mental superior ou nível de ideais tenho encontrado o que em metafísica denominamos de Corpo Causal, uma espécie de arquivo que contém registros de personalidades anteriores de uma mesma individualidade. De acordo com essa visão, o que chamamos de morte é o processo de saída dos corpos energéticos de um corpo físico, o qual, por algum motivo (doenças, acidentes, crimes etc.), perde as condições mínimas exigidas para a manutenção da vida no plano da matéria.

128

Encontrei também o que Ernani Guimarães denomina de Módulo Organizador Bioplasmático, um princípio inteligente e pré-existente, que ordena as características e as experiências básicas de vida, necessárias à evolução de uma individualidade. Esse conceito vem ao encontro das modernas teorias da Física Quântica que definem a consciência humana como um campo de probabilidades de eventos que, em função de seu livre arbítrio, o ser evolutivo poderá concretizar, ou não. Em todos os casos em que trabalhei jamais encontrei algum registro que significasse predestinação, mas experiências cuja interpretação dependia do estado de consciência em que o ser em evolução se encontrava, naquele momento do tempo.

Trabalhando com clientes psicóticos constatei, muitas vezes, a emergência de personalidades de outros momentos do tempo, que se manifestavam e assumiam o controle do comportamento presente, mantidas dissociadas pelo sofrimento excessivo, recusando-se a viver aquela experiência de vida.

Existem quatro tipos de regressão de memória: A regressão à adolescência e infância, a regressão ao nascimento, a regressão à vida intrauterina e aos registros transpessoais, nos quais estão lembranças de outras existências. Nesse ponto, torna-se necessário redefinirmos alguns conceitos sob o enfoque do novo paradigma científico para que possamos compreender o fenômeno regressivo, sem que tenhamos que ferir os dogmas religiosos.

O *Cérebro* corresponde, dentro de uma linguagem informacional da mente, ao hardware, ao aparelho neurológico que a serve como instrumento ao funcionamento da mente. A *Mente*, ainda de acordo com essa mesma linguagem informacional, corresponde ao software ou programa funcional que organiza e comanda todos os processos vitais do organismo. O *Nascimento* passa a ser compreendido como o início da manifestação da vida no mundo tridimensional e a *Morte* como o fim dessa mesma manifestação no plano da matéria. Ainda dentro desse enfoque, a *individualidade* é compreendida como um conjunto de potenciais inatos que o ser já traz para a vida ao nascer, e a *personalidade* como resultante da interação entre os potenciais inatos da individualidade e os estímulos oferecidos pelo meio ambiente.

Dentro de um enquadre terapêutico mais amplo, estamos falando de uma *consciência* não mais vista como material disponível à lembrança, mas com o significado mais profundo de sabedoria interna, localizada no inconsciente mais profundo.

Embora já tenham sido desenvolvidas técnicas para cada um desses tipos de regressão de memória, tendo como base a visualização criativa, podem ocorrer repressões espontâneas sempre que um conteúdo emocional precise ser esvaziado para que o equilíbrio psíquico se restabeleça. Tal fenômeno tende a ocorrer quando a situação terapêutica oferece condições de apoio e segurança, por parte do psicoterapeuta. Caso contrário, ele vai bloquear o processo por medo de não saber lidar com as experiências vivenciadas pelo cliente.

As regressões à adolescência, infância e nascimento são essenciais ao processo de integração da personalidade atual. Em alguns casos específicos, surge a necessidade de se buscar os registros de vida intrauterina, nos quais também podem ser encontradas memórias transpessoais de abortos anteriores ao nascimento da atual personalidade. Esse dado – extremamente novo no campo da pesquisa da mente humana – coloca em relevo a discussão sobre a legalização do aborto. Se não temos dados científicos específicos sobre o momento em que se inicia a vida, como decidir pela sua interrupção?

As técnicas regressivas a outras existências do ser, por suas intensas cargas emocionais, são contraindicadas para crianças, idosos, cardiopatas, gestantes e clientes com tendências psicóticas. Estes, aliás, como já encontram num estado mental dissociado, podem ser trabalhados em seus registros transpessoais sem a necessidade de nenhum tipo de indução hipnótica, uma vez que uma ou mais de suas personalidades anteriores (ou subpersonalidades) estão acessíveis à consciência (enquanto material emergente à memória), influenciando o comportamento da personalidade atual.

Outra questão que costuma ser levantada quanto à regressão é a utilidade de se abrir o chamado "véu do esquecimento", os mecanismos de proteção psíquica, que impedem que esse material venha à consciência.

Observei, na prática terapêutica, que o material registrado no inconsciente profundo somente vem à consciência quando há permissão por parte desses mesmos mecanismos.

O *álbum de fotografias* é uma técnica regressiva, na qual utilizo um símbolo universal de lembranças do passado para induzir o retorno no tempo, mantendo, ao mesmo tempo, a parte psíquica adulta presente na experiência, para que esta apoie e ressignifique experiências vividas na condição de criança, em qualquer momento do tempo.

Em seu trabalho terapêutico, Luiza havia falado bastante a respeito da infância, mas ainda não entrara em nenhuma experiência realmente regressiva. Isso aconteceu depois de algumas sessões pouco significativas em termos de conteúdo histórico, quando eu lhe apliquei a referida técnica, induzindo-a ao transe hipnótico:

— Perceba-se sentada, confortavelmente, em uma sala tranquila e segura, tendo nas suas mãos um álbum de fotografias; um álbum muito especial que tem na primeira página a foto da Luiza, hoje. Como a Luiza aparece nesta foto atual? – indaguei, automaticamente provocando a dissociação do EU, pela utilização do verbo na terceira pessoa do singular.

— Ela está sorrindo!

— Muito bem! – reforcei. – Agora veja-a com trinta e cinco anos. Como está a Luiza nessa idade?

– Ela parece tranquila; cuida dos filhos... Tem projetos!

– Veja-a com trinta anos. O que lhe acontece aos trinta anos?

– Ela trabalha bastante!... Os filhos são pequenos...

– Veja-a então com vinte e cinco anos. Como está Luiza?

– Ela é recém-casada... É sonhadora e romântica...

– Veja-a com vinte anos! Que impressão lhe passa?

– Ela é mais romântica e sonhadora ainda...

– Vire outra página desse álbum e veja Luiza com quinze anos. O que acontece com ela?

– Ela estuda, lê muito... Tem uma vida monótona, diverte-se pouco!... É uma jovem idealista e muito ingênua.

– Veja-a, agora, aos dez anos! Como está essa menina, nessa idade?

– Ela é uma criança um tanto só!... Brinca, mas vive no mundo da fantasia... É magrinha!...

– Vire outra página e veja-a aos cinco anos.

– Ela é bem miudinha!... Está brincando no campo...

– Você está indo muito bem! Continue! Veja-a aos três anos. O que ela faz nessa idade?

– Ela é curiosa, espevitada...

– Olhe, agora, a foto dela aos dois anos! O que lhe acontece nessa idade?

– Ela está sentada no colo da mãe... Os pais estão conversando, mas ela não presta atenção ao que eles dizem. Está distraída...

– Vire outra página desse álbum e veja-a com um aninho. Como está essa menininha?

– Ela está dando os primeiros passos... A irmã lhe dá a mão...

– Agora vire outra página e veja Luiza bebê, recém-nascida, acabando de vir ao mundo para viver esta existência. Como é Luiza?

– É um bebê muito lindo! – disse Luiza, enquanto as lágrimas começavam a escorrer pelos cantos dos olhos. Continuou:

– Sinto que a amo muito!... Quero que ela tenha uma vida feliz!... Estou emocionada... Não sei o que está acontecendo agora... Estou rodando... Parece que estou indo para outro lugar... Estou subindo... Subindo... Estou ficando leve... Muito Leve! É uma velocidade tão grande!... É como se eu estivesse rodando numa espiral... indo em direção a uma bolinha!...

MEMÓRIAS DA CONCEPÇÃO

– Dê-me sua mão! Deixe-se conduzir por essa espiral! – induzi, ao mesmo tempo em que estabelecia uma âncora com a realidade, tocando levemente sua mão, em sinal de acompanhamento.

– Estou suspensa no ar... Não, no éter... Estou sem peso, sem temperatura... Nesse momento sou pura e plena consciência... Vejo, do alto, uma forma arredondada, ovalada... Como uma espiral de energia... A mesma espiral que dá origem às estrelas e ao cosmos... É o princípio da vida... O que eu vejo é um útero, ele está dentro da barriga de uma mulher... Ela vai ser minha mãe... Ela está deitada em uma cama, à noite, ao lado de um homem... Ele vai ser meu pai... Eles estão no quarto... A cama onde estão deitados é de madeira escura, reta... É um móvel simples. O quarto é simples, tem cortinas nas janelas, de um tecido pesado, parece aveludado... A cortina não combina com a simplicidade do quarto... A janela fica à esquerda... As paredes são claras... A porta fica à direita e está fechada... O chão é de tacos encerados... Lençóis brancos, bordados em ponto cheio, com linha azul... Tem um monograma bordado... São dois "*as*" entrelaçados... São as iniciais dos nomes deles: Alcides e Amélia. Enquanto eu percebo essas coisas, o meu corpo vibra... Ele é pura energia...

Lá embaixo, na cama, o homem está deitado de costas para a mulher... Ela está com a perna direita apoiada sobre a perna direita dele... O braço direito dela passa por baixo do braço direito dele, rodeando-lhe a cintura...

A mão direita dela, agora, toca o genital dele... Ele fica excitado... Ele se vira para ela e a olha nos olhos... Eles sentem amor um pelo outro... Eles se amam intensamente e começam a ter relações sexuais...

O meu corpo vibra muito. É como se eu estivesse sendo puxada para baixo... Lá embaixo há uma bolinha... É uma velocidade fantástica!... É como se eu estivesse descendo, na espiral, em direção à bolinha... Descendo, descendo, descendo... É uma bolinha tão pequenininha!... Eu agora estou na bolinha... Vibrando... Vibrando... Na bolinha... É um óvulo...

Agora estou dentro de um túnel redondo, quentinho, meio rosado... Em sentido contrário vem uma bolinha diferente, de forma ovalada, com uma cauda ondulada... Tem outros, muitos outros... Mas esses outros não são importantes... Só aquele... Tenho na minha energia uma chave, uma informação, um código... Metade de um código... A outra metade está nessa outra bolinha... Aí, então, descubro que a outra parte da minha energia... A minha outra metade... Está nessa bolinha... Eu serei uma pessoa inteira quando as duas metades se unirem...

Estou no meio da bolinha... Tem muitas outras bolinhas querendo entrar, mas a única que tem a chave da porta é aquela que despertou a minha atenção... Ela entra com tanta facilidade!... A porta está se fechando... E nenhuma outra bolinha poderá entrar... Somente esta... As outras bolinhas que ficaram lá fora vão morrer... Vão se desmanchar...

Agora eu estou me multiplicando em muitas bolinhas, muitas... 2... 4... 8... 16... 32... 64... Mais... Mais e mais, milhares de células... Eu estou deslizando por um túnel, que desce por uma parte mais larga, mais aberta... Agora vejo uma caverna. Ela é de cor rosa avermelhada, forrada por um tecido esponjoso... Fofo, macio... Eu caio nesse tecido e fico agarrada nessa parede... Enquanto isso, a multiplicação continua... Ela tem a mesma velocidade incrível, espantosa!... Não tenho mais noção de tempo... É como se ele não existisse...

Eu sou uma semente de vida crescendo, crescendo... Aquela energia do princípio da vida está agora multiplicada ou dividida, não sei direito, em milhares e milhares de pontinhos de vida... As minhas células... É fantástico!... Obedecendo àquele código, elas vão se organizando... É como se soubessem o que devem fazer... É perfeito, tão perfeito!... – Luiza chora, emocionada. – Elas estão formando um fio longo... Na ponta desse fio longo tem células cinzentas... é o meu cérebro...

Tem um outro grupo de células, bem vermelhinho, que começa a fazer um barulho: *tum, tum, tum...* É o meu coração... Outros órgãos estão se formando, parece tudo tão rápido! É o sangue fluindo...

Também existe trabalho lá fora... Tem outro tubo fino que vai da minha barriga para fora... O sangue passa rápido dentro dele. Leva detritos lá para fora... Também me ajuda a respirar... Lá fora, aquele tecido que parece esponja está crescendo... Em volta, agora, tem água, uma água azulada, não muito transparente...

Lá fora existem ruídos, barulho de barriga, de alimentos sendo digeridos... É o estômago de minha mãe funcionando... E tem aquele *tum...* É o coração dela batendo... Ela está tranquila, eu também... Ela conversa muito com meu pai... Eles têm dificuldades financeiras, mas estão juntos... E... Eu estou crescendo tranquilamente.

– Existe mais alguma coisa que você queira perceber? – indaguei, retomando a indução após sua regressão espontânea à vida intrauterina. Há algo em relação ao nascimento que precise ser trabalhado?

– Se eu olhar adiante, o nascimento também parece tranquilo... A sensação que eu tenho agora é de que não há mais nada a ser percebido. Estou me sentindo bem... Acho que já posso voltar.

– Então, gradativamente, perceba-se sendo a Luiza, uma só pessoa, adulta, com sua energia totalmente reintegrada e bem distribuída pelo corpo, até abrir os olhos novamente, como se estivesse acordando! – induzi, aguardando o seu movimento de retorno ao estado de vigília... Como foi para você viver essa experiência?

– Eu fui à vida intrauterina? Isso é possível? Será que não imaginei toda essa história?... Mas, tudo parecia tão real!... Tão verdadeiro!... Exclamou Luiza, ainda aturdida com a experiência por que passara.

Na ATH, costumamos dizer que o dentro e o fora são a mesma coisa. Tudo se interliga! Mas, ao mesmo tempo, a consciência – que funciona no plano da dualidade – necessita compreender e integrar as experiências vividas. Sua experiência foi real para você. Ela é a sua representação interna da sua concepção e é uma representação bonita. Exprime as sensações e os sentimentos que você registrou em relação a esse momento da sua evolução. É também o seu simbolismo em relação à sua vinda a este mundo. No sentido emocional, o que ela significou para você?

– Foi lindo! Creio que jamais esquecerei essa história. A sensação de ser pura energia, a sensação de vida fluindo, o amor de meus pais. Eu senti a segurança de nascer num lar estável, fruto de um relacionamento afetivo bem sólido! Creio que isso é o mais importante para os filhos. Pelo menos, é importante para mim. Foi incrível! Será que realmente o espermatozoide que fecunda o óvulo é aquele que tem um código semelhante? Que tem afinidade energética com o óvulo? Achei isso tão bonito também!...

Esta é a abertura conceitual que estamos empenhados em promover. Diante do pressuposto de um Módulo Organizador Bioplasmático, pré-existente ao corpo físico, faz sentido que a escolha do espermatozoide que fecunda o óvulo não seja uma escolha aleatória, mas o resultado seletivo das características mais adequadas às experiências evolutivas do ser que vem ao plano da matéria. Isso joga por terra o conceito de "acidente" genético. Segundo essa perspectiva, a má formação genética é a manifestação física da energia mal qualificada por um ser evolucionante. Este novo enfoque abre perspectivas para muitas pesquisas, mas é fundamental o alargamento do enquadre científico. Enquanto nossa ciência oficial estiver restrita pelo pensamento cartesiano, pouco ou nada iremos avançar nesse campo, no qual muitos fenômenos ainda aguardam explicações.

Mudando de assunto, sinalizei a Luiza o término da sessão. A experiência fora extremamente mobilizadora e como não é adequado que se realize mais de uma técnica hipnótica por vez, usamos o tempo restante com as necessárias elaborações em relação ao ocorrido.

Tecnicamente eu sabia que teríamos que retornar à infância para dar continuidade ao fechamento e ressignificação de possíveis experiências traumáticas, ainda mantidas sob o véu da inconsciência. Algumas sessões adiante, Luiza reviveu outra situação significativa:

MEMÓRIAS DE UMA NOITE DE FRIO

Voltando à técnica do álbum de fotografias, induzi Luiza a visualizar a sua criança recém-nascida:

— Veja a Luiza, bebê, recém-nascida, acabando de vir ao mundo para viver esta existência. Como você a vê?

— Ela está deitada entre o pai e a mãe, na cama deles. Estão em outro quarto, nos fundos da casa. Está frio, muito frio!...

Luiza começou a tremer de frio, apesar de ser verão e eu desliguei imediatamente o aparelho de ar condicionado da sala, providenciando um cobertor para cobri-la. É impressionante como a experiência vivida no estado hipnótico torna-se real, alterando toda a fisiologia. Depois dessas providências, retornei à indução:

– Como você se sente, agora?

– Estou esquisita!... Estou me sentindo suspensa no ar...

Luiza estava encolhida e seu corpo ainda estremecia de vez em quando. Toquei sua mão; estava gelada. Toquei o seu rosto contorcido. Também estava gelado. Preparei-me para acompanhá-la no que acontecesse.

– Continue! – induzi.

– Eu sinto que sou esse bebezinho... Estou deitada entre eles, mas meu rosto e minhas mãos estão descobertos... E doem, doem muito...

Luiza começou a chorar como um bebê. Estava regredida.

– Sinto muito frio!... O ar está úmido... Papai olha para mim e, não sei por quê, arregala os olhos... Depois, vira-se para o lado e volta a dormir...

Ela chora mais ainda.

– Estou me sentindo abandonada!...

Em virtude da intensa sensação de frio, optei por retirar Luiza da condição regressiva, promovendo a dissociação entre a parte psíquica adulta e a parte criança:

– Perceba que, hoje, você é uma pessoa adulta! Sinta-se essa pessoa! E, como adulta, entre na cena e pegue a sua criança no colo! Abrace-a bem apertado! Aqueça-a! Mantenha essa criança no seu colo até que ela esteja se sentindo segura e reconfortada!

Aguardei durante alguns minutos, até que o equilíbrio fisiológico fosse restabelecido.

– Como está agora?

– Ela agora está melhor! Estou tentando lembrar-me dessa situação, mas está difícil!

Pelo tom de voz, reconheci que Luiza havia retornado ao estado de vigília e decidi continuar o trabalho nesse nível de consciência, induzindo-a a reintegrar a sua criança, movimentar-se e abrir os olhos novamente. Quando ela voltou a se sentar, retirando o cobertor, indaguei:

– Ocorreu algum episódio desse tipo?

– Sim! Mas eu havia me esquecido. Nasci em junho e naquele ano estava muito frio. Minha irmã, um tio e o filho dele estavam com tifo, na casa de mamãe. Para que eu não corresse nenhum risco de contágio, meus pais resolveram dormir num quarto de guardados que havia no quintal. Esse quarto não tinha laje e o frio passava por entre as telhas.

Certa noite, ao acordar, papai encontrou-me gelada e, segundo ele, pensou que eu tivesse morrido. Resolveu que iria esperar o amanhecer para comunicar o ocorrido a mamãe. Essa história era contada como uma prova do controle emocional de papai, e isso era muito valorizado pela nossa família. Na época, eu tinha alguns dias de nascida e passei a noite toda com as mãos e o rosto totalmente gelados. Meu rosto ainda está doendo!... Como pode um pai agir assim, com tanta frieza?...

Luiza voltou a chorar. Solicitei-lhe que se deitasse novamente, fechasse os olhos. Comecei a lhe massagear o rosto, iniciando o trabalho bioenergético na sua testa. A pele estava pálida, fria e endurecida. À medida que eu ia massageando e tocava determinados pontos, Luiza chorava mais. Aos poucos, a circulação sanguínea foi-se restabelecendo e a dor registrada na musculatura – principalmente na região orbicular das pálpebras – foi sendo esvaziada. A contratura muscular ao redor dos olhos havia contribuído para o desenvolvimento do astigmatismo de Luiza. O esvaziamento dos conteúdos emocionais iria aliviar esse sintoma.

– Como está o seu rosto, agora?

– Está bem! Parou de doer!

– Como você se sente em relação ao seu pai?

– Eu gosto muito dele! Não guardo ressentimentos. Papai foi criado dentro de um padrão extremamente rígido. Posso compreender que, naquele momento, ele estava preocupado em poupar mamãe. Ela ainda estava em período de resguardo do parto.

– E a sua criança? Ela também pode compreender?

Luiza parou para refletir, desfocando o olhar para o ponto de diálogo interno. Depois, voltou a falar:

– Creio que sim. Existe uma boa relação afetiva entre nós. Papai sempre foi carinhoso comigo. Ele sempre me deu atenção; é um excelente pai e amigo!

– Existe mais alguma coisa para ser trabalhada em relação a esta experiência?

– Não! Para mim ela está fechada!

Seguindo o critério de abordar apenas uma situação em cada encontro, continuei o trabalho acompanhando Luiza em suas elaborações. Era necessário, entretanto, completar a ressignificação de sua história de infância, retornando mais uma vez à técnica do álbum de fotografias.

MEMÓRIAS DE UMA BRINCADEIRA DE MAU GOSTO

Na sessão seguinte sugeri que Luiza voltasse a entrar em contato com sua criança interior a partir do ponto em que havíamos parado.

– Como está a Luiza bebê, hoje?

– Ela está bem!... Está tranquila!

– Então, veja-a crescendo, agora na sua companhia, até outro momento da sua história, em que ela precise de ajuda! – induzi.

– Ela está na cozinha, com o irmão. Hércules está fazendo bala de açúcar queimado.

– Que idade ela tem?

– Uns seis ou sete anos. Agora Hércules está colocando o açúcar queimado em várias colheres de sopa, sobre a pia, para esfriar... Ele está jogando água fria sobre o mármore... Estou ansiosa pela bala!... Pergunto a ele se já está fria. Ele me diz para colocar o dedo no açúcar... Ai! Ai! A dor... Que dor!... Como ele pôde fazer isso?! Eu confiei nele... Ele é tão mau!... Não se faz isso com uma criança. Ele é mais velho... Sabia que eu ia me queimar!...

Luiza chora desconsoladamente, parecendo muito magoada e decepcionada com o irmão. Enquanto vive a experiência, inconscientemente esfrega o indicador e o polegar da mão direita, como se quisesse tirar a dor da queimadura.

Dei continuidade ao trabalho, induzindo a que o lado adulto entrasse na cena para a tarefa de ressignificação do ocorrido:

– Sendo a pessoa adulta que você é hoje, entre nessa cena e dê apoio a essa criança. O que ela está sentindo?

– Ela não aceita ter sido enganada pelo irmão e está muito magoada. A mágoa dói mais que a queimadura. Não existe mais confiança. Ele gosta de provocá-la e parece se divertir ao vê-la irritada. Às vezes, Hércules a provoca, até que Luiza, cheia de raiva, parta para cima dele, tentando agredi-lo. Aí, ele a segura pelos pulsos, abrindo-lhe os braços e deixando-a pendurada no ar. Certa vez, estando nessa posição e sentindo-se impotente, ela cuspiu-lhe no rosto. Imediatamente, a expressão dele modificou-se numa reação de ofensa. Naquele exato momento, Luiza teve a consciência de que seu irmão ignorava o mal que estava lhe causando e arrependeu-se por ter cuspido nele.

– Pois então, sabendo desses acontecimentos, defenda essa criança. Você deve ajudá-la a resolver essa situação! O que ela quer fazer?

– Ela quer dizer ao irmão o quanto ele é ignorante. Ela grita e chora, está desabafando... O irmão parece surpreso com sua reação. Ele parece realmente não entender a gravidade do que fez. Para ele, era apenas uma brincadeira... Só que Luiza é muito sensível, ingênua e sincera... Sua consciência sempre lhe diz que não se deve brincar com os sentimentos das pessoas, com seus defeitos físicos, falhas de personalidade e quaisquer outros aspectos negativos... Isso é desamor. Mas ele ainda não alcançou esse grau evolutivo... Quando Luiza olha para ele, compreende isso e o perdoa... Eles agora estão se abraçando... Luiza o ama muito... Embora seja bem mais nova do que ele, tem a sensação de que precisa ajudá-lo a despertar sua consciência... Hércules não sabe uma porção de coisas... Ele ainda não sabe amar... Ele não tem fé... Realmente necessita de ajuda!...

– Ela quer dizer mais alguma coisa ao irmão?

– Não! Ela já lhe disse tudo que precisava!

– Então, veja-a despedindo-se de Hércules. Depois, veja-o afastando-se e retornando para onde se encontra fisicamente. Agora, abrace a criança e elogie-a por sua consciência. Diga a ela que, de hoje em diante, nunca mais você permitirá que alguém a trate dessa maneira. Em seguida, encaixe-a dentro de você mesma. Hoje, ela é o seu lado emocional, agora bem mais tranquilo e harmonioso do que antes. Gradativamente, venha retornando ao aqui e agora, com sua energia totalmente reintegrada e bem distribuída, até abrir os olhos novamente... Como você se sente em relação ao seu irmão, agora?

– Nós nos entendemos muito bem. Só que a sensação de que preciso ajudá-lo ainda permanece. É como se ele tivesse outro lado que eu desconheço, mas não posso afirmar que isso seja verdadeiro. É só uma vaga impressão! Como se fosse alguma coisa longínqua!...

– Você quer aprofundar essa percepção?

– Não! Estou cansada. Podemos fazer isso em outra oportunidade. Agora prefiro conversar.

Seguindo a sua proposta, continuamos a sessão abordando aspectos do seu dia a dia. Luiza falou-me sobre os estudos em relação às dificuldades de aprendizagem e sobre outros assuntos mais ligados ao seu presente momento de vida.

– Tenho estudado muito. Como sou obrigada a permanecer em casa, aproveito para me dedicar à leitura. Aos domingos, dias em que a enfermeira de mamãe não trabalha, levo os livros para dentro do quarto e nos intervalos dos cuidados com ela, tenho lido bastante.

– Como está sua mãe?

– Ultimamente ela não tem passado bem. Ela se engasga com frequência. Sua capacidade respiratória está muito reduzida, e a própria paralisia da musculatura da língua dificulta a deglutição. Tenho ficado mais atenta às suas reações. Levanto-me mais vezes à noite para vê-la.

Luiza falava com extrema tristeza, embora aparentasse conformação demonstrando tranquilidade e consciência em relação ao estado de saúde de sua mãe.

Apesar da situação difícil que estava atravessando, mostrava-se emocionalmente cada vez mais integrada à totalidade do seu ser e canalizava a energia já disponível para os seus projetos e objetivos de vida, demonstrando uma incrível capacidade de resistência, de disposição e vitalidade.

ELABORANDO A PASSAGEM DA MÃE

Certa vez, contrariando seus hábitos, Luiza chegou ao consultório em silêncio. Sentou-se na sala de espera, mantendo-se calada, até que eu a chamasse para a terapia. Logo ao sentar-se no sofá, Luiza respirou profundamente, dizendo-me:

– Está tudo terminado! Se fosse necessário, eu o faria novamente.

– Sobre o que você está falando?

– Sobre mamãe! Ela faleceu – disse Luiza, desmanchando-se em lágrimas. Depois de algum tempo, continuou:

– Como eu havia lhe falado, nessas últimas semanas ela vinha se engasgando frequentemente. Na sexta-feira passada – suas sessões ocorriam às quartas-feiras –, logo pela manhã, eu a ouvi tossindo e corri para o quarto. Ao chegar lá, percebi que ela estava vomitando, ainda deitada. Pedi socorro ao meu marido para que me ajudasse a levantá-la; retirei-lhe a sonda e telefonei para o médico, pedindo que viesse vê-la. Ele a examinou, orientando-nos para que a observássemos. No dia seguinte, ela amanheceu com febre e o médico decidiu interná-la. Depois disso, ela foi piorando cada vez mais e contraiu pneumonia. Respirava com muita dificuldade e tinha uma ronqueira estranha. Nesse estado, ela passou todo o dia de sábado. No domingo à noite o médico chamou a mim e a minha irmã para nos informar que ela não teria mais do que vinte e quatro horas de vida.

Luiza voltou a chorar durante algum tempo. Era um choro manso, sofrido, causado pelo longo tempo que vivera a situação de doença da mãe. Depois de enxugar as lágrimas, voltou a falar:

– Foi horrível! Na segunda-feira, à tarde, eu teria uma prova no curso de especialização. Saí do hospital pela manhã para ir à faculdade, falar com a professora. Não sei como consegui chegar até lá dirigindo. Parecia um pesadelo! Quando falei com a professora, eu não conseguia parar de chorar e ela acabou chorando junto comigo. Expliquei-lhe que mamãe iria morrer no dia seguinte. Senti-me estranha dizendo isso! Parecia sentença de morte. Eu sabia que ela iria realmente morrer!

Luiza voltou a chorar – dessa vez mais intensamente – dando

vazão às suas emoções, enquanto eu aguardava, calada. Depois, voltou ao seu relato:

– A professora orientou-me a fazer uma pequena dissertação sobre um dos temas da matéria, sugerindo que eu pedisse a uma das colegas de turma que lhe entregasse, em substituição à prova, uma vez que já estávamos terminando o curso e eu não poderia ficar sem nota. Com essa orientação, voltei para casa. Eu me sentia como uma sonâmbula. Tomei banho, acho que bebi um copo de leite e sentei-me para fazer a redação. Nem sei como! Depois, passei na casa de uma colega para entregar-lhe a dissertação e fui para o hospital. Lá, já estavam Susane e Hércules. À tarde, papai apareceu. Estava muito abatido com a notícia sobre a piora de mamãe. Para ele era extremamente doloroso vê-la daquele jeito: com aquela ronqueira e respirando cada vez com mais dificuldades. Sugerimos que ele fosse para casa e decidimos, nós três, passar a noite no hospital.

O quarto no qual mamãe estava internada era bastante confortável, dando-nos todas as condições de privacidade naquele momento tão trágico de nossas vidas. Entre os móveis habituais num quarto hospitalar, havia um pequeno sofá de três lugares e duas cadeiras individuais, onde cada um de nós se instalou para viver aquela angustiosa espera.

Até as duas horas da madrugada o estado de mamãe manteve-se inalterado. Nós ficamos ali, sentados, calados, quase cochilando em função do desgaste dos últimos dias, enquanto em nossos ouvidos ecoava o som monótono da respiração forçada de mamãe. De repente, algo nos despertou. Um súbito estado de alerta nos colocou simultaneamente de pé. Nós nos entreolhamos e, no mesmo instante, percebemos que alguma coisa havia mudado. A respiração de mamãe estava diminuindo!...

Luiza começou a chorar novamente, interrompendo o relato. Embora fosse doloroso falar sobre o assunto, ela demonstrava essa necessidade, como uma forma de elaboração de todo o sofrimento que havia culminado com a morte da mãe. Eu me mantinha atenta e solidária, acompanhando-a, mas sem a interromper. Mais uma vez, ela voltou a falar:

— Sem que tivéssemos nos comunicado, rapidamente nos colocamos de pé, ao redor da cama de mamãe e começamos a fazer uma oração. Rezamos o Pai Nosso e, depois, pedimos a Deus que ela pudesse fazer uma passagem tranquila, sem sofrimento... Não sei por que... — gradativamente Luiza entrara em estado de transe e se transportara para a cena.

— Eu não quero olhar para mamãe... Eu não quero guardar essa imagem... Nós, seus filhos, estamos de mãos dadas... E... Eu... Fecho os olhos... Não consigo olhá-la... Eu tenho medo... Não sei o que há... Elevo o pensamento a Deus, imaginando um caminho de luz por onde ela possa seguir... Deixando para trás esse corpo sofrido, já tão deformado pela doença... Tão inútil... Imaginando, também, que talvez ela esteja experimentando uma sensação de liberdade da prisão que se tornou a sua existência... Enquanto isso, sua respiração vai escasseando... Ficando cada vez mais fraquinha, inaudível, até o silêncio absoluto nos comunicar que mamãe partiu... Ela não está mais entre nós... Ela se foi tranquilamente, como havíamos pedido em nossas orações...

Abro os olhos novamente... Ainda estamos de mãos dadas e, nesse momento, uma enfermeira entra no quarto... Fazemos sinal para que ela se mantivesse afastada... Aquele momento é nosso, só nosso... Nosso momento de despedida... Cada um de nós, a seu modo, diz mentalmente à mamãe o que sente... Não sei quanto tempo demoramos nessa tarefa... Até que Hércules fez sinal para que a enfermeira desse início ao procedimento habitual nos casos de falecimento de pacientes.

Luiza agora estava retornando ao estado de vigília. Abriu os olhos e fitou-me com olhar límpido e tranquilo. Sua respiração era profunda e regular. Eu lhe devolvi um leve sorriso de acolhimento, ao qual ela retribuiu:

– Você me ajudou muito! Eu não sei como reagiria se não tivéssemos trabalhado meus sentimentos em relação à mamãe. Acho que eu iria me sentir culpada, porque eu não teria cuidado dela como fiz, depois que me libertei dos ressentimentos que guardava dentro de mim. Sinto que cumpri a minha tarefa! Fiz o que era necessário fazer!

Luiza continuou a falar, agora totalmente desperta:

– Eu tive a difícil tarefa de comunicar a papai que mamãe havia partido. Quando cheguei à minha casa, ele estava sentado na sala e meu marido lhe fazia companhia. Ao ver-me chegar, àquela hora da madrugada, ele compreendeu tudo. Olhou-me com aquele seu olhar consciente e duas lágrimas rolaram de seus olhos. Mas estava conformado. Todos nós havíamos compartilhado o sofrimento de mamãe e sabíamos que seria egoísmo de nossa parte querer prendê-la entre nós, naquelas condições.

Junto com João Luiz, meu marido, papai e eu voltamos ao hospital, levando a roupa mortuária de mamãe. Depois que a enfermeira a vestiu, nós entramos no quarto para que papai pudesse vê-la. Ela estava com a fisionomia serena. Ao entrar, ele apoiou a cabeça no portal e deixou que seu pranto silencioso pingasse no chão de vinil. Sabíamos o que ele sofria naquele momento de despedida, depois de mais de cinquenta anos de uma feliz vida em comum. Ele comentou que ela estava bonita com a sua blusa branca, da cor de seus cabelos, e a saia preta de tafetá. Ficou ali, durante algum tempo, acho que conversando mentalmente com ela. Papai sempre acreditou na vida após a morte e isso o ajudava a suportar a separação. Depois, saiu com meu irmão para providenciar o funeral, enquanto eu e Susane começávamos a telefonar para nossos parentes.

Quando voltei para casa, pela manhã, minha filha Ana Luiza disse-me que havia visto mamãe por lá. Com a simplicidade de raciocínio típica das crianças, perguntou-me se a vovó havia ido lá para se despedir dos netos e eu lhe disse que sim. Mais tarde, no velório, sentada numa cadeira ao meu lado, Ana Luiza me perguntou: "Mãe, se a vovó não está mais aí, por que estamos todos aqui sentados, olhando para o corpo dela?".

— Não pude deixar de sorrir, em meio à minha tristeza, diante da pergunta. Respondi-lhe que, antigamente, algumas pessoas sofriam de uma doença chamada catalepsia, que fazia com que elas ficassem totalmente paralisadas como se estivessem mortas. A medicina, na época, dispunha de poucos recursos e os diagnósticos eram imprecisos. Havia o risco de que as pessoas fossem enterradas vivas e, por isso, passou-se a velar o defunto durante vinte e quatro horas, para que se tivesse a certeza de que ele realmente havia morrido. Disse-lhe, também, que, atualmente, esse tempo já era bem mais reduzido e que mamãe, tendo morrido na madrugada, seria enterrada ainda naquela tarde. Satisfeita com a resposta, ela me fez outra pergunta: "Por que vovó vai ser enterrada com essa roupa nova e bonita? Não seria melhor que ela levasse uma roupa velha para debaixo da terra e que essa roupa nova fosse dada para uma pessoa pobre? É uma roupa tão boa e bonita!"...

— Novamente tive que concordar com ela, explicando-lhe, entretanto, que se enterrássemos mamãe com uma roupa velha, dificilmente as outras pessoas iriam compreender nossa intenção. Minha filha ficou pensativa durante alguns minutos, talvez refletindo sobre a incoerência do comportamento dos adultos.

— Como foi, para sua filha, a morte da avó?

— Quando eu percebi que mamãe estava piorando, sentei-me

com meus dois filhos e conversei com eles sobre isso. Eu tenho um pequeno livro chamado *Pingos de Luz,* de minha amiga Gislaine D'Assumpção, que também é psicóloga e trabalha com pacientes terminais. Nesse gracioso livro, em linguagem acessível às crianças, ela explica o fenômeno da morte como um processo de passagem para outra dimensão. Foi importante tê-los preparado para esse momento antes, quando nós estávamos bem mais calmos. Nesses dias não lhes damos atenção. Eles choraram quando eu lhes contei sobre a morte da avó. Disseram que a amavam muito. Eu lhe expliquei então que eles poderiam continuar amando-a e que, onde quer que ela estivesse, retribuiria esse sentimento. Isso pareceu tirar deles a habitual sensação de perda e fim que costuma acompanhar a experiência de morte.

– É pouco comum que as pessoas ajam dessa maneira! Aqui no Ocidente vivemos como se nunca fôssemos morrer!...

– Papai tem vários livros que falam sobre as questões espirituais e a vida fora da matéria. Ele é uma pessoa bastante espiritualizada e passou isso para nós. Procurei fazer o mesmo com meus filhos e, hoje, eles também acreditam na continuidade da vida além da morte do corpo físico. Assim fica bem mais fácil superar o sentimento de perda.

– Como está seu pai, agora?

– Ele está reagindo bem. Logo que retornamos do cemitério, desarmei a cama hospitalar de mamãe e fiz uma nova arrumação no quarto que agora é somente dele. Penso que isso vai facilitar a sua adaptação. Talvez, mais tarde, eu lhe proponha dividir o outro quarto, que é maior, com meu filho João Vicente. Assim, ele não ficará tão só.

– Como você está se sentindo, agora?

– Estou tranquila. Algumas vezes ainda tenho vontade de chorar, mas sei que isso é natural. Mamãe e eu não tínhamos muitas afinidades, havia uma diferença de idade bem grande entre nós, mas eu a admirava por seguir os princípios nos quais acreditava. Ela foi uma grande mulher: lutadora, fiel e dedicada à família, apesar de todas as dificuldades que enfrentou. Pouquíssimas mulheres teriam suportado aquelas condições de vida tão precárias depois de terem experimentado o conforto. Ela realmente amava papai e o acompanhou na riqueza e na pobreza, como prometeu diante do altar. Essa consciência ajudou-me a compreendê-la e amá-la. Esses últimos anos foram de sofrimento para todos nós. Deveríamos estar aprendendo algo!...

– Esse é um modelo feminino de resignação!... – comentei, deixando a reflexão no ar. Diante da minha frase, Luiza pareceu despertar para uma nova consciência de seu papel feminino:

– Eu não havia pensado nisso. Não havia pensado o quanto esse modelo é negativo. Percebo agora que passei grande parte da minha vida não querendo ser esse tipo de mulher, mas sem que tivesse construído um novo modelo, para mim mesma.

– Que tipo de mulher você quer ser?

– Quero ser a mulher que sou hoje: jovial, independente, criativa, alegre, produtiva, realizando minha missão existencial. A tarefa de ser eu mesma, realizando o que vim realizar. Quanto à mamãe, guardo, agora, apenas as boas recordações da sua criatividade, pensamento prático, o amor pelo Natal... São boas recordações!

– Sugiro que, para complementar a construção do seu novo modelo feminino, você leia a obra de Pierre Weil *O Fim da Guerra dos Sexos*, em que ele fala sobre o equilíbrio entre masculino e feminino, dentro de cada ser humano, independente do sexo. Muitas pessoas deixam de realizar coisas em suas vidas por não terem alcançado esse ponto de equilíbrio.

– Obrigada pela indicação. Acho que vai me ajudar bastante neste momento! – disse Luiza, ao encerrarmos aquela sessão.

Naquela noite, saí do consultório refletindo sobre as últimas palavras de Luiza. Fiquei pensando no significado das experiências que vivemos e na morte como um processo de transformação e de passagem para outra dimensão de vida. Lembrei-me do trabalho do médico americano Raymond Moody em que relata as entrevistas realizadas com pessoas que viveram as experiências de quase morte: a sensação de estar passando por um túnel escuro; a visão de luzes ou de seres luminosos; o reencontro com parentes já falecidos; a visão do próprio corpo físico. A literatura sobre o assunto já é bastante extensa e, na prática, eu já havia trabalhado com milhares de pessoas que tinham entrado em regressão. Precisamos apenas de um novo método de comprovação científica, e, para isso, é necessário que a ciência amplie seus horizontes e inclua esses fenômenos em suas pesquisas, sem os preconceitos gerados pelas crenças dos próprios pesquisadores.

Enquanto isso, eu lidava com os maravilhosos fenômenos colocando-me como facilitadora e conservando uma postura que me permitisse respeitar os princípios éticos da profissão, ao mesmo tempo mantendo-me aberta ao que, diariamente, ocorriam diante dos meus olhos.

7

A Fase de Regressão
aos Registros Transpessoais

Como é habitual na psicoterapia, durante algumas sessões Luiza elaborava as experiências vividas anteriormente, até que seu psiquismo se dispusesse a novos mergulhos no inconsciente profundo.

Tempos depois, ela chegou com a queixa de que alguma coisa lhe incomodava a garganta. Estava com pigarro e uma sensação de aperto, como se algo a impedisse de respirar normalmente. Indagando-lhe a respeito do que ocorrera nos últimos dias, não encontrei nenhum fato significativo que pudesse justificar a retenção energética no segmento cervical.

Por várias vezes eu havia reconduzido clientes a experiências anteriores, por meio da técnica de "Conversa com Partes do Corpo". Eu os induzia ao transe e contatava a parte inconsciente, ligada ao segmento corporal que apresentava o sintoma, uma vez que as sensações que acompanham as experiências vividas ficam registradas no campo morfogenético, estudado pelo biólogo Rupert Sheldrake e divulgado em seu livro *Sete Experimentos Que Podem Mudar o Mundo*.

Com base nesse princípio conduzi Luiza ao estado de transe, solicitando-lhe que concentrasse a atenção na garganta e me descrevesse o que percebia:

153

MEMÓRIAS DE UM ENFORCADO

– Minha garganta está doendo... Sinto-a apertada... Estou com uma sensação indefinida de mal-estar... Sinto-me angustiada... Agora estou ficando confusa... Estou rodando, rodando... Estou subindo, estou suspensa no ar... Sinto uma tristeza imensa... A angústia aumenta... Lá embaixo... Vejo um corpo pendurado numa forca...

O corpo de Luiza estremeceu, como num arrepio, e ela começou a chorar, voltando a abrir os olhos:

– Estou com medo!... Foi uma sensação horrível!

– Pois então, respire bem fundo, solte o corpo e deixe-o tremer! – induzi, aguardando que Luiza seguisse a orientação dada. Enquanto seu corpo entrava em espasmo muscular, liberando o intenso medo acumulado, eu a auxiliava a restabelecer o equilíbrio, orientando-a para que mantivesse a respiração aprofundada. Gradativamente ela foi relaxando o corpo, e a coloração da pele, antes extremamente pálida, foi retornando ao normal.

– Como você se sente, agora?

– Estou melhor! Senti um medo horrível! Deve ser uma situação muito ruim! Eu vi um enforcamento!

– É necessário esvaziar toda a energia contida na experiência. Você quer voltar lá?

– Você me ajuda?

– Dê-me a sua mão! – sugeri, segurando-lhe a mão esquerda, para estabelecer uma ancoragem, garantindo mais tarde o seu retorno ao estado de vigília.

– Agora, feche os olhos e procure visualizar aquela cena outra vez! – induzi, sendo surpreendida por uma nova cena transpessoal da mente de Luiza:

– Não! Eu agora estou em outro lugar! Estou num cômodo

154

grande e úmido... Parece um calabouço... Tem paredes feitas de tijolos vermelhos, maciços, à esquerda... Há um monte de feno... Estou sentada... Estranho! Eu sou um homem!... É, sou um rapaz... Devo ter uns dezoito anos... Estou sentado sobre uma tora bem larga, de madeira... É um tronco de árvore cortado... Uso calças de algodão grosso, de cor cáqui, e uma camisa larga de algodão cru com punho franzido e abertura no peito, como as de antigamente...

— Procure perceber esse momento do tempo! Visualize na sua mente o tempo e o lugar! Talvez o nome! – induzi.

— Parece época da revolução francesa... Eu me chamo Jacques... Faço parte de um grupo de revolucionários... Estava distribuindo panfletos... E fui preso... Sinto uma angústia intensa... Estou aqui sozinho, esperando a hora da minha execução...

Luiza chora muito, agora, e seu corpo volta a tremer.

— Vou ser enforcado... É horrível!... Quando o Sol nascer, vou morrer... O Sol!!!... É isso!... Por isso o Sol me lembra a morte!... Eu vou morrer ao amanhecer!... Oh! Meu Deus! Que angústia terrível!...

Luiza falava, apertando intensamente a minha mão.

— Lembre-se de que isso é apenas um exercício de memória. Você não está mais nesse lugar! Solte o corpo, respire fundo e deixe, novamente, o medo sair! – orientei, promovendo novo esvaziamento emocional.

Ao mesmo tempo em que Luiza liberava as emoções, continuava a descrever a experiência:

— Está amanhecendo... O dia está clareando... Na parede diante de mim, perto do teto, existe uma abertura, com grades, que dá acesso à rua... Algumas pessoas começam a passar na calçada... Vejo suas pernas... Um raio de sol entra por ali... Como é triste!... Sou tão jovem... E estou me despedindo da vida! Tenho medo de morrer!... Os guardas estão vindo!... Eles vêm me buscar para o enforcamento... Estou tremendo de medo e sinto náuseas... Eles abrem a porta e descem a escada até o calabouço... Eu me deixo conduzir... Mas minhas pernas tremem muito... Mal consigo caminhar... Eles me fazem subir a escada... E chegamos à rua... O dia já está totalmente claro... O sol bate no meu rosto... A claridade excessiva me incomoda... Depois, começo a enxergar melhor... Vejo uma praça... É uma praça de aldeia... Muitas pessoas vieram para assistir à minha execução... São camponeses que vivem nesse lugar.

Os guardas me conduzem por entre as pessoas que me olham curiosas, murmurando palavras que não consigo entender... É isso!... Essa é a origem do medo de aparecer diante do público... Lembra-me a execução...

Estou tonto, desnorteado... Vejo o cadafalso... Está no meio da praça... Ele é tosco... Feito de troncos de árvores... Ai!... Vejo a corda... Minha garganta dói!... Dói muito!... Estou cada vez mais tonto... Os guardas me ajudam a subir os degraus do cadafalso... Ah! O medo de subir em escadas... Agora eu entendo!...

Conforme vivenciava as situações de sua memória transpessoal, Luiza ia compreendendo suas reações na atual existência. Sua dificuldade com a luz do Sol, com escadas, e o medo de se expor em público. Reações às quais havia se referido por ocasião da entrevista e que passavam a fazer sentido para ela. Aproveitei para ressignificar esses dolorosos registros.

– Peça à sua mente inconsciente, que é inteligente e poderosa, que perceba que, agora, é outro momento do tempo e que nada disso vai lhe acontecer novamente. Solte o corpo, respire bem fundo e deixe sair todo o medo de Sol, escadas e exposição em público. De hoje em diante você poderá subir escadas com toda segurança e tranquilidade. Não são mais escadas de cadafalso! São apenas escadas que conduzem a um andar superior. Você poderá, também, sentir-se confortável sob a luz do Sol. Sol agora é vida! É calor! Energia!... Perceba também que, hoje, você tem as condições necessárias para se apresentar em público, de maneira adequada. Você não é mais um rapazinho que será executado diante das pessoas. Deixe que todas essas imagens negativas saiam da sua mente! Perceba que agora você vive em outro momento do tempo, e essas situações não precisam se repetir outra vez!

Ressignifiquei, voltando a conduzir a experiência.

– O que está acontecendo agora?

– Estão colocando a corda no meu pescoço... Eu... Acho que estou desmaiando... Agora estou leve, bem leve... Estou subindo... Estou no alto... E vejo meu corpo pendurado na corda... Mas não sinto nada... Não senti o enforcamento... Eu já estava no alto... Agora sinto paz... Muita paz... É como se o que aconteceu, por algum motivo, fosse certo.

– O que você quer dizer com isso?

– Eu não sei, mas sinto que era para ser assim! Parece que era necessário que eu fosse enforcado. Estou vendo cenas passando rápidas como se fossem negativos de um filme. Parece que estou voltando atrás, no tempo. É uma sensação incrível, as cenas vão se sucedendo em minha mente sem que eu tenha controle sobre elas.

MEMÓRIAS DE UMA NOBRE AUSTRÍACA

– O filme parou... Vejo uma cena... Estou no alto de uma montanha... Está um pouquinho frio... É um lugar de clima frio. A encosta íngreme tem um verde brilhante e desce vertiginosamente em direção ao vale. Lá embaixo há um lago de águas profundas e frias; é um lugar tão lindo! Estou na Áustria – sua voz, agora, tem um tom infantil...

– Estou caminhando por um jardim e uso um vestido comprido, branco, bordado e com rendas. É um vestido muito bonito! Sou pequena, tenho oito anos e estou pisando no gramado. Há também um prédio grande. É um castelo com torres bem altas...

A cena mudou... Estou dentro do castelo, estou num salão imenso... As janelas têm cortinas vermelhas, de veludo... Estranho! São parecidas com as cortinas de nossa casa no Rio de Janeiro! Só que essas são altas e lindas e estão presas dos lados, por laços de tecido brocado e dourado. No canto direito, colocado enviesado, vejo um piano. Não, é mais antigo... É um cravo... Todo trabalhado em flores e folhas feitas em metal dourado.

Agora estou sentada, tocando. Passo horas a fio treinando. Não toco músicas. São escalas, intermináveis e monótonas escalas. É ruim! Sinto solidão!... Vejo outra pessoa... É uma aia... Parece que ela toma conta de mim, mas não fala comigo. Fica só me olhando...

Sinto falta de meus pais... Não sei onde eles estão... Eles são nobres... – Luiza se emociona. – É o mesmo pai de hoje! Ele já foi meu pai antes. Na vida de agora, quando eu era pequena, eu o ouvia dizer que, se fosse imperador do Brasil, iria modificar muitas coisas. Eu não compreendia por que ele falava isso. Se no Brasil não temos monarquia e se não fazemos parte de nenhuma família imperial!? Agora compreendo: São os seus sentimentos dessa existência anterior. Por isso também ele tem aquele jeito altivo e gentil. Por isso é tão fino e educado.

Minha mãe... É a minha irmã, hoje!... – Luiza agora se mostra mais emocionada. – Eu sentia isso em relação a ela... De certa maneira, na vida de agora, ela foi minha mãe, e também do meu irmão Hércules... Ela cuidou de nós, direitinho! Agora compreendo, também, por que ela tem gostos tão requintados.

Meu irmão Hércules também aparece na cena como irmão, mas tem outro nome. Nossos pais vivem tão ocupados com suas obrigações sociais que não têm tempo para nós. Será por esse motivo que todos ficamos juntos outra vez? Minha irmã hoje é boa mãe, e papai é tão dedicado à família!...

Minha vida no castelo é triste, solitária. Fico quase o dia inteiro estudando e, quando tenho aula de música, a professora bate na minha mão, sempre que eu cometo algum erro. Mas, na frente dos meus pais, ela me trata com gentileza... Ela é falsa. Parece uma bruxa!...

Agora a cena é outra... É horrível!... Passa rápido... Eu estou deitada no chão, de bruços e meu irmão está deitado sobre mim... Ele levantou a minha roupa, está me machucando. Eu choro, mas ninguém vem me ajudar. Por que ele faz isso comigo?

Percebendo tratar-se de uma situação de incesto e estupro, interferi novamente e procurei ressignificar aquela experiência tão traumática. Depois, Luiza continuou:

– É noite. Vejo outra cena. Estou no canto de uma porta muito alta que se abre para um salão. É um salão de baile. As pessoas estão bem vestidas. Que estranho!... Elas são bonitas por fora, mas horríveis por dentro. Eu as vejo por dentro. O meu peito dói. Elas têm um orgulho terrível!... Eu não quero esse orgulho para mim! – Luiza grita, desesperadamente, expressando o desejo de transformação interior... – Não quero ser igual a elas... Não foi isso que eu vim fazer!... Agora estão tocando uma valsa de Strauss e todas as pessoas horríveis dançam... Elas são bonitas por fora e feias por dentro.

Os olhos de Luiza movimentavam-se rapidamente, por baixo de suas pálpebras cerradas, diante das imagens que surgiam em sua tela mental. Acalmando-se um pouco, ela continuou:

– A cena mudou novamente... Passa rápido... É um casamento... O meu casamento... Tenho dezessete anos... Meu marido é bem mais velho do que eu. Ele também é nobre... Ah! Agora me

159

lembro! Nasci com a tarefa de ajudá-lo a ser mais justo e humano com as pessoas do povo. Mas não fiz isso!... Ai! Não cumpri o que eu havia proposto para mim... Depois de casada, quando o via assinar as sentenças de morte daquelas pessoas que cobravam seus direitos, eu lhe dizia: "Mata! Mata mesmo! Gente do povo não é importante!". Eu fiz isso! Por isso vivi, depois, aquela experiência, sendo o rapaz enforcado, para aprender o que significa fazer parte de um povo sofrido, que trabalha arduamente para manter os luxos e os caprichos de uma minoria privilegiada. Por isso me pareceu que o enforcamento era justo... Agora compreendo tudo!

– O que você pode retirar de positivo dessa experiência?

– Aprendi que todas as pessoas são iguais, independentemente da classe social a que pertencem. Todas têm direito à vida e a condições dignas... Nós não respeitávamos as pessoas porque não eram nobres e pertenciam ao povo... Mas éramos nós os parasitários que viviam às custas desse mesmo povo, que tanto desprezávamos. Éramos extremamente orgulhosos. Hoje percebo que não havia nenhum motivo para tanto orgulho.

A cena modificou-se novamente... Estou deitada numa cama de casal... O quarto é grande e luxuoso e a cama é extremamente confortável... Na cabeceira, há um dossel de renda branca... Estou doente, muito doente. Estou tossindo, vomito sangue. Tenho tuberculose e estou morrendo. Tenho quarenta e dois anos.

Vejo pessoas à volta da cama. São a minha família: Meu marido e meus filhos. Vejo também outras pessoas. É esquisito, pois elas estão ali e não estão... Ah, já sei! Elas estão mortas – Luiza volta a chorar. – São pessoas que ajudei a mandar para a forca. Elas estão me atazanando, rindo de mim, me ridicularizando. Dizendo que, do outro lado da vida, o meu título de nobreza não seve para nada. E rodopiam à minha volta, rindo e zombando. Elas dizem: "Quando criança você conseguia ver as pessoas por dentro... Olhe para você mesma, agora. Por baixo de suas belas roupas, você se tornou tão horrenda quanto elas. Orgulhosa e fútil. Sua vida foi uma grande inutilidade. Nobre inútil!... Ah! Ah! Ah!"...

Estou sofrendo terrivelmente. Meu peito dói. Vomito cada vez mais sangue e minha vida está indo embora. Estou ficando fraca, muito fraca. Minha visão está turva e já não vejo as pessoas da minha família. Vejo só os outros. Estou fora do corpo. Ele ficou lá na cama. As pessoas me agarram e me arrastam para um lugar feio e escuro, mal cheiroso. Parece que os nossos sentimentos e pensamentos têm esse odor fétido. Estou tão escura quanto eles. Meu Deus, ajude-me! Eu não quero ficar aqui! Estou arrependida; sei que errei. Não cumpri o que havia prometido e preciso rezar. Ajude-me a rezar.

Luiza suplicava, apertando-me a mão. Começou a rezar um Pai Nosso, no que eu a acompanhei, continuando depois a pedir a Deus que a retirasse daquele lugar. Gradativamente, foi-se acalmando até que sua expressão se tranquilizou e o ritmo de sua respiração tornou-se normal. Ela voltou a descrever o que ocorria:

O ENCONTRO COM OS MESTRES

– O ambiente começa a clarear... Estou sendo envolvida por um raio de luz branca e brilhante, que vai me puxando para o alto. A sensação agora é boa e estou em paz... Aquelas figuras desapareceram... Estou subindo, subindo cada vez mais rápido. Estou indo para um lugar totalmente diferente. Vejo um templo, mas não é construído com nenhum material conhecido. Parece feito de cristal, mas não é cristal. Acho que é feito de energia, translúcido e brilhante. Estou dentro dele e vejo um círculo de seres, também luminosos. Estou ajoelhada no meio deles, com a cabeça baixa.

161

Eles falam sobre mim e sorriem com suavidade no olhar. Parece que estão se referindo à tarefa que eu não cumpri. Mas não é um julgamento, não estão me julgando. A sensação é de que eles compreendem a natureza humana. Parece que compliquei a minha vida mais do que o necessário. É como se tivesse estabelecido um padrão quase inatingível e, depois, me culpasse por não o alcançar. Eles dizem que os seres humanos são como crianças aprendendo a lidar com esse brinquedo novo que é a vida. Dizem que a humanidade é ainda adolescente. Eles compreendem isso. Sorriem diante de nossas dificuldades infantis e nos amam... Isso é bonito!...

Estou sentindo uma paz absoluta. É uma impressão indescritível. Você pode imaginar uma sensação de paz absoluta? É a ausência total de medo. É a certeza inabalável de que tudo está no seu devido lugar. De que a perfeição existe por trás do aparente caos. É a fé. É o amor incondicional por toda criação e por todas as criaturas. É estar em unidade com tudo e com todos... Com Deus.

Nesse ponto Luiza parou, emocionada. De olhos fechados, sua expressão tinha uma suavidade impressionante. Ela parecia também um ser luminoso como aqueles a quem visualizava em sua tela mental e expandia pelo ambiente aquela energia suave e acolhedora. Eu podia senti-la. Durante alguns minutos permanecemos assim, silenciosas e em absoluta paz, até que Luiza voltou a falar:

– Um desses seres me diz que meu pai estará comigo e vai me ajudar numa tarefa que irei realizar. Mas é estranho: Ele não se refere ao meu pai de hoje!?... Parece um ser de outro lugar. Também não é um mestre ou algo assim. Parece alguém com quem já vivi em outro momento do tempo. É um ser grande, com uma vestimenta diferente, imponente. Não sei definir muito bem... Sua imagem está distante...

Esse ser que fala comigo diz que a minha tarefa poderá ajudar outras pessoas e que tem relação com aquele livro de histórias vividas. É tudo tão fantástico!... Mas não compreendo muito bem. Ele sorri e me diz que é assim mesmo, que o tempo me fará compreender os significados dessas palavras. Parece que a experiência está terminando... Agora começo a voltar... Estou descendo, descendo...

Luiza se autoconduzia no processo de retorno à realidade. Sua mente havia absorvido o procedimento terapêutico e, de maneira impressionante, agia como um computador autoprogramado. Por mais que presenciasse esses fenômenos eu sempre me sentia fascinada pelo maravilhoso potencial do inconsciente.

Luiza espreguiçou-se e abriu os olhos, permanecendo recostada nas almofadas. Estava visivelmente cansada, embora sua expressão fosse tranquila e seus olhos tivessem um brilho todo especial naquele momento.

– Como foi para você viver todas essas experiências? – indaguei. Luiza respondeu-me com outra pergunta:

– Eu surtei? Fiquei louca de vez?

– O verdadeiro louco desconhece sua insanidade. Ele acredita na realidade paralela percebida por sua mente. Seu senso crítico é demonstração de sanidade.

– Mas foram experiências tão absurdas e, ao mesmo tempo, tão reais! Tão intensamente vívidas e significativas! Pude até entender o meu comportamento atual diante de escadas, público e Sol! Foi tão fantástico! Será que eu realmente vivi cada uma dessas situações! Será que isso não foi produzido pela minha mente? Não será pura imaginação?

– Por isso precisamos ampliar o enquadre científico. Por isso construimos uma cartografia da mente que nos permita integrar esse tipo de experiência ao que chamamos de realidade. Mas observe que toda essa história tem o que denominamos de coerência

163

interna. Ela tem uma sabedoria intrínseca que você não poderia ter inventado. É também formada por detalhes que expressam vivência. Por mais que você fosse imaginativa, não poderia fazer com que parecesse tão real. Não! Sua história é real, em algum momento do tempo! É o que hoje a Física Quântica chama de dimensões paralelas de realidade. Estamos em plena construção de uma nova psicologia. Uma psicologia espiritual que dará conta da amplitude da experiência evolutiva do ser humano. Do ponto de vista terapêutico, entretanto, fica-nos a certeza da importância do esvaziamento pelo qual você passou. Ele é extremamente reintegrador; é catártico[1] e faz com que você se liberte de todas as emoções negativas que estavam contidas sob essas imagens mentais, interferindo em sua existência presente. Procure, agora, relacionar tais vivências com a sua maneira de lidar, na atual existência, com as relações que envolvem poder e riqueza!

– Como assim?

– Procure perceber quantas vezes você deixa de se posicionar, de defender os seus direitos, pelo medo de sofrer algum tipo de condenação?

– É, isso acontece algumas vezes!... Eu evito polêmicas. Não havia percebido; e também fico preocupada quando escrevo algo sobre as consequências políticas do que escrevo. Muitas vezes me percebo acreditando que as pessoas ricas não são felizes, como eu não fui feliz nessa existência como nobre austríaca.

– Feche os olhos novamente; visualize diante de você uma Pira Sagrada, na qual arde uma chama violeta. Uma chama de perdão e misericórdia na qual você vai colocando todas essas memórias. Veja-as sendo consumidas para sempre... Perdoe essas suas

---

[1] Catarse: termo técnico de psicologia para designar o processo de esvaziamento emocional.

personalidades anteriores e liberte-as dos sentimentos de culpa. Elas agiram assim simplesmente porque não sabiam... Evoluir é caminhar da ignorância para a consciência do sentido positivo de sua existência no mundo. Agora perceba que, de cada uma delas, você recolhe apenas o que aprendeu de positivo para aplicar em sua presente existência. O que você retira de útil da vida da nobre austríaca?

– Que é bom ter recursos para poder ajudar cada um a concretizar sua meta existencial. Para ajudar a construir uma sociedade mais justa e mais solidária. Afinal, toda concretização demanda recursos financeiros.

– Ótimo! Essa é uma boa ressignificação! O que você retira de positivo da sua existência como panfletista na França?

– Percebo que a rebeldia e a contestação são comportamentos imaturos, típicos da juventude que quer mudar o mundo. Somente podemos mudar o mundo quando mudamos nosso mundo interno. Isso me traz muita paz e serenidade!...

– Ótimo! Essa também é uma boa ressignificação! É como se você, agora, estivesse reescrevendo o livro de sua vida. Fechando páginas com novos significados... Como você se sente, agora?

– A sensação, agora, é de imenso alívio!... Realmente estou me sentindo mais espontânea, mais eu. Estou muito mais inteira e presente! Achei interessante a história da Áustria! Isso explica os meus gostos refinados, apesar de ter sido criada no campo. De fato, sinto uma atração incrível por aquele país, pela música e, principalmente, pela paisagem. A cena do lago, que apareceu na minha mente, era muito linda! Era maravilhosa!

Luiza fez uma pausa, indagando, depois:

– Então isso tudo que eu vivi é a tão falada regressão de memória?

– Sim!

– Mas você não me induziu a regredir!? A técnica que você utilizou não era uma técnica regressiva!?

– Não. Mas isso ocorre com frequência. Mesmo que não sejam diretamente induzidas, as pessoas podem entrar, espontaneamente, em regressão sempre que seu psiquismo necessite de esvaziamento; é uma necessidade que se torna emergente quando o contexto assim o permite.

– Como assim?

– Se o psicoterapeuta não estiver tecnicamente preparado para lidar com o fenômeno, ele não ocorrerá. Lembra-se de que, inicialmente, sentiu medo? Foi necessário promover o esvaziamento emocional e fazer uma ancoragem para que você atingisse certo grau de confiança e apoio, que lhe permitisse mergulhar numa experiência tão profunda e significativa.

O próprio medo da loucura pode ser um empecilho para que esses fenômenos ocorram. Uma quantidade imensa de pessoas tem percepções extrassensoriais e, ao mesmo tempo, elas reprimem a livre expressão de suas percepções por medo, principalmente, de serem ridicularizadas pelos outros. Por isso, a psicoterapia é uma atividade reintegradora. Nesse espaço – livre de censuras e julgamentos – você tem a possibilidade de viver a sua experiência e elaborá-la sem nenhuma exigência de comprovação. O importante, em relação a esses fenômenos, não é a comprovação histórica, mas o sentido humano, a lição de vida que normalmente eles contêm. Podemos aprender muitas coisas sobre nós mesmos por meio dessas experiências.

– As regressões sempre ocorrem assim, em situações duplas?

– Não! Às vezes, vêm apenas fragmentos de memórias. O fenômeno regressivo varia muito de pessoa para pessoa. Mas, teoricamente, a emergência de situações duplas pode ser explicada pela lei de causa e efeito, lei metafísica que diz que tudo aquilo de bom ou de mal que cada pessoa faz, em outro momento do tempo voltará a ela. É comum encontrar a explicação de um sofrimento ou de uma aparente injustiça em situações de memórias transpessoais, como no seu caso.

Estudiosos da Física Quântica, como Fritjof Capra e Amit Goswami, conceituam que a energia ora se manifesta no plano da matéria, ora no plano extrafísico, apresentando-se ora como partícula, ora como onda, mostrando-nos que a nossa compreensão da realidade ainda é muito reduzida. Nossa percepção de mundo é limitada apenas a uma pequena parcela de um campo bem mais amplo e complexo. Daí o "não julgueis para não serdes julgados" de que nos fala a sabedoria perene. Com base em que critérios podemos julgar alguém se não conhecemos a totalidade dos fatos? Trabalhando com Regressão de Memória encontrei um perfeito sentido de justiça, bem diferente do que conhecemos no mundo concreto, e que, ao que tudo indica, regula as experiências humanas. O comportamento inadequado de uma pessoa desencadeia um processo complementar em outro momento do tempo, de um modo bastante lógico e ordenado, levando em consideração seu grau de consciência, segundo um critério que visa, acima de tudo, o aperfeiçoamento do ser. Se considerarmos a vida como uma universidade seria como estar num período mais avançado da graduação, tendo que refazer os estudos de uma disciplina anterior, na qual teríamos sido reprovados.

– Mas não seria uma ideia de predestinação?

– Não tenho encontrado esse determinismo. O que tenho encontrado é uma probabilidade de que o evento venha a ocorrer como nos ensina o físico Werner Heisenberg, com seu Princípio da Incerteza. Temos encontrado um Plano Existencial, mas, como todo fenômeno natural, ele se apresenta influenciável pelas condições ambientais. Poderia ser descrito mais ou menos assim: Você planeja uma viagem, planeja ir a determinados lugares, mas, no caminho, mudanças poderão ocorrer, tanto em função das circunstâncias como por sua própria decisão.

– Isso seria o chamado livre-arbítrio?

– Sim! O livre-arbítrio seria uma liberdade relativa que nos permite promover algumas modificações significativas em nossas vidas. E aí temos um paradoxo: somos mais livres quanto mais compreendemos e obedecemos às leis que regem a vida. Sabendo lidar com elas, mantemos limites de harmonia e equilíbrio e evitamos as complicações desnecessárias em nossas vidas, decorrentes do desconhecimento da lei de causa e efeito.

– Que lei é essa?

– Como ocorreu na sua experiência regressiva, é comum encontrarmos um ensinamento, um ponto de ligação entre uma vivência e outra como se o ser em evolução buscasse a polaridade oposta de sua experiência para aprender um outro modo de perceber as situações de vida, saindo do egoísmo para o altruísmo; considerando a importância de dar atenção também às necessidades alheias para que a vida social tenha equilíbrio. Mas, também, nesses casos, não encontramos predestinação. Encontramos o ser, por seus sentimentos de culpa e remorso, buscando o outro extremo da situação. Algumas pessoas parecem estar se punindo, talvez por suas crenças antropomórficas num Deus que castiga. Mas, em nossas pesquisas, nunca encontramos programações inconscientes de vida voltadas para o castigo, somente para a aprendizagem, transformação e evolução para estados de consciência mais elevados e aperfeiçoados.

Um aspecto interessante que tenho observado no trabalho com clientes é que um sofrimento se mantém apenas enquanto o indivíduo não sabe lidar com determinada situação de vida, não compreendendo o sentido da experiência. Uma pessoa terá um tipo de problema até que tenha desenvolvido estratégias adequadas de solução para ele. A partir do momento em que ela realiza a sua aprendizagem, aquele sofrimento cessa, por se tornar desnecessário. Isso nos leva à conclusão de que o objetivo da vida não é o sofrimento, mas a aprendizagem que nos conduz à perfeição. Temos então outro paradoxo: quando aprendemos a conviver com uma determinada situação, não precisamos mais dela e aí nos libertamos daquela experiência, podendo recolher apenas o que aprendemos de positivo, constituindo uma sabedoria que poderá ser útil em outras situações. Mas voltemos à sua experiência pessoal. Em seu registro, houve uma relação incestuosa entre você e seu irmão. Na existência atual aconteceu também alguma situação desse tipo entre vocês?

— Não! Efetivamente, nunca houve nada. Tenho apenas a lembrança de uma vez, em nossa adolescência, quando dançamos juntos, em uma festa. Ele parecia constrangido e seu corpo estava trêmulo. Como em família nós costumávamos dançar uns com os outros de uma maneira bem natural, imaginei que ele estivesse nervoso pelo fato de estarmos dançando diante de pessoas estranhas. Fora isso, nosso relacionamento era bastante afetivo, mas não tínhamos nenhum comportamento que transgredisse o que é aceitável entre irmãos. Tínhamos idades aproximadas e bastante afinidade de gostos. Além disso, vivíamos em condições quase de isolamento social e, consequentemente, isso nos aproximou muito. Nunca me senti sexualmente atraída por ele. Tenho apenas aquela sensação indefinida de que, algum dia, terei que o ajudá-lo.

— Há mais alguma coisa que você queira entender, com relação à experiência de hoje?

— Não! Acho que já foi emoção demais! — disse Luiza, com um olhar maroto, que lhe era habitual quando estava satisfeita com algo.

— Então vamos encerrar a sessão. Seu tempo está terminando.

Como havia um horário vago, depois que Luiza saiu, aproveitei para fazer algumas anotações sobre o seu atendimento, que me seriam úteis quando começasse a escreve a sua história. Enquanto isso, refletia sobre a complexidade das experiências humanas e sobre o quanto a ciência ainda tinha a conhecer sobre a vida em sua essência.

Logo na sessão seguinte, Luiza chegou queixando-se de outra sensação desagradável:

– Passei a semana sentindo dores nas pernas, principalmente na altura dos tornozelos e nos pés. Sinto-os doloridos quando os toco e, às vezes, tenho a sensação de fisgadas ou uma espécie de câimbra. Não sei dizer muito bem.

Sugeri, então, que Luiza se deitasse, induzindo-a ao transe, como da vez anterior, e comecei a lhe massagear as canelas e os tornozelos, procurando ativar aquelas memórias morfogenéticas, estudadas por Rupert Sheldrake. Sua expressão começou a ficar contraída, como se estivesse sentindo dor, convertendo-se quase que imediatamente num contorcer-se angustiado de todo o corpo, embora mantivesse os pés sempre no mesmo lugar. Em seguida, começou a gritar, desesperadamente.

– Descreva-me o que está lhe acontecendo! – sugeri.

MEMÓRIAS DE TORTURA

– Estou deitada em uma mesa... Maca... Tudo está confuso e vejo duas imagens: ora me vejo numa mesa, ora na sala cirúrgica onde fiz a primeira cesariana. Nas duas situações meus braços e pernas estão presos. A cena do parto sumiu... Estou deitada na mesa e os meus pés estão presos... Aaaaiiiiii!!!

O grito de Luiza provavelmente ecoou por todo o prédio do consultório. Ela estava visivelmente perturbada com a experiência.

Aos poucos começou a chorar baixo, como se perdesse as forças.

– Meus pés estão presos num torno... Eles estão apertando o torno cada vez mais... Dói terrivelmente... Eu não estou aguentando! Ouço os meus ossos estalando, sendo quebrados a cada volta da alavanca do torno. É um desses tornos de marceneiro... Aaaaaaiii!!!!... É uma dor lancinante, que sobe pelas pernas. Meu coração bate loucamente e também sinto dor no peito. Ele parece que vai explodir de tanta dor e ódio. Sinto dor em toda a cabeça, uma dor insuportável – Luiza debatia-se, movendo a cabeça ritmicamente de um lado para o outro, como se fosse um pêndulo. – Estranho!... A dor e o movimento de cabeça são os mesmos que apareceram na situação de parto. Na época, ninguém compreendeu por que eu tive aquelas reações tão esquisitas. Minha vida era tão tranquila!

Os torturadores querem saber quem faz parte do meu grupo, onde nos reunimos e quais são nossos planos... Mas não adianta! Eu não vou falar; não vou entregar os meus companheiros. Estamos defendendo nossa pátria. Quando formamos o grupo, juramos fidelidade até a morte. Sabíamos que isso poderia ocorrer e lutamos por uma causa justa pela qual vale a pena perder a vida.

Estou ficando fraca. É melhor assim, eu não tenho medo de morrer. Sinto o meu sangue quente escorrendo junto às pernas e não tenho mais pés. Eles agora são uma pasta mole, disforme e sangrenta... Sinto náuseas...

Há um homem gordo e calvo... É o chefe do grupo... Sinto nojo deles. Eles usam ternos escuros. Um deles, o que aperta o torno, ri sordidamente enquanto aciona a alavanca. Parece que sente prazer com o que faz. Desgraçado! Eu o odeio! Odeio todos que usam a força para dominar as pessoas!

Estou ficando tonta, sem forças e estou saindo do corpo – neste momento, Luiza pendeu a cabeça para o lado, permanecendo imóvel e sua respiração tornou-se quase imperceptível. – Estou muito fraca; estou morrendo e prefiro assim. Eu não tenho medo. A morte, nesse caso, é uma libertação.

Estou subindo e não sinto mais dor... Ah! Eles agora não podem fazer mais nada comigo. Eu posso vê-los. Se eles soubessem disso... Estou livre e não lhes dei nenhuma informação. Na posição em que me encontro, quase junto ao teto, vejo todo o ambiente. Parece uma oficina de marcenaria que funciona num porão. Vejo várias mesas e restos de madeira amontoadas nos cantos. O lugar é sujo, úmido e cheira mofo... Meu Deus do céu! Que horror! Eu reconheço no homem calvo o meu marido de agora. É o João Luiz! Por quê? Meu Deus! Por que tudo isso? O outro... Oh, Deus! O outro é Hércules. Ele é o meu torturador! Era ele quem estava apertando o torno. Sua fisionomia está contorcida pelo ódio, enquanto em sua mente vejo um corvo negro, sendo usado como cobaia num lugar estranho, muito antigo, que parece um laboratório. A cena é confusa, distante. Lembro-me agora de que, quando pequena, às vezes eu sentia medo dele e não entendia por quê.

– Procure perceber que lugar é esse. Qual é o país?

– Estamos na Inglaterra durante a Segunda Guerra Mundial. Eu sou mulher, escritora e tenho muitos contatos. Auxilio os judeus a saírem do país. Os alemães bombardeiam Londres quase que diariamente. Temos medo de que eles dominem o nosso país. Chruchill, o Primeiro Ministro, incita-nos a reagirmos. Existe uma guerra paralela aos campos de batalha... É também uma guerra de informações. Temos outros grupos de ajuda como o nosso, mas existem pessoas infiltradas que trabalham para os alemães... Não sei qual a nacionalidade delas. Foram elas que me pegaram...

Agora estão trazendo outra pessoa... É um jovem... Cabisbaixo... Ele está sendo arrastado para a mesa de tortura... Nããõoo! O meu filho, nããoo!! Vocês não podem fazer isso com ele! Ele não sabe de nada! Eu não lhe contei nada para o proteger. Não adianta torturá-lo porque ele não tem nenhuma informação a dar. Meu Deus! Que injustiça eles irão cometer!

Todo o corpo de Luiza tremia intensamente e sua expressão era de puro terror. Sua situação era dramática e exigia muito controle de minha parte para funcionar como suporte na terrível situação que se avizinhava em sua tela mental. Dominada pelo pavor, Luiza continou:

– Eles estão amarrando Peter, meu filho, na mesa de tortura... Estão colocando seus pés em dois tornos... E eu não posso fazer nada. Não posso voltar lá para lhes dizer que ele não sabe de nada. É inútil, vai sofrer inutilmente. Oh, Deus! Que sofrimento atroz! Estou completamente impotente para ajudar o meu filho. Que dor terrível para um coração de mãe ver o filho sendo torturado. Meus olhos doem. Ele é tão jovem! Tem apenas dezessete anos! Mal começou a viver. Será que eles irão matá-lo também? Nem sei o que é pior: ficar vivo ou morto!

Mantendo os olhos fechados, presos à cena de sua tela mental, Luiza sentou-se, agarrando as minhas mãos. Sua expressão estava transtornada e por sua boca escancarada saía um berro alto e contínuo que parecia não ter fim. Era como se ela esvaziasse, naquele grito, todo o sofrimento de mãe que ficara acumulado em seu peito. Após liberar aquela dor imensa, Luiza voltou a falar:

– Pobre filho! Deus, ajude-o! Protegei-o nesse momento tão difícil de sua vida! Estou vendo uma luz branca e brilhante que vem lá do alto até a fronte do homem calvo. Peter está desmaiado. Estranho, vejo o seu corpo e também o vejo um pouco mais no alto. Ele parece estar fora do corpo. Então o desmaio é isso?! É sair do corpo físico? Ficar "fora de si"? Há outra coisa que não compreendo. Na mente do torturador aparece novamente uma cena. Enquanto ele ri, sarcasticamente. Pensa na figura de um faraó do Egito. O que isso significa?... O chefe mandou o torturador parar... Estão conversando. No grupo existem mais quatro homens. O chefe diz que Peter realmente não deve saber de nada, senão já teria falado. Oh, Graças a Deus! O torturador está afrouxando o torno. Os pés de Peter... Ai! Que dor! Eu sinto a dor dele. Os seus pezinhos estão com os ossos todos quebrados e banhados em sangue, moles, voltados para dentro. É isso! Ele nasceu assim desta vez! Exatamente assim, com os pezinhos voltados para dentro. Ele demorou tanto para aprender a andar... Ele é meu filho, hoje. É o João Vicente e por isso eu me senti tão mal quando fui para a sala de parto. Eu tinha a exata sensação de estar caminhando para a morte! Em certos aspectos, a cirurgia é bastante parecida com uma situação de tortura. Fui amarrada, cortada e agora entendo o medo e a depressão que senti. E entendo, também, a minha reação diante daqueles filmes de guerra. Agora posso entender tudo! O meu filho, coitadinho... Ele está lá, deitado, desfalecido... Ele ficou com aquele aleijão pelo resto daquela existência...

Nesse ponto, Luiza voltou a chorar baixinho. Seu choro era doído e sem remédio, como o sentimento materno que havia retratado em seus contos da juventude. Neles, ela havia expressado o irreparável sentimento de dor e perda guardado nos recônditos de sua alma. Tentei imaginar quantas vezes ela teria entrado em profunda depressão em virtude desses registros, e como deveria ter sido difícil lidar com sentimentos cuja origem era, até então, totalmente inexplicável do ponto de vista lógico-tridimensional.

Utilizando recursos de cromoterapia, a induzi à visualização de cores que simbolizavam limpeza e energização psíquica, enviando-lhe imagens que pudessem harmonizar a sua mente depois de tão terrível experiência. Como costuma ocorrer nesses casos, sua respiração e a coloração de sua pele foram se normalizando e eu então decidi trazê-la de volta à realidade. Ao abrir os olhos, Luiza parecia exausta e ainda bastante mobilizada, emocionalmente, pela experiência:

— Ainda tenho todas aquelas cenas diante dos olhos. Foi terrível! É como se eu estivesse lá e aqui, ao mesmo tempo. Será que tudo isso realmente aconteceu comigo? Será que João Luiz foi aquele homem calvo? Isso explicaria as divergências dele com nosso filho, João Vicente. Muitas vezes, ajo como mediadora no relacionamento deles. Sinto-me protegendo meu filho da agressividade do meu marido. O interessante nisso tudo é que João Luiz reprime a própria agressividade. É como se ele sentisse culpa por alguma coisa. Por vezes, essa agressividade vem à tona e, depois, ele se arrepende.

— Como você se sente, agora, em relação a ele?

— Eu o amo. Vou conversar com ele sobre esta regressão. Nosso relacionamento é tão bom e eu acredito que por isso nos foi permitido conhecer essa existência anterior. Talvez, de agora em diante, seja mais fácil para nós lidarmos com nosso filho. O objetivo dessa vez é acertar, não é?

— Com certeza! Os reencontros podem ser oportunidades de transformar antigos desafetos em relações construtivas. Se vocês conseguirão ou não dependerá de cada um! Ter conhecimento de onde os sentimentos se originaram ajuda a lidar com eles no presente de uma maneira adequada, evitando a tendência à repetição. Aliás, esse é um dos objetivos da utilização dessas técnicas. De nada adianta saber a causa de um comportamento se a pessoa não consegue modificá-lo. Isso daria margem apenas a inúteis racionalizações. Mas, mudando de assunto, quanto ao seu irmão, quais são os seus sentimentos, agora?

— Não sinto raiva dele. Interessante! Sabe que ele é padrinho do meu filho? Nesses últimos tempos tenho pensado muito a respeito das regressões que fiz. Se por um lado a minha mente racional ainda tem dúvidas quanto à veracidade desses acontecimentos, por outro lado, eles são extremamente lógicos.

– É isso que chamamos de *coerência interna*. Durante todo o processo procuramos acompanhar essa linha de raciocínio atemporal que nos mostra, de modo evidente, os ensinamentos contidos nessas memórias transpessoais e o senso de perfeita justiça que as interliga.

– Isso! É exatamente isso o que sinto! É como se eu estivesse descobrindo outra dimensão de minha vida em que as situações aparentemente isoladas se interligam e fazem sentido. É lindo! Isso me traz uma sensação de que a vida realmente obedece a um Plano Superior e que todas as nossas experiências se encaixam numa totalidade perfeita. Acho que preciso apenas me acostumar a lidar com esses dois níveis de percepção.

– Realmente! No início pode ser meio confuso e isso levará algum tempo, até que você se habitue à ideia de que somos seres espirituais, vivendo experiências de aperfeiçoamento no plano da matéria. É necessário ir com calma para evitar as radicalizações que costumam levar as pessoas a posições extremadas de renúncia às coisas da vida material, como se elas, repentinamente, se tornassem dispensáveis. O equilíbrio está, justamente, no caminho do meio com suas naturais oscilações à direita e à esquerda. O perfeito equilíbrio não é estático! Ele pode incluir a consciência de que, embora a vida tenha um objetivo de aperfeiçoamento, todos nós estamos muito longe dessa perfeição e ainda cometeremos erros. Esta noção pode nos permitir sermos tolerantes, em relação a nós mesmos e aos outros; pode nos permitir também percebermos que o bem e o mal estão dentro de cada um de nós, dependendo apenas do sentido em que polarizamos ou investimos nossa energia psíquica e, principalmente, que o único momento que realmente podemos viver é o presente. Apenas no presente o ser humano é capaz de exercer a sua função de co-criador com Deus. Prender-se ao passado ou ao futuro são estados dissociados e podem levar uma pessoa à depressão causada pela impossibilidade de reter momentos de vida, bem como à ansiedade gerada pelas expectativas em relação ao que está por acontecer. A vida é um fluir constante, em que o único processo permanente é a mudança, e isso também é paradoxal.

– Bonita esta frase! "O único processo permanente é a mudança". De onde vem essa ideia?

– Da filosofia pré-socrática, de Heráclito, quando ele diz que o ser é, e não é. É como dizer que não podemos tomar banho no mesmo rio duas vezes. A água corre incessantemente e, a cada momento, na verdade, temos um novo rio. Assim é o ser humano: Um ser dinâmico, capaz de se renovar a cada minuto de vida.

– É uma filosofia bonita. Esse conhecimento também é passado no Treinamento em Abordagem Transdisciplinar?

– Sim! Todo pensamento científico parte de um apoio filosófico. Na Abordagem Transdisciplinar temos uma postura transreligiosa, buscando conhecer o que denominamos de Tradições Sapientais da Humanidade, entre as quais encontramos dois textos que traduzem esse pensamento da evolução e do paradoxo. São eles: O Tão Te King, de Lao Tse, dentro do Taoísmo, e o Bhagavad Ghitã, da tradição Budista. Outro autor que aborda muito bem a questão da espiritualidade sem particularizar tradições é Aldous Huxley, em sua obra *A Filosofia Perene.*

– Abordar diferentes tradições religiosas não cria confusão na cabeça das pessoas?

– Não é o que temos encontrado no GERC – Grupo de Estudos Relígio-Científicos que coordenamos há muitos anos. Nele temos pessoas de várias tradições religiosas, principalmente as mais comuns aqui no Brasil, compartilhando suas experiências sem conflitos interreligiosos. Pelo contrário: tem sido muito enriquecedor para todos nós. Como tão bem sinaliza Jean-Yves Leloup, em *Enraizamento e Abertura*, somente uma pessoa que já tenha construído seu referencial pessoal de crenças é capaz de abrir-se ao conhecimento de outras tradições e, acima e tudo, acolhê-las como conhecimento verdadeiro, construindo uma síntese que integra as partes no todo que é Deus... Também existem crenças por detrás da objetividade da ciência. Esses são aspectos interessantes, sinalizados por Pierre Weil, ao falar sobre "O Antigo Credo", texto de Charles Tart, em seu livro anteriormente referido *A Mudança de Sentido e o Sentido da Mudança* e, também, por Hilton Japiassu, em *O Mito da Neutralidade Científica*.

Na Abordagem Transdisciplinar acreditamos na vida como um fluir, como nos dizia Heráclito; acreditamos que muitas das respostas de que o ser humano necessita estão dentro dele mesmo, como pensava o filósofo grego Sócrates ao propor a maiêutica ou Método de Parturição das Ideias, por meio do qual ele procurava extrair a sabedoria que já existe dentro de cada um. Como Platão dizia em *O Mito da Caverna*, o que chamamos de realidade são as sombras projetadas na parede pela luz que vem do lado de fora. Em outras palavras, como diz a filosofia oriental, vivemos no mundo de Maya, a ilusão, o véu do esquecimento que obscurece nossa mente, quando entramos no mundo concreto pela porta do nascimento.

– Li pouco a respeito, mas gosto de filosofia. Agora que terminei o curso sobre aprendizagem, estou pensando em participar do GDT, o seu Grupo Didático Terapêutico. Em outra oportunidade, você pode me falar sobre ele?

– Certamente! Você terá todas as informações necessárias. Mas vamos encerrar a sessão? Você deve estar cansada...

– Estou exausta. De vez em quando ainda me vêm imagens dessa história. Estou muito sensível agora.

– É natural. Se você tiver vontade de chorar, permita-se expressar seus sentimentos. Faz parte do processo. E se você sentir necessidade de trabalhar mais alguma coisa antes do nosso encontro habitual basta me telefonar que faremos uma sessão extra. Às vezes, a regressão desencadeia uma sequência de lembranças que, em algum aspecto, estão interligadas, e é preciso que elas sejam ressignificadas de imediato, para evitar um desgaste inútil.

– Ah, sim. Se for preciso, eu entrarei em contato.

Quando Luiza saiu, eu estava extremamente cansada. Trabalhar com os níveis de consciência transpessoal exige uma permanente rearmonização por parte do psicoterapeuta. As lições contidas naquelas vivências não se aplicavam apenas à história pessoal de Luiza, mas, como acontecia com o atendimento de outros clientes, levavam-me a reflexões filosóficas sobre a vida como um todo e sobre o meu papel, enquanto ser humano, ao acompanhar suas experiências.

Era um exercício de constante reformulação interior, por meio do qual eu crescia na mesma medida que facilitava o processo de crescimento do meu semelhante. Era uma sensação extremamente gratificante!

8

A Captação Psíquica do Filho

Após a experiência de regressão, Luiza elaborou bem aqueles registros, comparecendo normalmente à sessão na semana seguinte. Mostrava-se tranquila e, ao mesmo tempo, alegre e comunicativa. Logo no início da sessão referiu-se às suas reações posteriores à técnica e à conversa que tivera com o marido sobre o assunto:

– Naquele dia, quando cheguei em casa, sentia-me como se tivesse levado uma surra. Tinha dores por todo o corpo e um cansaço enorme. Quando me lembrava daquelas imagens ainda sentia vontade de chorar, como você disse que poderia acontecer. Quando vi meu filho de novo, aquelas cenas horríveis voltaram à minha mente e eu chorei bastante. Percebi o quanto os olhos dele são familiares para mim. Percebi todo o amor que lhe dedico e o sentimento de piedade que eu nutria por ele. Era como se o nosso relacionamento, hoje, estivesse contaminado pelo sentimento de culpa por ter sido responsável pelo seu sofrimento, levando-me a uma preocupação desmedida e constante quanto à sua segurança. Estou me sentindo mais tranquila, porque, na realidade, não existe nenhum motivo para isso. Eu estava emocionalmente presa àquela situação passada.

À noite, quando João Luiz chegou do trabalho chamei-o para uma conversa sobre o que eu havia descoberto. Quando o olhei nos olhos, voltei a chorar. Dizem que os olhos são os espelhos da alma, não é? De fato, houve de minha parte um reconhecimento, mas não senti qualquer mágoa. Hoje, ele é muito bom para mim. Ele é fiel, dedicado, afetuoso, cumpridor de seus deveres e um excelente chefe de família. Não tenho motivos para queixas e isso me deu suporte para lhe falar sobre o assunto. Nós estávamos na varanda de nossa casa, sozinhos, quando lhe contei os detalhes da regressão. Comecei a chorar, ele me abraçou e nós ficamos assim, juntos, conscientes de que não nos importava o mal que tivéssemos feito um ao outro em prováveis existências passadas. O que realmente importa para nós é o sentimento que nos liga no presente, e tudo o que construímos juntos. Hoje nossa vida vale a pena; isso é o mais importante. Se houve desafetos, certamente conseguimos resolvê--los. O amor e o perdão foram os grandes vencedores nessa triste página de nossas vidas evolutivas.

Há uma coisa, entretanto, que ainda precisa ser esclarecida. Se essa história realmente é verdadeira, nosso filho, João Vicente deve ter os mesmos registros. Você falou que a regressão é contraindicada para menores de idade. O que poderia lhe acontecer? Existe alguma outra técnica que possa ser utilizada para libertá-lo desse registro?

– Vamos por partes. A técnica de Regressão de Memória é contraindicada para crianças por causa da intensa carga emocional que ela mobiliza, salvo nos casos de regressão espontânea, em que o psiquismo, em função de seu próprio suporte, libera a memória contida no inconsciente. Aí ela pode ser trabalhada. E é até bastante comum que as crianças, até os sete anos, se lembrem de suas memórias transpessoais, e o que venho percebendo, é que elas estão cada vez mais prontas para isso.

Quando a técnica é induzida pode ocorrer que o jovem tome conhecimento de relacionamentos conflituosos com pessoas que fazem parte do seu convívio, no presente, como tudo indica que tenha acontecido com seu filho e seu marido. Como você acha que ele reagiria se descobrisse que o pai mandou torturá-lo numa existência anterior? Além disso, nós não temos, até a presente data, uma metodologia científica que comprove que isso tenha sido um acontecimento real. Seria irresponsabilidade considerarmos essa experiência como uma verdade absoluta. É extremamente importante que ela seja percebida dentro de um contexto de relatividade, considerando-se os resultados terapêuticos mais importantes do que a possível comprovação histórica. Na verdade, pesquisadores como engenheiro Ney Prieto Peres, que junto com seu filho, o psicólogo Júlio Peres, há longos anos também estudam as memórias transpessoais de crianças, têm demonstrado que não faltam evidências para a aceitação do conceito de pré-existência. Gradualmente, esse consenso vem surgindo, alavancado por algumas mentes pioneiras dos meios acadêmicos, pois as pesquisas nesse campo são inúmeras, constantemente apresentadas em vários congressos, no Brasil e no exterior.

Do ponto de vista terapêutico também é importante que essas experiências sejam compreendidas como uma representação simbólica das dificuldades de relacionamento existente entre eles, no presente, o que é igualmente verdadeiro.

– Eu compreendo. Existe alguma outra coisa que possa ser feita para ajudá-lo?

– Existe a técnica de Captação Psíquica, baseada nos princípios da Apometria, uma técnica desenvolvida pelo médico gaúcho José Lacerda de Azevedo, autor de dois livros sobre o tema: *Espírito e Matéria* e *Energia e Espírito*. Este mesmo procedimento passou a ser utilizado pelo psiquiatra paulista Eliezer Mendes, com pacientes esquizofrênicos, objetivando o acesso aos seus registros inconscientes para esvaziamento dos sintomas. Com o passar do tempo, ele ensinou a técnica de captação a outros profissionais da área de saúde. Aprendi a fazer captação no Instituto de Parapsicologia e

Psicobiofísica de Uberaba, em 1987, e, desde então, tenho associado os princípios básicos da Apometria com os conhecimentos da Bioenergética, Programação Neurolinguística, tendo como base os ensinamentos do que denominamos de Tradições Sapientais da Humanidade, já que a gama de fenômenos estudados abrange praticamente todas as religiões.

A Bioenergética nos permite fazer diagnósticos através da leitura corporal expressa pelo sensitivo; a Psiconeurolinguística disponibiliza os comandos linguísticos necessários para a promoção das associações e dissociações úteis à elaboração das memórias acessadas; oferece-nos os comandos para os deslocamentos no tempo-espaço, através dessas memórias e, principalmente a atualização das informações úteis ao processo evolutivo do paciente, reintegrando-as na atual personalidade. Hoje, denomino tal procedimento de *Captação Psíquica* para diferenciá-la dos outros dois procedimentos, já que este é um método próprio, desenvolvido aqui no GERC.

— Estranho! Parece bastante complexo, mas tenho a sensação de que já sei fazer isso. É possível?

— Nesses anos de trabalho descobri que temos mais informações armazenadas em nossos inconscientes do que podemos imaginar.

— Eu poderia começar o meu treinamento, com você, a partir desse conteúdo?

— Não é comum, mas, desde muito tempo, também entendi que nada disso, a que temos acesso hoje, é usual. Podemos marcar um horário individual de treinamento, na medida das suas solicitações. O programa pedagógico será o seu próprio interesse por cada assunto, associado aos conhecimentos básicos de cada técnica. Fica bom assim?

— Com certeza! É tudo o que eu quero neste momento.

— Outro aspecto importante nesta técnica é deixar bem claro que, embora estejamos trabalhando com um potencial espiritual do sensitivo para acessar o nível espiritual do cliente, não fazemos uma abordagem dentro de nenhuma tradição religiosa, embora tenhamos todo o respeito por elas. O problema é que muitas pessoas têm distorcido as informações sobre esse processo, chegando a nos pedir que façamos orações por seus familiares. Estamos sempre tendo que esclarecer que não somos um grupo religioso e que essa não é a nossa função. No GERC fazemos uma abordagem psicológica dos fenômenos espirituais. Estamos pesquisando, observando, colhendo dados e fazendo preciosas anotações. No decorrer do tempo teremos um estudo longitudinal sobre uma quantidade tal de casos clínicos que isso nos permitirá generalizar resultados.

– Aprecio a sua dedicação a essas pesquisas...

– Este é um estudo fascinante, mas, como tal, nos exige cautela para que não nos deixemos conduzir pelo entusiasmo, querendo acreditar que os resultados são verdadeiros e influenciando-os. Temos o máximo cuidado para evitar distorções e mal-entendidos sobre o assunto, mas o fenômeno da captação é até bastante comum. Você já viveu a experiência de ir a um hospital visitar uma pessoa doente e voltar de lá se sentindo mal? Ou sentir mal-estar num ambiente público, em meio à aglomeração? Ou receber a visita de uma pessoa que parece estar emocionalmente perturbada e se sentir mal, ao mesmo tempo em que a pessoa melhora?

– Sim! Penso até que já vivi todas essas experiências.

– Você compreende como isso ocorre?

– Embora me pareça familiar, eu não saberia explicar tecnicamente.

– A explicação para esse fenômeno é bastante simples; você entenderá facilmente. De acordo com a ATH conceituamos que o ser total é formado por duas partes: A individualidade ou parte permanente e a personalidade, a parte perecível do ser, que existe durante o espaço de tempo entre o nascimento e a morte, como descrito no Bardo Todol, o *Livro Tibetano dos Mortos*. A personalidade está mais voltada para o contato com a vida tridimensional e objetiva, ao passo que a individualidade está em contato com dimensões mais sutis de energia, que permeiam o espaço no qual vivemos. Tal espaço ou campo energético pode ser representado como uma rede de intercomunicação eletromagnética através da qual todos os inconscientes ou individualidades se mantêm em permanente contato por essa espécie de web mental. Dessa maneira, o inconsciente humano pode tornar-se uma imensa antena, capaz de captar qualquer estímulo energético, em qualquer lugar, a qualquer momento. Essa é também a opinião de Aldous Huxley, escritor e pesquisador inglês, autor do livro *As Portas da Percepção*. Roberto Crema, um dos autores da proposta transdisciplinar em psicoterapia, em seu livro *Antigos e Novos Terapeutas,* chama esse campo de *inconsciente simbiótico.*

Esse potencial inconsciente pode ser utilizado como recurso auxiliar da psicoterapia. Se eu trabalhar com uma sensitiva, colocando-a em estado de transe e induzindo-a a entrar em contato com o inconsciente do seu filho, ela poderá captar imagens e sensações que estão registradas em seu nível mental profundo, fornecendo-me uma percepção simbólica desses registros. É possível, inclusive, dialogar com o inconsciente da pessoa captada, por meio do captador, levando-a a esvaziar conteúdos emocionais que, em função da idade ou pela intensidade da experiência, não estariam disponíveis para acesso por meio de seu próprio inconsciente.

– Mas isso é fantástico! É incrível! Eu sempre ouvi falar que sensitivos faziam contato com espíritos e mentores. Nunca ouvi falar da possibilidade de acessar a mente de pessoas vivas. É também um tanto ameaçador, você não acha? É uma invasão da mente alheia!?

– É uma questão delicada, por isso precisa ser bem entendida. Venho desenvolvendo estudos sobre essa técnica, trabalhando com sensitivos voluntários da minha família. Tenho descoberto registros incríveis! Esse processo parece sujeito a um mecanismo superior de proteção que permite que uma pessoa se recuse a ser captada, se assim ela o desejar. Por outro lado, se alguém utilizasse essa técnica com intenções de manipulação, estaria automaticamente se colocando numa relação de causa e efeito, desrespeitando as leis que regem a vida e atraindo para si o retorno de toda a negatividade que houvesse produzido. Esse procedimento somente deve ser utilizado dentro de um rigoroso critério ético de respeito ao ser humano e à sua privacidade. Essa é uma questão extremamente séria, e o uso da Captação Psíquica deve ser regido por um sentimento de fraternidade e ajuda ao próximo. Também não deve ser associado a lucros financeiros, já que nele se está utilizando um potencial espiritual do ser humano.

– Isso que você está descrevendo não é o que os espíritas chamam de mediunidade?

– Você tocou num ponto igualmente importante. A capacidade de captar sons, sensações e imagens não é privilégio de nenhuma tradição religiosa, mas um potencial inconsciente de todo ser humano. Qualquer pessoa – quer siga ou não uma religião – pode vivenciar esse processo. Contudo, ela depende de todos os participantes do grupo, em que a captação esteja sendo realizada, para que estes cedam energia e não interfiram no processo por se colocarem na condição de observadores movidos pela curiosidade em relação ao fenômeno. É necessário que todos tenham fé, acreditando que é possível estabelecer esse contato. De certa maneira, é o que ocorre durante a oração. A maioria das pessoas religiosas acredita que é possível comunicar-se com Deus por meio desse processo de interiorização. A própria Bíblia está repleta de eventos desse tipo. O que eu tenho observado é que, em função de preconceitos, um mesmo fenômeno pode receber diferentes denominações por parte das diversas tradições religiosas. Por exemplo: os sinônimos linguísticos *oração*, *reza* e *prece* têm significados simbólicos diferentes em cada contexto religioso. O processo de passagem de energia de uma pessoa para outra, através das mãos, pode ser denominado de *benção*, *passe, imposição de mãos* ou *Jorey*, dependendo mais uma vez do contexto em que ocorre. As divergências entre as diferentes tradições têm por base o desconhecimento do sentido literal de cada termo e do significado particular a eles atribuído, por cada grupo religioso. No GERC temos o cuidado de trabalhar, sempre, a partir das definições linguísticas de cada termo para evitarmos possíveis distorções, já que lidamos com pessoas de diferentes segmentos religiosos.

Aqui no Brasil a maioria das tradições são ramificações do cristianismo, como acontece com o catolicismo e o protestantismo. Até mesmo as tradições africanas apresentam sincretismos com o cristianismo ou foram criadas com o objetivo de cristianizar cultos pagãos, como é o caso da umbanda. Outras, como o espiritismo kardecista e as escolas esotéricas como Teosofia e a Logosofia, também integram princípios do cristianismo. Mesmo quando trabalhamos com pessoas que seguem as tradições orientais, como o budismo ou o taoísmo, não temos encontrado problemas. O fato de a pessoa se dispor ao autoconhecimento é o primeiro passo para a diluição do que Pierre Weil denomina de *fantasia da separatividade.*

No GERC procuramos definir bem os termos e mostrar que o fenômeno psíquico apresentado por um indivíduo – embora possa sofrer influência de crenças, já que são o seu referencial simbólico – independe de suas crenças. O objetivo é deixar bem claro que a Captação Psíquica não é uma técnica vinculada a nenhuma tradição religiosa em particular, embora se refira ao nível espiritual do ser humano e possa utilizar-se dos ensinamentos das tradições para explicar aquilo que a ciência ainda não consegue abranger em suas teorizações.

É importante também que se compreenda que a Captação Psíquica é uma percepção simbólica do inconsciente do sensitivo captador em relação à pessoa captada, e precisa ser mantida dentro de um grau de relatividade e de probabilidade de que aquelas situações tenham sido vividas ou não, já que não dispomos de meios científicos de comprovação histórica. Até o momento, apesar dos resultados efetivos, a Captação Psíquica é uma técnica complementar, sendo aplicada somente com a autorização do cliente. Você tem ainda alguma dúvida em relação a ela?

– Sim. Gostaria de saber o que acontece com a pessoa captada durante a técnica.

– Concretamente, a Captação Psíquica é um processo que ocorre apenas com o sensitivo captador. Com crianças, em geral, solicito que o cliente permaneça confortavelmente sentado em outra sala, durante o tempo de aplicação da técnica. Na maioria dos casos tenho permitido que os clientes adultos assistam à própria captação e se "vejam" sendo captados pela sensitiva. Isso costuma causar um impacto de realismo, pela identificação de tiques ou até mesmo de fatos psíquicos, dos quais o cliente tenha consciência e, por algum motivo, não tenha relatado a ninguém. Conscientemente a pessoa costuma apresentar apenas uma pequena reação de ansiedade, provocada pelo inusitado da técnica. Em crianças, essa reação costuma ser inexistente.

– Eu poderia assistir à técnica na sala?

– Como você também é psicóloga, sim!

– Então pode marcar o dia. Vou conversar com meu marido a respeito, mas, certamente, ele vai concordar – disse Luiza, solicitando-me material para leitura.

Dois dias depois, Luiza compareceu ao consultório com o marido e o filho. João Luiz era um homem moreno, de estatura média, extremamente comunicativo e simpático. Tinha um sorriso acolhedor e um olhar sincero. João Vicente era um menino claro, de cabelos castanhos, pequeno para seus dez anos, que me olhava com seus olhos grandes e límpidos. Tinha um olhar lindo, embora não me parecesse estar muito integrado ao corpo. Sua energia parecia distante. Convidei-os a entrarem na sala para orientá-los sobre o processo. Perguntei a João Luiz se ele queria saber alguma coisa sobre a técnica de Captação Psíquica.

– Não; Luiza me explicou. É um tanto esquisito, mas me pareceu bastante lógico. Posso ficar junto do meu filho durante a técnica?

– Claro que sim! Vocês poderão ficar na sala de Ludoterapia, a sala de atendimento infantil, depois que eu conversar com este rapaz sobre o que iremos fazer aqui.

Voltando-me para o menino, perguntei:

– Você sabe o que veio fazer aqui?

– Minha mãe disse que você vai me ajudar a melhorar na escola... Que assim como a gente brinca de imaginar coisas, tem pessoas que parecem estar dormindo e sonham com o que está acontecendo na cabeça da gente, pra ver onde está a dificuldade.

– É mais ou menos isso. Enquanto eu e sua mãe estivermos com a outra moça aqui nesta sala, você poderá ficar com seu pai lá na sala de brinquedos. O que você acha?

– Tudo bem! Lá tem jogos? Eu gosto de jogos.

– Tem, sim! Depois, você pode voltar outras vezes, para jogar naquela sala, com a psicóloga que trabalha com os jovens. O que você acha?

– Não sei! – disse o menino.

– Se você soubesse, o que você diria? – insisti com o metamodelo linguístico.

– Parece bom.

João Vicente respondia-me timidamente. Sua voz era baixa, contida e reticente, enquanto seus olhos me mandavam uma mensagem clara e sincera. Parecia ser uma criança sensível e honesta por detrás da inibição da fala e do aparente desligamento do que ocorria à sua volta. Eu sentia que se alguém conseguisse ultrapassar aquela névoa de distanciamento iria encontrar nele um menino fiel, afetivo e amante da paz. Mas essa era a minha percepção interna. Sugeri, então, que João Luiz fosse com o filho para a sala de Ludoterapia, mostrando ao menino onde estavam os jogos. Saí de lá deixando-os ocupados na escolha das peças, embora percebesse em João Luiz uma disfarçada ansiedade que, naquelas condições, era bastante natural.

Eu havia chamado ao consultório uma senhora de cerca de cinquenta anos, sensitiva, discreta, consciente das implicações éticas do meu trabalho e pessoa totalmente confiável, com a qual vinha desenvolvendo os estudos sobre a Captação Psíquica. Por medida de segurança, jamais comentava com ela as questões que seriam trabalhadas na captação. Assim, evitava que sua percepção ficasse contaminada por informações prévias a respeito da pessoa captada. Tarcila, a sensitiva, era morena, baixinha e rechonchuda; uma pessoa simples e bonachona, sem muitas informações metafísicas, que entrava com facilidade em estado de transe. Literalmente, ela se transportava para a experiência do captado, através de sua forte sinestesia, mantendo-se inconsciente por todo o processo.

A maioria dos sensitivos permanece consciente durante o transe. Isso costuma deixá-los pouco à vontade por duvidarem de suas percepções, acreditando que elas sejam, apenas, frutos da imaginação. À medida que a técnica é repetida, o sensitivo vai se habituando a identificar e a qualificar as percepções relativas a outras pessoas, as quais costumam surgir na mente, de modo instantâneo, sem que tenham sido pensadas antes. Além disso, na maioria das vezes, esses registros não fazem sentido para o captador, uma vez que não constituem sua história de vida pessoal.

Com Tarcila, esse inconveniente era eliminado por sua natural inconsciência em relação às informações captadas durante e após a técnica. Ela já estava participando do GERC em encontros semanais havia alguns meses. Como de hábito, convidei-a a entrar na sala de psicoterapia e a apresentei a Luiza. Depois de um breve entrosamento entre as duas, dei início à formação do campo de proteção através de uma série de autoinduções hipnóticas, que eram repetidas por nós três, simultaneamente, até que entrássemos no estado de consciência de unidade, por meio da qual ocorreria a comunicação.

Tarcila estava sentada ao meu lado, de maneira que eu pudesse acompanhar suas mudanças de expressão e ouvir bem a sua voz que, durante o transe, costuma ser muito baixa. Luiza se acomodou mais distante, como espectadora.

Após a indução hipnótica sugeri que Tarcila direcionasse sua percepção para João Vicente. Até então, ela o havia encontrado apenas quando de passagem pela sala de espera do consultório, momentos antes. Continuando a técnica, induzi:

– Neste espaço seguro e protegido *seja* o João Vicente!

Tal comando baseia-se na certeza de que o processo natural e ao mesmo tempo fantástico de captação mental somente pode ocorrer com a permissão de uma Força Superior e que cada pessoa nele envolvida é apenas um instrumento de ação dessa Força Maior. Por tudo o que já havia presenciado com a aplicação dessa técnica, eu estava cada vez mais convencida de que a vida possui uma dimensão muito mais ampla do que a realidade objetiva que nossos olhos físicos conseguem abranger. Assim, eu percebia que se aquele fenômeno podia ocorrer, certamente o espaço terapêutico deveria estar seguro, sustentado por nossa própria intenção de ajudar, e protegido pela força positiva da fé.

192

Ao sugerir que Tarcila *fosse* João Vicente, seu corpo começou a se modificar. Ela adotou uma expressão sofrida e carrancuda, esticou as pernas de maneira rígida e apoiou as mãos sobre o colo, como se os pulsos estivessem ligados. Passei, então, a me dirigir a ela como se estivesse falando com João Vicente. Essa forma de indução conduz o captador à identificação direta e intensa com o captado, permitindo-o se sentir como se fosse, realmente, a outra pessoa.

– Sendo o João Vicente, como você está?

Tarcila mantinha a cabeça baixa e falava de maneira tímida e aborrecida.

– Eu estou preso.

– Onde você está preso?

– Aqui!... Estou amarrado.

Luiza interrompeu, indagando-me se poderia falar com "ele". Ao ouvir a voz de Luiza "João Vicente" virou rapidamente o rosto em sua direção, dizendo em tom de revolta:

– Ela também estava lá!

Aproximando-se de nós, Luiza sentou-se diante do "filho" continuando o diálogo.

– Onde eu estava, meu filho?

– Lá na sala de tortura! Você me abandonou lá... Não me protegeu... Deixou que eles me torturassem naquele dia horrível – João Vicente demonstrava raiva.

– Filho... Preste atenção. Eu não ajudei você porque eu morri na mesa de tortura. Para mim também foi terrível assistir ao seu sofrimento. Do outro lado da vida em que me encontrava eu sofri juntamente com você.

Luiza chorava ao falar com o "filho". Ela entrara totalmente na experiência e dirigia-se ao inconsciente do filho através da pessoa de Tarcila, sem que isso parecesse ter algum significado para ela.

Agia como se na realidade estivesse diante dele. Recompondo-se emocionalmente, Luiza continuou:

– Perceba que tudo isso aconteceu há muito tempo. Agora é diferente. Estamos em outro momento do tempo!

Olhando para as mãos de "João Vicente", indagou:

– O que acontece com suas mãos?

– Estão amarradas!

– Filho, em nome do amor que lhe dedico, perceba que agora suas mãos estão livres. Você não está mais preso; você está livre!

Com um movimento mecânico, "João Vicente" soltou as mãos uma da outra. Luiza continuou:

– Por que seus olhos piscam tanto?

– Eles estão vendados... Tenho também uma espécie de placa de metal amarrada por uma tira em volta da cabeça que venda os meus olhos e dá choque de tempos em tempos... Isso faz os meus olhos doerem muito... Sinto também dor de cabeça – "João Vicente" batia a cabeça de um lado para o outro, exatamente como acontecera com sua mãe.

Como havia intuído quando conversávamos sobre a Captação Psíquica, Luiza fazia intervenções terapêuticas adequadas, como se tivesse uma longa experiência em ressignificação de memórias transpessoais. Eu me mantinha na posição de acompanhante do processo, observando o desenrolar da vivência, propondo-me a interferir apenas se houvesse necessidade. Eu sentia que, naquele momento, minha função resumia-se apenas em permitir que tudo aquilo pudesse acontecer, mantendo a sustentação de um campo energético harmoniosos. Parecia-me que aquilo "tinha" realmente que acontecer entre eles. Luiza voltou a falar.

– Filho! Perceba que seus olhos, hoje, são perfeitos e saudáveis! Abra também os olhos da sua mente...

"João Vicente" fez um movimento, como se desamarrasse algo atrás de sua cabeça. Abriu desmedidamente os olhos, mantidos em estado de transe, como se olhasse tudo. Luiza continuou:

– Veja que suas pernas estão livres e que seus pés são perfeitos. Você pode caminhar normalmente de agora em diante.

Nesse momento, "João Vicente" deu um salto, pondo-se de pé e continuando a pular alegremente. Luiza levantou-se e, de imediato, foi agarrada por "ele" que continuou naquela brincadeira, ao mesmo tempo em que ela dizia com a voz embargada por intensa emoção:

– Eu consegui!... Eu consegui!...

A essa altura dos acontecimentos, eu também ficara de pé e podia sentir a alta carga de emoção presente dentro daquela sala. Até hoje não sei como aquela mãe teve suporte emocional para trabalhar terapeuticamente com o inconsciente de seu filho numa vivência que também fazia parte de suas memórias transpessoais.

O que ela teria conseguido? Teria sido uma tarefa sua trabalhar com ele? Seria parte de sua missão existencial passar por aquele desafio?

Os "dois" continuavam ali, abraçados, felizes, como se tivessem se reencontrado no tempo. Seus rostos irradiavam imensa alegria e eu assistia àquela cena com um imenso sentimento de realismo, típico das vivências do numinoso.

Procurando sempre sustentar o campo, aguardei mais um pouco até que "João Vicente" se afastou da mãe, retornando ao sofá onde, antes, Tarcila estava sentada. Fechou os olhos, recostou-se por alguns minutos durante os quais sua expressão foi-se modificando novamente, até que, quando ela abriu os olhos, neles reconheci o olhar simples de Tarcila.

– Tudo bem com você, Tarcila? – indaguei.

Como sempre acontecia ao voltar do estado de transe, ela não se recordava de nada. Olhou-me com serenidade, movendo a cabe-

195

ça afirmativamente. Voltei-me então para Luiza, que estava jogada em outra poltrona e tremia da cabeça aos pés. Parecia-me totalmente esgotada e chorava baixinho. Sentei-me ao seu lado, tocando-lhe o peito com a minha mão direita, ajudando-a a esvaziar os sentimentos. Orientei-a para que fechasse os olhos e deixasse o corpo tremer. Ao mesmo tempo, induzi-a a visualizar em sua tela mental a cor amarelo-dourado, uma cor essencialmente energética, símbolo da sabedoria e da autoconfiança. Gradativamente, sua pele foi retornando à coloração normal e ela abriu os olhos, fitando-me com olhar indagador. Devolvi-lhe um sorriso de compreensão e acolhimento, tocando sua mão num gesto de apoio. Eu podia imaginar o que ela estava sentindo naquele momento.

Luiza permaneceu recostada na poltrona, parecendo recompor-se de tão dramática experiência e, vez por outra, lágrimas silenciosas desciam sobre suas faces. Depois disse, baixinho, como se lhe faltassem forças ou falasse para si mesma:

– Eu não sei como consegui...

– Eu também não – disse-lhe em tom de brincadeira, procurando desanuviar sua tensão. – Você foi realmente muito forte! Podemos agradecer a Deus por lhe ter dado suporte para tudo isso. Foi muito emocionante.

Tarcila interrompeu-me, indagando se havia sido bonito. Ela parecia não se importar com o fato de não se recordar do que ocorria durante o transe. Quando, certa vez, conversamos a respeito, disse-me que sentia que era para ser assim mesmo; que dessa maneira ficava mais à vontade, sem a preocupação de estar inventando coisas e livre das preocupações éticas, como o sigilo que essas informações envolviam. Para ela, a vida era bem simples.

Depois que Tarcila deixou de participar do GERC, trabalhei com muito outros sensitivos que sempre permaneceram conscientes, sem que isso afetasse o trabalho.

196

Solicitei a ela e a Luiza que sentássemos em círculo, que nos déssemos as mãos e agradecêssemos a Deus pelo que fora permitido acontecer. Falando em voz baixa e pausada, conduzi a oração simples que habitualmente fazíamos, encerrando a reunião de Captação Psíquica.

Amado Deus! Mais uma vez Te agradecemos a ajuda, a orientação recebida, a oportunidade de trabalho e consideramos nossas atividades encerradas por ora. Assim seja!

Luiza virou-se para Tarcila e lhe deu um longo abraço, dizendo-lhe:

– Você nem pode imaginar como me ajudou! Eu lhe serei grata pelo resto da minha vida!

Tarcila sorriu, com seu jeito simples, e nós saímos da sala de terapia. A sensitiva despediu-se de nós e Luiza e eu fomos à sala de Ludoterapia, onde João Vicente ficara brincando, em companhia do pai.

Ao vê-los, Luiza se emocionou e abraçou o marido, que se levantara quando entramos. Ela realmente precisava de tempo para se recompor daquela experiência. Sugeri que voltasse à terapia, no dia seguinte, para elaborar melhor as informações colhidas na Captação Psíquica. Luiza propôs explicar ao marido o que havia ocorrido quando chegassem em casa e estivesse mais descansada. Depois disso, despedimo-nos à porta, e eu voltei à sala de terapia. Quanto mais eu facilitava os processos de autodescobrimento de meus clientes, mais me surpreendia com as incríveis possibilidades da mente humana.

No dia seguinte, Luiza chegou bem mais tranquila. Como costuma ocorrer após profundos mergulhos inconscientes, ela estava interessada em discutir e compreender a fantástica experiência da véspera. Começou por indagar:

– O fato de a sensitiva ter entrado em contato com os registros de João Vicente é prova de que tudo aquilo realmente aconteceu?

– É um forte indicativo nesse sentido, mas, ainda assim, poderíamos contra-argumentar que ela captou um registro do inconsciente coletivo, que estava na sua mente e na de seu filho. Essa é a grande dificuldade no campo de pesquisa. Não temos nenhum dado concreto que comprove que ela realmente viveu a experiência captada. Nós a utilizamos em função dos excelentes resultados terapêuticos sobre a existência atual do cliente. Além disso, não queremos conduzir nossas pesquisas no sentido de dogmas ou crenças. Por enquanto queremos colher dados, fazer estudos comparativos, fundamentações bibliográficas até que a comunidade científica, por consenso, aceite a hipótese da pré-existência como uma teoria científica capaz de explicar muito fenômenos que, fora dela, não encontram explicações.

– E seu eu quiser acreditar que foi uma experiência verdadeira? Foi tão real...

– Nada impede que você acredite. É uma questão pessoal. O trabalho terapêutico não tem por objetivo influenciar crenças pessoais. Pelo contrário, é por questões éticas que essa interferência não ocorre e, durante todo o processo, mantemos o respeito pelas crenças de cada cliente, se ele as tiver.

– Eu prefiro acreditar que foi verdadeiro. O que vivenciei aqui explica várias reações do meu filho. Você se lembra de que, no início da terapia, eram essas as minhas dúvidas?

– Sim. À medida que trabalhamos você vai encontrando suas respostas. Como está se sentindo com isso?

– Está sendo muito bom para mim! Estou me sentindo cada vez mais integrada. Ontem, depois que saímos daqui, João Luiz e eu conversamos bastante. Acredito que, agora, será mais fácil para ele lidar com o filho. Aliás, o que nós temos que observar em relação a ele?

– Os mesmos sintomas de que você se queixava. É importante, também, que ele faça terapia, para integrar à consciência as modificações de padrão mental provocadas pela Captação Psíquica. Por exemplo: sentir-se amarrada impede que a pessoa tenha agilidade física e iniciativa. Você se lembra de ter dito que ele caía com frequência? Como ele poderia caminhar, com os pés e mãos atados? Essa percepção inconsciente do esquema corporal é extremamente importante; é uma base para o relacionamento do indivíduo com a realidade. Cada um é e reage à vida de acordo com o que está registrado em sua tela mental. Tais registros compõem as crenças de uma pessoa. Se ela acredita que está presa, reagirá sentindo-se limitada em sua mobilidade.

Outro exemplo desse fenômeno é o que ocorre com as pessoas que sofrem amputações e continuam a sentir dor ou coceira no membro ausente. Isso acontece porque o corpo energético está inteiro, embora, fisicamente, aquela parte do corpo não mais exista. Se fizermos uma foto *Kirlian* (a foto do campo energético) dessa pessoa, ela mostrará a presença eletrônica do membro amputado que se mantém até o inconsciente aceitar a ideia da amputação e redistribuir a energia pelo corpo físico restante. Esse é um dos estudos que estão sendo desenvolvidos por Rupert Sheldrake.

– Deve ser uma sensação horrível! A pessoa continua se sentindo assim por muito tempo?

– Às vezes, sim. O ideal é que se faça uma dessensibilização da experiência traumática, levando o seu inconsciente a perceber que, fisicamente, aquela parte não existe mais, para que ocorra a redistribuição energética e a consequente eliminação das sensações dolorosas, causadas pelos impulsos elétricos enviados pelo cérebro, e acumulados no coto do membro amputado.

– Mas isso não costuma ser feito, não é?

– Não. A ciência médica oficial baseia-se no estudo do corpo físico, em que podemos encontrar apenas alterações bioquímicas resultantes das reações energéticas que ocorreram anteriormente. Daí a ideia de que as doenças são provocadas por alterações bioquímicas do organismo. Essas alterações orgânicas podem ser ocasionadas pela absorção de substâncias químicas, mas, também, por uma descarga emocional. Entretanto, a ideia de que o ser humano possui um corpo eletrônico ainda não é reconhecida pela ciência ocidental. Assim, perde-se a possibilidade de explicações e de auxílio terapêutico de uma série de doenças cuja origem não está no corpo físico propriamente dito, mas no corpo eletrônico. Nesses anos de pesquisa tenho comprovado que os padrões mentais influenciam o hipotálamo (o centro das emoções, no cérebro), sendo ali transformados em comandos bioquímicos que são enviados à hipófise, dela expandindo-se através do sistema glandular para todo o corpo físico no qual se expressam como sintomas causados por excesso, escassez ou estagnação da energia vital, como nos ensina Alexander Lowen, em seu amplo trabalho.

Da mesma maneira, encontramos pessoas cuja mente inconsciente não sabe ou se recusa a aceitar que não possui mais um membro ou órgão, também encontramos pessoas que inconscientemente não sabem que, hoje, seus corpos são perfeitos e saudáveis, agindo como se ainda fossem portadoras de uma deficiência física ou impedimento, como no caso do seu filho.

– Isso também é fantástico! Isso explica tanta coisa... Existe algum livro que eu possa ler sobre o assunto?

– Existem os estudos de Thelma Moss, pesquisadora americana, e os de Newton Milhomens, aqui no Brasil. Atualmente, já existem programas de foto Kirlian computadorizados que facilitam a leitura e diagnóstico dos campos energéticos do ser humano, trazidos para o Brasil por Alexandra Matveeva. Em relação à questão específica dos amputados, existem os estudos de Sheldrake, como lhe falei. O que temos observado aqui no Carrossel de Luz é que, como dizia Shakespeare: "Assim é se lhe parece" ou, em outras palavras: Aquilo que ocupa a sua mente preencherá a sua vida. Por isso eu fico muito atenta ao discurso do cliente, quando ele diz que "parece que está lhe ocorrendo algo" ou "é como se". Tais colocações, via de regra, apontam para uma percepção ou realidade inconsciente.

– São questões muito interessantes! Aliás, você poderia me dar mais algumas informações sobre o Treinamento de Psicólogos?

– Claro. O que você deseja saber?

– Como surgiu a ideia do GOT, o Grupo de Treinamento?

– Os fenômenos psíquicos desafiam o interesse científico de muito profissionais de saúde mental. Pensei que seria útil passar essa experiência de trabalho para outros psicólogos. Isso multiplicaria o potencial de ajuda à população, que vem apresentando, cada vez mais, fenômenos de outros estados de consciência, muitas vezes de maneira subliminar, como a Síndrome de Pânico e a Depressão.

– Como assim?

– Muitas pessoas que apresentam sintoma de Síndrome de Pânico estão conectadas por meio do inconsciente simbiótico aos acontecimentos trágicos do momento, traduzindo suas emoções em sintomas de medo não específicos. E isso é assustador! Outras desenvolvem depressão por captar sintomas de pessoas com as quais entram em contato, em seu convívio diário, ou até mesmo por meio da mesma sintonia do inconsciente simbiótico, em função dos noticiários.

– E o conteúdo programático do treinamento? O que levou você a optar pela Neurolinguística, Bioenergética e Gestalt-Terapia?

– Considero que o conhecimento da estrutura profunda da linguagem é fundamental para o trabalho terapêutico, principalmente no que se refere à forma de comunicação do inconsciente. Não sei como seria trabalhar sem esse conhecimento. A bioenergética é importantíssima na área de psicossomática e dá ao profissional uma ideia básica das possibilidades de reação de cada estrutura de personalidade, bem como dos sintomas que lhes são característicos. A Gestalt-Terapia fornece ao psicoterapeuta os experimentos por meio dos quais os clientes entrarão em contato com seus registros inconscientes. Na Abordagem Transdisicplinar, o profissional aprende a lidar com a totalidade do ser humano, em seus vários estados de consciência, utilizando o referencial teórico da Psicologia Transpessoal, da Física Quântica e da Metafísica, sem os quais ficaríamos impossibilitados de intervir terapeuticamente sobre fenômenos como os que você tem trazido, por exemplo.

– Como o treinamento é ministrado?

– Por meio de ensino à distância e aprendizagem vivencial, em treinamentos individuais ou em grupos. Esse método permite que o futuro terapeuta se trabalhe como ser humano, o que é básico para um desempenho profissional de qualidade. Considero fundamental que o profissional de saúde mental faça sua viagem de autoconhecimento.

– Quer dizer que durante o treinamento faremos terapia em grupo? Então posso parar com o horário individual?

– Se você assim o desejar!... O grupo oferece uma oportunidade única de aprendizagem para a pessoa que não tem problemas de exposição – comentei, indagando, com um sorriso malicioso: – Você já pode se expor em público?

Luiza devolveu-me o sorriso, dizendo:

– Será um bom teste para essa ressignificação. Acredito que sim! Não me incomodo mais que as pessoas vejam o que estou fazendo. Então, deixarei de ser sua cliente?

– De certa maneira, sim! Você passará à condição de profissional em formação, tendo acesso a dados e experiências que são restritos apenas aos profissionais de saúde mental.

– Existem médicos no GDT – Grupo Didático-Terapêutico?

– Não. Até hoje, em sua totalidade, o grupo é formado por psicólogos, embora eu venha encontrando profissionais da área médica cada vez mais interessados nesse novo conhecimento. Acredito que, futuramente, as duas profissões poderão ter uma formação acadêmica mais aproximada. Afinal, o ser humano não é apenas sua mente nem apenas o seu corpo, e me parece um tanto estranho termos chegado a um grau de especialização cuja consequência tenha sido a visão fragmentada do ser humano; uma visão segundo a qual o sintoma é percebido desconectado da maneira como o portador do mesmo lida com a vida.

– Mas, de certa maneira, essa fragmentação ocorre também entre o psicólogo e o sacerdote...

– Como assim? – indaguei.

– A terapia é uma espécie de confissão.

– É. A questão principal consiste em manter a visão do ser humano como um ser que existe física, emocional, mental e espiritualmente. Mesmo que se conserve a especialização, o enfoque da área de atuação profissional de cada um é fundamental para que o profissional de cada área perceba a interligação e a interferência dos outros níveis sobre o seu campo de trabalho. Para o médico, por exemplo, isso significa perceber que o sintoma que o seu paciente apresenta está sob a influência dos níveis emocional, mental e espiritual do paciente. Por outro lado, muitas vezes lido com clientes que atribuem a causa de todos os seus padecimentos ao plano espiritual, como modo de escapismo; de isenção de responsabilidade pela vida. É muito fácil dizer que uma atitude de raiva, por exemplo, foi originada por uma influência espiritual externa e isentar-se

203

de assumir seus próprios sentimentos, que podem ser trabalhados terapeuticamente. Do ponto de vista psicológico, também é importante verificar o componente físico de um sintoma antes de lhe atribuir uma causa puramente psíquica. Se os médicos, psicólogos e sacerdotes tiverem a noção da totalidade do ser humano e o conhecimento da importância desses estados de consciência, creio que isso será uma grande conquista em termos de estudo e de trabalho interdisciplinar.

– Acho que vou gostar imensamente de discutir o assunto! Quando terá início o próximo GDT?

– Daqui a dois meses. Até lá, ainda teremos tempo para o fechamento dessa etapa individual do seu trabalho terapêutico.

– Certo. Você se importa se terminarmos a sessão mais cedo hoje? Quero ir ao hospital visitar uma amiga que teve um bebê ontem.

– Claro que não. Podemos encerrar agora.

Luiza saiu da sala de terapia com a sua habitual agilidade. A cada dia mostrava-se mais disposta a viver de maneira mais plena cada minuto de sua vida. Seguramente, era uma das pessoas mais dinâmicas que eu já havia conhecido.

Na semana seguinte, ela chegou ao consultório com uma novidade...

A PROGRAMAÇÃO DE FILHOS

– Quero lhe contar uma coisa. Tive uma reação estranha no hospital. Fui visitar minha amiga e aproveitei para reencontrar alguns conhecidos que trabalham lá. Uma dessas pessoas é enfermeira do berçário e, conversando com ela, eu soube que um bebê havia sido abandonado lá pela mãe. Pedi para vê-lo e acabei segurando-o no colo. Tive, então, uma reação esquisita, uma vontade imensa de levá-lo para casa. Era um bebê lindo! Grande. Devia ter uns vinte dias e seus olhos eram azuis. Durante algum tempo eu o segurei em meus braços pensando em todo o conforto material que poderia lhe dar, mas, ao mesmo tempo, me questionando sobre a atual fase da minha vida, já com os filhos um pouco crescidos, querendo estudar, com novos projetos de trabalho. Eu não teria tempo disponível para um bebê, agora. Eu o veria apenas três vezes ao dia. Isso não seria justo. Eu não seria mãe verdadeiramente. Entreguei o bebê novamente à enfermeira e voltei para junto da minha amiga. A menininha dela estava deitada no berço, junto à cama, e eu permaneci ali, de pé, refletindo comigo mesma sobre o sentimento maternal que havia tomado conta de mim. Nesse momento, o médico chegou para a sua visita habitual. Era o mesmo médico que havia feito meus partos. Logo que ele entrou e me viu absorta, olhando a recém-nascida, tocou no meu ombro, de leve, dizendo-me: "Aí, hein!? Pensando em ter outro bebê"... Eu levei um tremendo susto e respondi:

– Não dá mais! Eu fiz ligadura! – ele, então, respondeu-me:

– Dá, sim! Eu posso operá-la outra vez!

O meu susto foi maior ainda. Fiquei ali, confusa, diante da possibilidade de ser mãe novamente. Era como se essa etapa da minha vida, que considerava encerrada, tivesse sido reaberta. Eu me despedi deles e saí do hospital.

Seguindo lentamente pelas ruas próximas, a caminho de casa, eu ia refletindo sobre a origem desse tão súbito sentimento. De onde ele teria surgido? Lembrei-me de que quando comecei a estudar desenvolvimento infantil ficara com um imenso sentimento de culpa por acreditar que não tinha cuidado direito dos meus filhos, por desconhecer aspectos importantes da Psicologia Infantil e das necessidades emocionais de um bebê.

Continuando essas reflexões, percebi que o desejo de ter mais um filho se associava ao meu sentimento de culpa em relação às crianças. Se eu tivesse outro filho poderia cuidar dele de outro modo, com mais consciência, ser mais atenciosa. Só que isso não modificaria o que já havia acontecido com os outros. Talvez até viesse a prejudicá-los, reduzindo o tempo de dedicação a eles.

Percebi, também, que eu tinha duas opções: ou passaria o resto da minha vida me lamentando pelo que considero ter feito de errado com meus filhos ou mudaria de agora em diante. Não será com outro filho que irei melhorar a história e a vida dos outros dois.

– Você pode se perdoar por não ter sido uma mãe perfeita? Nenhum de nós faz curso para ser pai ou mãe. Não existem pais perfeitos! Somos os pais possíveis, com nossos erros e acertos como todos os seres humanos.

– Posso, sim! Foi isso que eu compreendi. Compreendi que o mais importante nessas situações é a consciência e o fato de que, a qualquer momento, podemos mudar nosso modo de ser.

– O que você considera que fez de errado com seus filhos?

– Minha família era muito rígida e acreditava que não se devia dar atenção demais às crianças para que elas não ficassem manhosas. A família de João Luiz era superprotetora e possessiva demais. Quando João Vicente nasceu, eu passei o primeiro ano de sua vida tentando encontrar o ponto de equilíbrio entre esses dois extremos. Penso que isso acabou por prejudicá-lo, porque eu era insegura em relação a como lidar com ele.

Hoje eu faria tudo diferente. Eu o colocaria para dormir comigo, eu lhe daria mais carinho, tocaria mais o seu corpo, conversaria mais com ele, estimulando sua compreensão de linguagem. Sei que essas coisas são importantes para o crescimento saudável de um bebê. Eu o amamentaria com mais atenção, olhando-o com ternura. Lembro-me de que, às vezes, eu o olhava com ressentimento. Eu me sentia tão cansada. Foi uma fase difícil para mim. Mamãe já estava doente e eu dividia a minha atenção entre os dois. Eu vivia atarefada e quase não sobrava tempo para ele.

Quando Ana Luiza nasceu, minha vida estava mais tranquila, mas ainda assim não foi como eu gostaria. Algumas pessoas da minha família diziam que meu leite era fraco e eu acreditei, deixando de amamentá-la. Hoje, sei que não existe leite materno que seja fraco. Eu teria apenas que amamentá-la quando ela tivesse fome, deixando que ela sugasse cada seio até o final para que pudesse se nutrir e ter a sensação de saciedade. Quando penso nisso, ainda sinto raiva.

– De que ou de quem você sente raiva?

– Da ignorância das pessoas e de mim mesma, por ter me deixado induzir ao erro.

– Imagine cada uma dessas pessoas diante de você, agora. O que você gostaria de lhes dizer? Feche os olhos e fale.

– Eu me imagino tendo as informações adequadas, estando bem emocionalmente e dizendo a elas que eu não quero agir assim. Que eu quero amamentar os meus filhos. Mas reconheço que o que mais me atrapalhou foram as questões emocionais que estou trabalhando agora. Se eu tivesse feito psicoterapia antes, nada disso teria acontecido. Reconheço que não foi culpa de ninguém.

– Você percebe que esta é a questão do ser humano? Verdadeiramente, o erro não existe, porque cada pessoa, quando age de uma determinada maneira, acredita estar agindo corretamente.

– As coisas são como são, não é?

– Sim! A vida é feita de experiências que, por si mesmas, não são boas nem ruins. A pessoa é que lhes atribui significados. Por isso, em cada situação vivida, é possível dar-se atenção aos aspectos positivos ou negativos, dependendo da tendência de cada um. O que você pode retirar de positivo da situação vivida?

– Agora posso fazer diferente. Se eu ficar me culpando e me punindo, não vou ajudar nem a mim nem a eles, não é?

– Sim! Imagine, agora, a Luiza-mãe à sua frente. O que você lhe diria?

– Luiza, eu perdoo você por não saber. Eu compreendo como se sentia depressiva por causa dos seus registros transpessoais e o quanto você estava confusa.

– O que ela lhe responde?

– Nada. Ela sorri, tranquilamente. Ela agora se permite errar e acertar, como todo ser humano.

– Então se imagine estendendo-lhe os braços, dando-lhe um grande abraço e encaixando-a dentro de você, novamente. Ela é o seu lado inconsciente, o seu lado mãe, agora sentindo-se bem melhor. Gradativamente, volte a se perceber sendo uma só pessoa, respire bem fundo e abra os olhos outra vez.

Era visível em Luiza a sua tendência ao perfeccionismo. Conforme trabalhávamos, ela se tornava mais espontânea, reduzindo as cobranças que habitualmente estabelecia em relação a si mesma.

Na semana seguinte, Luiza ainda trouxe para a terapia a questão da maternidade, só que, agora, em relação às suas memórias transpessoais.

– No fim de semana fui à casa de uma amiga. Ela é um tanto diferente. Algumas pessoas a consideram espalhafatosa e a depreciam, mas sei que ela é sensível, prestativa e tem bons sentimentos. É uma dessas pessoas que está sempre intermediando aqueles que necessitam e aqueles que têm algo a oferecer. Ela faz isso com tanta naturalidade que acredito que esta seja a sua programação inconsciente de vida, como você diz.

Nós estávamos na sala de sua casa, a sós, conversando sobre a possibilidade de termos vivido outras existências. É um assunto apaixonante e polêmico. Ela me disse que acreditava que, em outra existência, foi uma cigana, até mesmo por causa do seu interesse pela cultura desse povo, pela dança e pelas cartas. Disse-me que estava aprendendo a colocar as cartas e a ler a sorte das pessoas.

Desperta em minha curiosidade, pedi-lhe que colocasse as cartas para mim. Ela foi até o quarto pegar o baralho e voltou a se sentar ao meu lado, no sofá. Estava estranha e me recordou aquela sensitiva que fez a captação de João Vicente. A sensação era a mesma! *Ela* não parecia ela.

Em vez de colocar as cartas, virou-se para mim e perguntou:

– O que você quer saber? Por incrível que possa parecer, eu não me assustei com a situação e lhe respondi com outra pergunta:

– O que você pode me dizer?

– Eu vejo uma mulher de pele clara e cabelos escuros. Eu vejo muita luta, mas, no final, a luz vai vencer. Eu vejo duas crianças. Uma é enviada. Havia outro bebê para nascer, mas como a oportunidade para isso já passou, ele retornou ao plano espiritual.

Da mesma forma que começara a falar, minha amiga voltou ao seu estado normal, deixando-me perplexa com suas palavras. Conversando com ela sobre o ocorrido, disse-me que ficara consciente, apenas tendo a sensação de que as palavras não eram suas. Sabia que diziam respeito a mim e aos meus filhos, e que parecia haver um terceiro bebê, que não havia nascido. Você acredita ser possível?

– Como sempre, não temos como provar.

– Durante muito tempo eu quis ter outro filho! Será que era realmente para ser assim? Você não acha muita coincidência que isso tenha ocorrido agora, quando estou buscando resolver a questão na terapia? Eu não havia contado nada para ela.

– A sua experiência não é a primeira que acontece. Já trabalhei com clientes que, quando colocados em estado de transe, identificam programações inconscientes em relação a casamento, número de filhos e carreira profissional. No entanto, pelo que tenho observado tal programação não é um padrão rígido de predestinação, mas uma possibilidade de que o fato venha a ocorrer. Isso significa dizer que uma pessoa pode não cumprir aquilo a que se propôs inconscientemente. O que tenho percebido é que as ações humanas estão subordinadas à lei do livre-arbítrio, e que modificações são possíveis no decorrer do percurso.

– Então eu poderia ter uma programação de três filhos e ter tido apenas dois?

– É o que tenho encontrado na prática: pessoas que não deveriam ter filhos e os tiveram; pessoas que não nasceram para se casar e que se casaram; ou pessoas que deveriam fazer tais coisas e não as fizeram, atrapalhando, assim, seus processos evolutivos. É como se entrassem num desvio de si mesmas tendo, depois, dificuldade de retornar à proposta existencial. Você percebe uma correlação entre esta revelação e a sua vontade anterior de adotar aquele bebê, no hospital?

– Sim! Percebo. É isso mesmo! Inconscientemente, eu sabia que deveriam ser três, mas agora eu sei que não preciso mais me culpar por isso. Para mim é uma questão fechada. Apenas peço ao bebê que não nasceu que me perdoe, pois foi tudo tão tumultuado que eu não tive tempo para refletir. Podemos nos encontrar de outra maneira, não é?

– Isso também ocorre muitas vezes. Muitas pessoas reconhecem afetos ou até mesmo desafetos de outros tempos, em pessoas de uma mesma família, ou sem que tenham parentesco direto, mas pelas quais, de alguma maneira, sentem atração ou aversão, sem que saibam explicar os motivos.

Com relação à minha amiga Hortência, o que ela manifestou poderia ser uma parte dissociada de sua própria individualidade, outra personalidade sua ou seria um ser externo a ela?

– Somente poderíamos saber se estivéssemos fazendo uma Captação Psíquica no GERC, para que pudéssemos fazer um diagnóstico diferencial, utilizando os recursos da Bioenergética e da Psiconeurolinguística, para conferir a coerência interna do discurso e perceber o que seria mais verdadeiro pela indicação desses referenciais.

– O que você diria quanto ao fato de ela ter me falado sobre essas coisas justo agora, quando isso está tão presente em meu pensamento?

– Esse é um fenômeno de sincronicidade ou de simultaneidade de eventos no tempo. Se você observar bem verá que isso ocorre mais vezes em sua vida do que seria de se esperar. É como uma grande cadeia de pensamentos ou uma rede de intercomunicação que coloca você em contato com vários acontecimentos de alguma maneira conectados no mesmo momento. As pessoas dizem que é coincidência, mas o movimento de uma onda afeta as outras ondas.

– Como assim?

– Uma onda, embora possa ser percebida em sua forma individualizada, não integra o próprio mar? Será que podemos afirmar, sem incorrermos em erro, que a onda é algo diferente do mar ao qual pertence? Por outro lado, outra onda ainda seria o mesmo mar.

– Entendi! Às vezes me confundo com esses conceitos.

– São conceitos filosóficos que buscam explicar uma realidade abstrata. Por isso, algumas pessoas têm tanta dificuldade em compreender. O fenômeno da sincronicidade é abordado no livro de James Redfield, *A Profecia Celestina*.

– Tudo é muito interessante! Vou ler o livro e ficar mais atenta para o nível de percepção.

Depois que Luiza saiu do consultório, peguei sua ficha para rever os apontamentos.

REFLEXÕES SOBRE O SENTIDO
ESPIRITUAL DA VIDA

Alguns clientes têm curiosidade de saber o que escrevo em suas fichas. Habitualmente anoto as técnicas aplicadas, elementos simbólicos importantes em suas dinâmicas de personalidade e o próprio desenvolvimento do processo terapêutico, na linguagem metafórica colhida durante a aplicação das técnicas. Anoto também as fases produtivas em que o cliente começa a solucionar suas questões de vida, trazendo-me boas notícias ou episódios regressivos diante de uma dificuldade inesperada.

Dessa maneira, a qualquer momento em que eu retorne a esses apontamentos, posso fazer uma leitura do estado emocional em que o cliente se encontrava quando as apliquei. Esse é o material que venho recolhendo desde o início da prática de consultório até os dias de hoje. É um material riquíssimo que pretendo utilizar em diversos livros. Esse procedimento, além dos requisitos exigidos, facilita as condições de sigilo, pois dificilmente tais registros seriam compreendidos por alguém que não estivesse acostumado com as técnicas da Abordagem Transdisciplinar. No caso de Luiza, isso não fugia à regra. Entretanto, revendo as anotações, o que despertou minha atenção foi a grande quantidade de registros transpessoais e o ritmo veloz em que vínhamos trabalhando.

Na Abordagem Transdisciplinar são comuns eventuais registros transpessoais. Mas, no caso de Luiza, havia algo especial. Ela era uma pessoa diferente! Fora dos padrões sociais. Uma pessoa que, embora gozasse de uma boa condição financeira, estava mais interessada em se descobrir interiormente. Uma pessoa que parecia estar, a cada momento, em busca de si mesma e do significado de sua existência. Seria uma narcisista? Eu já havia me feito essa pergunta, anteriormente. Mas uma narcisista não teria um relacionamento afetivo tão bom com o marido, nem tampouco estaria preocupada com o fato de não ser uma boa mãe ou não ter cumprido uma programação de vida. Sua vontade de acertar era evidente. Havia até o perfeccionismo que, muitas vezes, gerava culpa. Não, definitivamente, Luiza não era uma narcisista típica.

Sua estrutura de personalidade era basicamente histérica, em virtude da repressão sexual sofrida na infância. Havia traços esquizos, que lhe permitiam a transcendência, traços de oralidade presentes na linguagem fluente e no interesse pela aquisição de conhecimento, além dos vestígios de masoquismo em seus sentimentos de culpa e identificação com o sofrimento alheio. Essa variedade de aspectos de personalidade apontava para o fato de que ela havia passado, razoavelmente bem, pelas fases do desenvolvimento infantil.

O que me chamava a atenção em sua pessoa não eram as questões de personalidade, mas os temas que ela buscava discutir e entender. Luiza era uma cliente difícil, que colocava a prova os meus conhecimentos sobre fenômenos espirituais, por tudo o que me trazia na terapia. Ela representava um desafio para o meu lado profissional e me fazia crescer, também, como ser humano, em cada encontro em que sua espiritualidade aflorava de maneira tão bonita.

Luiza trazia em si um mistério, algo indefinido e, ao mesmo tempo, me dizia que ainda teríamos muitas surpresas em suas sessões. Ela parecia ter uma luminosidade interna que intensificava tudo o que estivesse fazendo, impedindo assim que sua vida fosse uma experiência comum. Estava longe de ser uma pessoa comum. Seria complicada? Não. Ela era complexa: uma mulher com amplos horizontes, que não se conformava com a "mesmice" da vida. Idealista e sempre disposta a reformulações e novas aprendizagens.

Por vezes, nas noites que se seguiam ao seu atendimento, eu me via refletindo sobre os temas que havíamos discutido na terapia.

Eram reflexões filosóficas sobre a vida, sobre os seus significados e objetivos, o que me levava a repensar minha vida e o meu papel enquanto psicoterapeuta. Ao final dessas reflexões, eu chegava sempre à conclusão de que era um privilégio poder partilhar dessas experiências com os clientes.

Eu cursava a escola da vida e cada cliente era um experiente professor em algum aspecto ou faceta de personalidade. Eu podia perceber cada ser humano como um diamante bruto, que ia sendo polido pela vida, até se tornar uma pedra brilhante e preciosa, cujas facetas podiam conectar-se às múltiplas facetas de outros seres, em milhões de combinações e afinidades. Descobrir isso era maravilhoso! Simplesmente, maravilhoso! Creio que esse é o segredo da boa convivência: procurar em cada pessoa de nossas relações os pontos comuns de personalidade, a partir dos quais identificamos semelhanças, em vez de estarmos estabelecendo cobranças no sentido de que o outro aja em conformidade com nossos desejos e valores. Esse é o conceito de unidiversidade proposto pela Abordagem Transdisciplinar: a possibilidade de conviver com as diferenças e, ao mesmo tempo, perceber as semelhanças; a unidade que permeia tudo e todos. Afinal, uma floresta não seria tão bela se todas as árvores fossem exatamente iguais... Qual a beleza de um jardim monocromático?...

Teórica e intelectivamente eu aceitava todos esses princípios, mas, na prática, à medida que trabalhava, sentia o fortalecimento da verdade interna que se origina das experiências vividas. E quantas experiências havia...

9

As Memórias Transpessoais da Sobrinha

Certa vez, durante o GDT, Luiza procurou-me para me falar sobre sua sobrinha. Queria que eu a atendesse em terapia. Disse que a jovem estava passando por um período difícil no relacionamento conjugal e que havia pedido ajuda, motivo pelo qual a estava encaminhando para o meu consultório.

Tendo marcado a consulta para a semana seguinte, Marcela, a sobrinha de Luiza, compareceu pontualmente. Parecia ser uma característica de família: Marcela era uma morena exuberante, de cabelos longos e encaracolados que, segundo meu olhar clínico, apresentava sinais de transtorno bipolar, em que a depressão era negada, durante a fase maníaca, por uma fala excessiva.

Na primeira sessão fiz a habitual entrevista. Marcela estava com vinte e oito anos, era casada havia três e tinha uma menina de dois. Completara o ensino médio e trabalhava com vendas de roupas em domicílio. Dizia detestar os serviços domésticos, preferindo o comércio. Sua queixa principal era a dificuldade de relacionamento com o marido que, segundo ela, mostrava-se dominador e intransigente, sempre querendo ditar regras e cobrando-lhe capricho em relação às atividades do lar. Estavam a ponto de se separar. Seguidora de uma tradição espiritualista, Marcela queixava-se ainda de que o marido implicava com sua religião.

Marcela perguntou-me se aquelas divergências poderiam estar relacionadas a outras existências. Expliquei-lhe que, segundo a longa experiência de trabalho com o nível transpessoal, havia essa possibilidade, mas iríamos, primeiramente, pesquisar sua história de vida, estabelecendo uma razoável sustentação que lhe permitisse um mergulho mais profundo no inconsciente.

MEMÓRIAS DE CIGANA

Durante algumas sessões, o trabalho terapêutico com Marcela transcorreu dentro dos moldes convencionais, até que, certo dia, quando colocada em transe para uma técnica de visualização criativa, Marcela disse-me que estava "rodando". Habituada a esse sintoma como indicativo de regressão espontânea, sugeri que se deixasse conduzir pela experiência. Estabeleci com ela uma "âncora" de suporte, segurando-lhe a mão esquerda e lhe dizendo que me descrevesse o que estava ocorrendo em sua tela mental, naquele momento.

– Vejo um acampamento de ciganos... Há uma mulher que dança e toca castanholas... Dois homens, também ciganos, tocam violinos... Sinto medo – disse Marcela, estremecendo o corpo ligeiramente. Procurei descondicionar o medo registrado, induzindo-a a respirar fundo e a deixar o corpo tremer.

– Medo de quê? – interroguei.

– Tenho medo da cigana!... Agora vejo outra cena. Passa muito rápido... Vejo uma feira onde uma mulher, com um lenço estampado na cabeça, vende legumes. Junto à barraca há um cesto de vime. É o mesmo cesto! É uma menina... Esse bebê sou eu... A cigana está vindo... Ela se aproxima e minha mãe não vê... – O tremor do corpo de Marcela acentua-se. – Ela me pega e foge... – Marcela começa a chorar. – Ela me roubou da minha mãe... E ela fez isso de novo: A minha avó de agora... Ela era a cigana e agora me tirou novamente da minha mãe. Sinto raiva dela. Eu a odeio... Por quê? Por que você fez isso?! Você não tinha o direito! Não podia... Não está certo fazer isso com uma criança... Eu te odeio... Eu te odeio!

Marcela esvaziava uma intensa carga emocional e, embora eu ainda não compreendesse exatamente qual era a história, sabia que o fundamental era manter o aprofundamento de sua respiração, para que ela pudesse recuperar o estado de homeostase, até que eu a trouxesse de volta à realidade. Assim procedendo, induzi-a a controlar a respiração, ao mesmo tempo em que a levava a perceber que aquilo era apenas um exercício de memória e que não estava acontecendo, novamente.

Logo que Marcela se acalmou, orientei-a para que respirasse profundamente mais uma vez e abrisse os olhos, como se estivesse acordando de um sonho.

– Como se sente?

– Estou um pouco tonta!

– Feche os olhos novamente, volte a respirar fundo, procure espreguiçar-se, imaginando que você está entrando no seu corpo. Movimente os pés, as mãos e aperte bem os olhos até abri-los novamente. Como está agora?

– Agora vejo nitidamente. Que experiência horrível! Ainda estou tremendo de medo.

– Você sabe explicar o que lhe aconteceu?

– Mais ou menos. As cenas passaram muito rapidamente...

– O que você quis dizer com "é o mesmo cesto"?

– Minha avó contava que, quando eu nasci, como não tinha berço, ela me colocou numa cesta, dessas de Natal. Ela contava isso com satisfação; como prova de sua criatividade.

Tia Luiza deve ter lhe contado que vovó Amélia era muito criativa!

– Sim!... E o fato de que ela a roubou novamente... O que você quis dizer com isso?

– Eu sou a filha mais velha de meus pais e a primeira neta da família. Quando eu nasci, minha mãe não sabia cuidar direito de crianças. Vovó Amélia e tia Susane, irmã de papai, quase sempre iam me pegar na casa de meus pais, para que eu ficasse com elas. Com o passar do tempo, acabei ficando de vez com minha avó. Sinto raiva também de mamãe – disse Marcela, voltando a chorar.

– Às vezes, sinto pena dela. É um sentimento confuso. Meu pai sempre foi irresponsável. Ele não assumiu a nossa família e minha mãe foi quem nos sustentou, vendendo roupas e fazendo salgadinhos para fora. Ela foi uma heroína. Outra mulher, no seu lugar, teria se separado de papai, mas ela não; ela está com ele até hoje.

– O que você gostaria de dizer à sua mãe, neste momento?

– Que eu a amo – disse Marcela, chorando. – Eu a admiro por sua dedicação e capacidade de renúncia. Mas, ao mesmo tempo, eu penso que ela poderia ter defendido mais os seus direitos de mãe. Ela poderia ter lutado com vovó para ficar comigo. Se vovó quisesse nos ajudar, ela poderia ter feito isso sem me tirar de mamãe.

– Feche os olhos e se imagine dizendo isso diretamente à sua mãe – induzi, para que Marcela pudesse esvaziar os sentimentos ambivalentes que nutria pela mãe.

Durante alguns minutos ela manteve os olhos fechados, enquanto as lágrimas desciam por suas faces, num choro silencioso. Depois, abriu-os.

– Sua avó e sua mãe foram modelos de mulheres submissas, que renunciaram a si mesmas em função de um casamento. Como é conviver com esses modelos femininos?

– Acho que é também por isso que eu reajo tanto ao meu marido. Não concordo com essa submissão. Não acho que seja saudável para uma mulher. Por isso elas acabam tão envelhecidas. Não quero esse modelo para minha vida. Eu não sou esse tipo de mulher.

Como o tom de voz de Marcela soava firme e decidido, resolvi dar continuidade ao processo, solicitando-lhe que fechasse os olhos novamente e se imaginasse conversando com a avó, a mãe de Luiza, já falecida.

– O que você gostaria de dizer à sua avó?

– Quando penso nela, ainda sinto medo, muito medo.

– Solte o corpo, respire fundo e deixe-o tremer. Enquanto isso sua mente inconsciente, que é tão inteligente e poderosa, percebe que não há nenhuma utilidade em guardar esse medo. O que quer que tenha ocorrido anteriormente não precisa acontecer outra vez.

Depois que Marcela relaxou mais o corpo, sugeri novamente que ela se imaginasse conversando com a avó.

– Vó, eu sinto raiva de você! Não tinha o direito de fazer isso. Você foi aquela cigana, não foi? Eu sei que foi. Eu sinto. Você repetiu tudo de novo e agora que morreu nada mais pode ser feito nesta existência. Quem sabe, na próxima, não é?

Marcela falava com a voz embargada pela emoção, na qual era visível o seu afeto pela avó.

– Você também a ama, não é? – indaguei.

– É verdade! Mas ela errou. Errou muito. Mas eu acho que, agora, posso perdoá-la. Eu preciso. Preciso livrar-me desses ressentimentos. Ela foi uma pessoa corroída pelos ressentimentos e eu não quero terminar assim.

– Então, imagine-se despedindo-se dela! – induzi, aguardando alguns minutos, para que ela pudesse visualizar a cena.

– Agora, sendo a pessoa adulta que você é, procure visualizar a sua criança num momento em que ela precise muito da sua ajuda.

– Eu a vejo dentro da cesta de Natal, na casa da vovó.

– Pois então, entre na cena e pegue esta criança no colo!

Ao entrar em contato com a sua criança interior, Marcela voltou a se emocionar. Era uma reação bastante saudável, na medida em que promovia o esvaziamento emocional e, ao mesmo tempo, significava que havia a necessária autoestima para o reequilíbrio psíquico. Continuando a indução, acrescentei:

— Explique para a criança que, agora, você é a adulta responsável por ela, e que ninguém mais vai raptá-la. Você é, em todo o mundo, a pessoa mais capaz de protegê-la e ajudá-la. Como a criança se sente tendo a sua ajuda?

— Ela está bem. Sente-se protegida e tranquila.

— Pois então lhe dê um abraço bem forte e se imagine encaixando-a dentro de você, novamente. Ela agora é o seu lado emocional tranquilizado. Depois, então, respire fundo, estique o corpo e abra os olhos novamente.

Ao voltar ao estado de vigília, Marcela sorriu, mostrando-se mais relaxada.

— Este modo de trabalho é bem interessante. Minha tia já havia me falado e por isso eu resolvi fazer terapia. Produz efeitos rápidos, não é?

— A maioria dos clientes reage rapidamente, mas depende também do bioritmo de cada um.

— É, eu sei... Às vezes, acho que sou muito agitada...

— À medida que você for esvaziando as emoções contidas, vai se sentir melhor... Vamos encerrar a sessão, agora?

— Sim, vamos! — disse Marcela, levantando-se do sofá e caminhando em direção à porta.

MEMÓRIAS DE UM CASAMENTO

Na sessão seguinte, Marcela prosseguiu elaborando o material emergente na regressão. Depois, voltou a falar sobre o seu relacionamento conjugal quando decidi lhe aplicar o questionário sobre casais. Eu havia montado esse questionário para pesquisar os modelos masculino e feminino passados pelas famílias de origem de cada um; as expectativas estabelecidas de cada cônjuge em relação ao outro, os modelos idealizados de homem e mulher, e os objetivos de vida estabelecidos pelos cônjuges.

Quando trabalhava com casais, observava como o conceito de casamento havia sido distorcido através dos tempos. Não era de se admirar que estivesse em crise. Às vezes, eu pensava que o homem e a mulher haviam sido criados como se nunca mais fossem se encontrar na vida e, depois, exigia-se que conseguissem viver juntos, partilhando um caminho. Era um contrato de risco, sem cláusulas estabelecidas de modo claro, no qual cada um criava expectativas em relação ao outros que, muitas vezes, jamais seriam atendidas, tornando a convivência impossível.

De acordo com a educação tradicional cabia à mulher ser "boa" dona de casa e "boa" mãe, dedicada à família, servindo a um marido romântico e fiel que, na maioria dos casos, só existia nas fantasias femininas da adolescência. Geralmente, não havia nenhuma orientação quanto à sexualidade, companheirismo e apoio mútuo. Ao homem se ensinava que deveria dedicar sua vida ao trabalho e sustentar a família, deveres que, quando cumpridos, lhe davam o direito a uma vida paralela, fora de casa, desde que não se ligasse afetivamente a nenhuma outra mulher, além da esposa, mãe de seus filhos. Era como se, em sua cabeça, houvesse dois modelos de mulher: Virgem Maria, no santuário do lar, e Salomé, nos motéis da vida. Também ao homem ninguém ensinava como ser amante e companheiro de sua própria esposa.

O resultado disso era um emaranhado de conflitos que iam se aprofundando com o desgaste do relacionamento. O desrespeito ao espaço individual fazia com que tanto um como o outro deixassem para trás muitas atividades que poderiam ter sido mantidas, trazendo equilíbrio à relação conjugal. Em lugar disso surgia a obrigatoriedade de compartilhar "tudo", armadilha conceitual e abstrata que transformava o casamento numa prisão.

Por outro lado, como a mulher não era orientada para uma sexualidade espontânea, mas apenas para a função materna, era comum após o nascimento do primeiro filho ela deixar o marido em segundo plano, fazendo-o reviver os conflitos emocionais de infância em relação ao nascimento de outros irmãos e a possíveis perdas da atenção materna, como a psicóloga argentina Arminda Aberastury tão bem sinaliza em seu livro *Paternidade*. Dessa maneira, estava criado o palco para a representação do drama cotidiano do casamento falido.

Com Marcela não fora diferente. Trazendo como modelo masculino a figura desvalorizada e irresponsável do próprio pai, ela havia registrado no seu "computador mental" que "homens não prestam", e por mais que seu marido tivesse qualidades ela não conseguia vê-las. Enquanto ela falava sobre a vida a dois pude perceber que, depois do nascimento de Claudinha, sua filha, o marido de Marcela, José Augusto, perdera espaço no seu coração.

Pensando em aplicar uma técnica vivencial que levasse a algumas reflexões, coloquei-a em estado de transe, para que se imaginasse conversando com ele. Em vez disso, o que ela fez foi novamente entrar em regressão:

— Estou numa casa, no meio de um bosque... Sou uma camponesa... Estou dentro de uma casa toda de madeira. É um cômodo grande, com sala e cozinha juntos. Há um fogão a lenha, todo de ferro. Estou diante dele e uso uma saia comprida, de tecido grosso, e uma blusa com mangas fofas. Por cima da roupa uso um avental branco, no qual limpo as mãos. Ele está todo sujo. Parece que não posso sair daqui... Ah! Estou presa!... Cretino! Aquele homem odioso fez isso! Meu marido... Nós brigamos e ele me prendeu pelo tornozelo ao pé do fogão, com uma tira de couro de cabra... Eu o odeio! Como ele pôde fazer isso comigo?

— Por que você não se solta?

— Se eu me soltar, ele vai me bater.

— Existem outras pessoas morando com vocês?

— Não. Eu vivo aqui, sozinha com ele. Minha família mora na aldeia próxima. Eu me casei e vim para cá. Vejo a cena da festa... As pessoas dançam e há muita comida e bebida... Estou novamente na cabana. Meu marido está chegando... Ele é alto e forte e usa peles de cabra sobre a roupa... Vivemos na montanha, no meio de um bosque. Faz muito frio... Por sobre as peles de cabra ele usa umas tiras de couro, com as quais pendura a espingarda... É um bruta-montes! Eu o odeio!

Ele está se aproximando para me soltar... Tem um sorriso de escárnio... Oh! Ele me pega no colo e me leva para a cama. Eu não quero! Eu me debato e esperneio, mas não adianta... Ele é mais forte do que eu e... Eu tenho que me submeter... Olho para ele bem nos olhos... São os mesmos olhos... Os olhos de José Augusto, hoje. Estamos juntos de novo... Agora entendo por que não gosto de cozinhar e por que não me deixo dominar por ele. Tenho medo de que aconteça tudo de novo...

— Solte o corpo e deixe-o tremer. Perceba que, agora, é outro momento do tempo. Hoje, as mulheres têm outra condição de vida e ninguém vai prendê-la outra vez no pé do fogão. Hoje, você tem o seu trabalho e o seu dinheiro. É economicamente independente.

— É, eu sei.

— Pois então, recolha dessa experiência apenas aquilo que você possa ter aprendido de positivo. O que você aprendeu com essa situação?

– Não sei! Parece que isso já aconteceu antes. Parece que já estivemos juntos outras vezes, mas um não cedeu para o outro. É orgulho! Acho que é isso que estamos repetindo: um comportamento de orgulho... É como se não quiséssemos reconhecer que o outro tem suas rações... Ah, meu Deus! Quanto tempo perdido!

As cenas estão passando rapidamente... Estou dentro de uma igreja, assistindo à missa...

– É ainda a mesma história?

– Não. As roupas são de uma época mais recente. Parece o início do século 20...

– Tente lembrar a data.

– Talvez 1909, creio eu... Tenho uma filha mocinha, que nasceu em Portugal. Eu era solteira... Depois vim para o Brasil. Quando aqui cheguei, conheci um oficial da Polícia Militar e me casei com ele. Temos um bebê de quase um ano. Brigamos muito, pois ele não quer que eu vá à igreja. Assisto a missa das sete, das oito e das nove horas... Quando chego em casa, brigamos muito... Ele me diz que sou beata porque uso uma tirinha de pano amarrada na cintura por sob as roupas... Não me lembro por que faço isso!...

Agora vejo outra cena. Brigamos outra vez e ele arruma as malas para ir embora e nunca mais voltar. Oh, Santíssima! De novo não deu certo! Ele se foi e nunca mais viu o filho. E nós íamos fazer isso outra vez. Repetir a mesma experiência de separação... Não é para nos separarmos. É para aprendermos a ser tolerantes um com o outro.

– Que bom que agora você sabe disso. Tem mais alguma coisa que você queira descobrir nessa história?

– Não sei!... Parece que sim... Mas estou cansada. Deixe para outra vez. Quero voltar.

– Então, pouco a pouco, perceba-se retornando ao aqui e agora, voltando ao espaço do consultório, como se estivesse acordando de um sonho. Respire fundo, movimente-se e abra os olhos novamente.

Marcela voltou ao estado de vigília e abriu os olhos, fitando-me com seriedade.

— É incrível, não é? O mais interessante é que eu sentia que já estivéramos juntos antes. Eu sabia que não era a primeira vez e que estávamos prestes a cometer o mesmo erro. Era como se essa ideia estivesse martelando no meu cérebro e um imenso sentimento de culpa rondasse o meu peito, pronto para se instalar. Vou conversar com José Augusto sobre tudo isso. Creio que vai nos ajudar bastante.

— Antes de terminar gostaria que você refletisse sobre a questão da "tirinha" amarrada na cintura. A mortificação do pecado é um procedimento adotado por algumas tradições religiosas. A "tirinha" na cintura separa os aspectos superiores do ser em relação aos aspectos considerados inferiores, entre eles a sexualidade. O objetivo desse procedimento é a repressão sexual. Poderia estar associada à tentativa de reprimir o seu desejo sexual pelo seu marido, em função das mágoas pela violência sexual na outra existência!

— É, faz sentido! Eu não sabia disso. Realmente, muitas vezes sinto essa ambivalência de sentimentos, como se ao mesmo tempo eu quisesse e não quisesse. Entro em conflito.

— Pois então vamos ressignificar isso! — sugeri, orientando-a a entrar em contato com seus sentimentos ambivalentes, em relação ao marido.

Na experiência, Marcela conseguiu esvaziar a raiva reprimida em relação à sexualidade, resgatando mais um aspecto dissociado de sua personalidade. No final, ela se mostrava exausta, levantando-se do sofá com esforço no fim da sessão.

Durante mais algumas sessões, ela elaborou as informações obtidas na regressão. Havia conversado com o marido e ambos pareciam dispostos a retomar o relacionamento em novas condições de tolerância e respeito mútuo.

O APEGO AFETIVO AO AVÔ

Nesse meio tempo, Luiza queixou-se comigo que seu pai não estava passando bem. Na verdade, desde que a esposa havia falecido, ele se tornara saudoso, dizendo que, por mais que tentasse, ninguém poderia preencher o lugar dela no seu coração.

– Papai sente dores por todo o corpo. Minha irmã Susane tem corrido com ele pelos consultórios médicos, já vez vários exames, mas nada foi constatado que pudesse explicar o seu estado.

No decorrer daquele ano, ocasionalmente, Luiza referia-se à saúde do pai que, vez por outra, se queixava de um mal-estar, até que, por volta do mês de outubro, algo interessante aconteceu. No trabalho com Marcela, ela se queixou de que, às vezes, se sentia angustiada e impotente, mas não conseguia identificar o motivo, até que, conversando com sua tia Luiza, descobrira que essas sensações coincidiam com as pioras da saúde do avô. Colocando-a em estado de transe, fui confrontada com uma nova experiência, dentro do campo dos fenômenos psíquicos. Percebendo a transformação fisionômica de Marcela, indaguei:

– Quem é você?

– Eu já sou conhecida na família... Eu sou a Inácia.

– Inácia, a avó paterna de Luiza? – indaguei, surpresa.

– Sim! Não é bonito? Estou de volta à família. Posso lembrar-me de tudo... As imagens estão nítidas na minha mente... Vejo-me com mais idade, morando com o meu filho e a minha nora Amélia. Aquela desgraçada! Eu não a queria perto do meu filho. Ela não o merecia. Ela foi aquela cigana que me raptou da outra vez... Lembra-se?

– Sim! – respondi.

– Pois ela não me deu atenção outra vez. Voltamos juntas para que ela cuidasse de mim na minha velhice e resgatasse a sua dívida de amor para comigo, mas ela não conseguiu... Tinha muito ódio no coração... Aquela mulher... Eu me arrastava no chão... Fazia de tudo para chamar a atenção e despertar a sua piedade... Mas foi tudo em vão...

Vejo outra cena. Estou sentada numa cadeirinha de criança, brincando com minha neta Luiza... Ela é uma criança muito esperta e indagadora... Estamos brincando de casinha... Ela tem um jogo de móveis de banheiro e está arrumando a banheira numa posição que eu não concordo... Ela então diz que não vai mais brincar comigo, pois não faço a sua vontade... Criança espevitada!

Minha vida foi solitária, mesmo estando no meio da família... Amélia não ensinou os filhos a me respeitarem... Fiquei ali, como um móvel velho e esquecido, até que, certa noite, me senti estranha e chamei por meu neto Hércules. Mas ninguém me atendeu... Saí do corpo, deixando-o lá, deitado de lado, como foi encontrado pela manhã, para nunca mais voltar... Não sinto saudades daquela existência...

– O que acontece que a faz passar mal quando o sr. Alcides adoece?

– O meu pobre filho!... Ele chama por mim... Quer a minha ajuda. Como poderei ajudá-lo? Está na hora dele partir. Somos impotentes diante das Leis Divinas! Eu e o pai dele... José Augusto foi o pai dele antes, o Otaviano... O meu marido oficial da Polícia Militar... Alcides falava tanto que gostaria de ir ao Sul, a Santa Catarina, para ter notícias do pai! E nós estávamos ali, perto dele o tempo todo. Como o ser humano é cego diante das Leis Supremas; o sofrimento é produzido pela nossa cegueira diante das razões maiores da vida...

Eu também sofro pelo meu apego... Não quero que ele se vá. Sofro com isso... Várias vezes, ficamos assim: ele de um lado da vida e eu do outro... Pobre filho! Eu o amo tanto! E agora que o encontrei vou perdê-lo novamente.

— Você não vai perdê-lo! Nós não podemos perder ninguém, simplesmente porque não somos donos das pessoas. Tudo o que temos na vida nos é dado por empréstimo. Levamos de cada experiência de vida aquilo que tivermos aprendido. São as grandiosas lições da escola da vida!... Solte o seu corpo e deixe sair esse sentimento de perda!

Marcela deixou-se cair num pranto triste e sentido diante da iminente morte do avô. Ali, no sigilo de uma sala de terapia, Marcela elaborou a notícia antecipada da morte daquele ser que tanto amava. Filho, avô?... O que ele poderia ser, para ela, da próxima vez?

Depois de algum tempo, durante o qual ficou silenciosa, Marcela abriu os olhos com expressão de tristeza. Perguntei-me por que lhe teria sido permitido saber disso, antecipadamente e que utilidade teria para o seu aprendizado evolutivo. Optando por não contar nada a ninguém, durante as sessões que se seguiram até a morte do avô, Marcela preparou-se para permitir que a Lei Divina se cumprisse, sem que a revolta tomasse conta do seu ser.

Extremamente interessada no assunto, sem que Luiza soubesse do que se tratava, pedi-lhe permissão para visitar seu pai. Embora abatido pelo mal-estar que o acometia, o sr. Alcides era uma pessoa extremamente simpática. Passamos várias horas conversando até que, em certo momento, aproveitando uma oportunidade em que ele se referiu ao assunto, perguntei-lhe em que pensava, quando passava mal.

— Penso em minha mãezinha e peço-lhe, onde quer que esteja, que me ajude.

– E se ela estive do lado de cá da vida, novamente?

– Eu não havia pensado nisso! Então não pedirei mais! Eu não quero o seu mal.

Naquele dia, despedi-me do sr. Alcides sabendo que não mais o veria com vida outra vez. Levava dentro de mim um sentimento novo em relação à vida: a certeza de que ela esconde profundos mistérios aos olhos incrédulos dos homens de pouca fé, e que apenas aqueles que têm "olhos de ver e ouvidos de ouvir" podem compreender a perfeição das Leis de Deus.

Depois desse trabalho terapêutico em relação ao desapego, Marcela nunca mais voltou a se sentir mal quando o estado de saúde do avô piorava.

ELABORANDO A PASSAGEM DO PAI

A situação do pai de Luiza manteve-se praticamente estável até o mês de abril do ano seguinte quando, certo dia, ela me pediu que fizesse uma Captação Psíquica, para ajudá-lo no que fosse possível.

– Ele quer ajuda? – indaguei.

– Quer, sim! Eu falei com ele sobre a captação e ele concordou. Tem sentido muita falta de ar e passa as noites sentado. Minha irmã Susane lhe faz companhia. No outro dia, quando foram ao médico, eles estavam sentados, aguardando a vez da consulta, quando papai disse para minha irmã que estivera num jardim com muitas outras pessoas.

– Que jardim? – ela indagou:

– Não sei explicar! – ele respondeu.

Minha irmã e eu achamos que papai está perto de morrer e que alguma coisa o atrapalha, fazendo-o sofrer em demasia...Você acha que eu conseguiria captá-lo?

229

– É uma experiência forte. Afinal, ele é seu pai.

– Eu sei. Eu estou preparada! Quero ajudá-lo. Se ele estiver realmente parar morrer, eu prefiro saber. Ficarei em paz se tiver feito alguma coisa para que se sinta confortável. É melhor do que esse sentimento de impotência diante dos recursos médicos que não surtem mais efeitos. Papai merece que eu faça algo por ele.

– Você quer fazer isso agora? O horário está vago.

– Quero, sim! Quanto antes, melhor.

– Então, vamos! Deite-se e solte o corpo, como você já está habituada a fazer! – induzi, dando-lhe algum tempo para entrar no estado de transe. – Agora direcione sua atenção para o seu pai e nesse espaço seguro e protegido "seja" o Alcides.

– Que estranho!... Meu corpo está sequinho, encarquilhado.. Sinto-me fraco... muito fraco...

– Olhe para a sua energia vital. Ela é a chama da vida no seu coração. Ela está se apagando?

– Sim, está!

– O que impede você de partir?

– Estou olhando para trás, para o passado, numa outra existência... Eu estava construindo uma casa... Sofri um acidente e tive uma perna amputada... Não pude terminar a obra e... Agora... Está acontecendo a mesma coisa... Eu tenho uma casa por terminar... Por isso não posso morrer agora...

– Essa era a programação para esta vida: fazer uma casa novamente? Veja, em sua tela mental, qual era a programação para a existência de agora – induzi.

Os olhos fechados de Luiza movimentavam-se sob as pálpebras, de um lado para outro, como que procurando imagens mentais. Depois de alguns minutos, ela disse:

– Não. A minha programação era ajudar meus filhos. Aprender a ser um bom pai... Eu fui um chefe de governo, um imperador, e não soube ser pai. Nesta existência resgatei tudo isso. Resgatei também a minha dívida com o povo. O meu filho mais velho, Marcelo, e seus filhos foram pessoas do povo que eu desprezei. Deixo para eles, então, uma herança: casa e pensão. Paguei a minha dívida. Ajudei todos os filhos – neste momento, a expressão do rosto de Luiza se iluminou com um sorriso. – Eu tenho um caderninho em que anoto tudo o que dou aos meus filhos. Não dou em partes iguais. Distribuo segundo suas necessidades e merecimento. Aparentemente é injusto, não é? Mas é assim que está certo... Não se deve julgar pelas aparências. Elas são enganosas, porque estão submetidas à avaliação dos homens, que não sabem todas as coisas... Todas as razões que regem a vida... Sinto-me livre agora para olhar para a frente... Então eu cumpri, direitinho, a minha programação de vida, não é?

– Sim! – respondi.

– Isso me deixa mais tranquilo... Estou vendo o jardim!

– Que jardim?

– É numa outra dimensão de vida... Vejo muitas pessoas lá. Elas se movimentam com leveza e graciosidade... Parece que flutuam... É para lá que eu vou. Agora posso morrer em paz!

– Existe mais alguma coisa que você precisa saber?

– Não! Quero apenas agradecer... Despedir-me de você e de minha filha Luiza... Eu entrarei em contato com vocês quando for permitido! – disse "Alcides", com sorriso nos lábios.

– Então, agora, gradativamente, vá retornando ao seu corpo físico, na sua casa, enquanto Luiza volta a ser ela mesma, percebendo-se aqui no consultório, deitada, respirando profundamente, até abrir os olhos outra vez.

Com expressão séria, Luiza indagou-me:

– É possível haver um erro de interpretação quanto à tarefa de vida?

– Sim, é possível! O psiquismo humano pode ficar emocionalmente preso a qualquer experiência anterior e distorcer a sua percepção da realidade atual, atribuindo-lhe significados errôneos.

– E poderia impedi-lo de se desligar do corpo físico?

– Certamente! Ele não terminou a casa de agora?

– Não. É a casa onde mora meu irmão, Marcelo.

– Pode ser que aí haja mais um motivo para que ele queira terminá-la. Ele se sente endividado em relação à família de seu irmão.

– É. Realmente faz sentido.

– Como é, para você, tomar conhecimento dessa notícia?

– Estou triste – disse Luiza, com os olhos cheios d'água. – Mas prefiro saber. Vou ter tempo de me preparar.

– De certa maneira, poder saber antes é uma graça divina que você está recebendo. Isso não acontece com muitas pessoas.

– É... É verdade... Obrigada por ter me ajudado a ajudá-lo. Você é uma pessoa muito especial para mim.

– Estou apenas fazendo o meu trabalho.

– Não. Este trabalho é muito mais do que uma simples psicoterapia. Eu sei o quanto deve ser desgastante lidar com toda essa carga de intensas emoções. Exige um equilíbrio emocional muito grande!

– É verdade. Mas também é extremamente gratificante poder ajudar as pessoas em tal nível de profundidade espiritual.

– Posso lhe dar um abraço?

– Claro que sim!

Durante alguns minutos ficamos assim abraçadas, enquanto as lágrimas corriam silenciosamente por nossas faces. Naquele momento, éramos apenas dois seres humanos muito além de nossas condições terrenas, vivendo a plenitude de um encontro com Deus, em nossos corações...

Na semana seguinte, logo pela manhã, Luiza procurou-me:

— Você não sabe o que aconteceu! Ontem à noite papai passou mal, novamente, e Susane, João Luiz e eu o levamos até a Casa de Saúde mais próxima, onde ele costuma ser atendido. Quando chegamos lá, fomos recebidos por um acadêmico plantonista, que se retirou assim que viu papai piorando e foi em busca de um médico. Enquanto isso, papai, que estava sentado na maca, começou a arregalar os olhos e colocou as duas mãos na nuca. Sem que falássemos uns com os outros, nós três nos aproximamos dele e João Luiz colocou a mão direita sobre o peito de papai e a esquerda nas suas costas, fechando os olhos, como se estivesse fazendo uma oração, no que Susane e eu automaticamente o acompanhamos. Pouco a pouco, papai foi melhorando. Quando o plantonista voltou, ele não precisava mais de ajuda, sendo liberado para volta para casa. No trajeto, papai disse que pensou que fosse morrer naquela noite. Nós também. Mas creio que ele não merecia. Seria muito ruim para todos nós se ele morresse ali, sem atendimento médico, dentro de um hospital. Significaria guardar uma triste lembrança de uma pessoa tão evoluída como papai.

— Como ele está agora?

— Melhor, um pouco. Durante o dia, ele consegue repousar um pouco mais do que à noite.

— Como você está se sentindo?

— Na medida do possível, estou bem. Gosto muito dele, mas sei que tenho que me conformar. Seria egoísmo de minha parte querer que papai ficasse. Ele parece já ter feito tudo o que se propôs nesta existência.

Despedindo-se de mim naquele dia, Luiza voltou para casa para ficar com o pai e a irmã. Na manhã seguinte, logo que cheguei ao consultório, fui informada por minha secretária, que o pai de

Luiza falecera de insuficiência respiratória na noite anterior, e que ela queria uma sessão extra.

Como havíamos aprendido com o nosso trabalho, que os acontecimentos obedecem a uma sincronicidade, assim que uma cliente ligou desmarcando sua consulta às dez horas, solicitei que a secretária telefonasse para Luiza, que estava aguardando, em casa, por uma possível vaga.

Quando chegou ao consultório, Luiza estava calma. Logo que entramos para a sala de psicoterapia, ela começou a relatar o ocorrido:

– Ontem, por volta das oito horas da noite, papai começou a se sentir mal outra vez e nós o levamos de volta à Casa de Saúde. Por incrível que pareça, ele saiu de casa andando – Luiza esboçou um leve sorriso. – Papai sempre dizia: "Hei de morrer em pé!". E assim foi. Ele ficou de pé até o último dia de sua existência.

Quando chegamos à Casa de Saúde, o médico de plantão o examinou e decidiu interná-lo no CTI, e papai disse: "É melhor assim!", ao se despedir de minha irmã Susane. Creio que há muito tempo, papai sabia que estava para morrer.

Nós voltamos para casa, mas, como é comum acontecer nessas situações, não conseguíamos relaxar. Minha sobrinha Marcela e José Augusto, o seu marido, também foram lá para casa. Era como se todos já soubéssemos o que iria acontecer. Estávamos na sala conversando quando, por volta das dez horas da noite, telefonaram da Casa de Saúde, pedindo o comparecimento de alguém da família. Fui até lá com João Luiz. Chamando-me para uma saleta, a assistente social fez muitos preâmbulos para me contar o que eu já sabia: papai havia falecido.

– Há alguma coisa que você gostaria de dizer ao seu pai, neste momento?

– Sim – disse Luiza, habituada com as técnicas e já fechando os olhos... – Pai, eu o amo muito, e onde quer que você esteja agora, continuarei amando-o. Quero que você possa ir em paz. Com toda a paz que merece. Você cumpriu a sua tarefa de vida. Vá com Deus, papai!

Luiza permaneceu por alguns minutos em silêncio e de olhos fechados, como se estivesse fazendo uma oração. Depois, abriu os olhos com tranquilidade, fitando-me com um olhar terno e agradecido.

– Graças a você, hoje eu posso lidar com a morte dessa forma tranquila. Penso que papai, onde quer que esteja, deve gostar muito disso. Ele era uma pessoa altamente espiritualizada e sempre acreditou na eternidade da vida.

Levantando-se para sair, Luiza comunicou-me que o enterro seria às quatro horas da tarde, no Cemitério Jardim da Saudade. Um pouco antes do horário marcado, fui para lá. Os cemitérios tipo *jardim* são uma evolução contra o materialismo dos antigos cemitérios, onde a dor da perda ante o desconhecimento do processo de transição chamado morte fica petrificada em mórbidos monumentos. Nos jardins, ao contrário, a semelhança e a simplicidade das campas facilita o reconhecimento do retorno do corpo à terra, dentro de um procedimento bem mais natural e tranquilo.

Chegando lá, dirigi-me para a capela em que estava o corpo do sr. Alcides. Contrastando com o ambiente de outros velórios que eu assistira, o clima era de tal harmonia que podia ser percebido por quem tivesse apenas um pouco de sensibilidade. Ali estavam parentes, amigos e algumas colegas de treinamento de Luiza, no GDT. Encontrei-a sentada do lado de fora da capela, conversando com uma delas.

Na hora do sepultamento, Luiza colocou-se diante do caixão do pai e, com voz firme e suave, convocou todos a rezarem um Pai Nosso, após o qual pediu o encaminhamento de seu pai ao plano espiritual, com uma singela oração:

– Senhor, recebe em Teu seio este que, aqui na terra, foi nosso pai, e que agora retorna ao plano espiritual tendo cumprido sua missão existencial. Que todos nós, aqui presentes, possamos perceber que a morte é apenas uma passagem para outra dimensão de vida. Que a Tua Luz e a Tua Paz desçam sobre nós, trazendo consolo aos nossos corações. Assim seja!

Terminada a breve oração, o cortejo seguiu calmamente pelas alamedas do cemitério até o local do sepultamento. A tarde estava cálida e uma brisa suave tocava nossos rostos, lembrando-nos de que o sopro da vida continuava. Eu nunca vira, até então, um enterro tão especial como aquele. Chegando ao ponto onde haviam armado o toldo e coberto o chão com lonas em volta da cova, um senhor idoso adiantou-se para fazer outra oração. Indagando sobre ele, disseram-me que fora diretor de um conceituado colégio, onde muitos parentes do marido de Luiza haviam estudado. Era amigo da família. O professor, também filósofo, fez uma prece ecumênica, de cunho espiritualista, que eu, sinceramente, gostaria de poder me lembrar na íntegra. Ficaram em minha mente apenas as suas últimas palavras: "Haverá um tempo em que não saberemos mais quem foi o pai ou quem foi o filho. E aí, diante da morte, diremos: 'Até breve, irmão!'".

Nesse momento, ouvi o som de palmas, como que produzidas numa outra dimensão. Creio que o sr. Alcides as mereceu. Ele havia se graduado com louvor na escola da vida e era o dia de sua formatura. Recordei-me de quando o vira pela última vez, na casa de Luiza. Lembrei-me do seu sorriso meigo e do seu olhar de profunda sabedoria de vida, ao se despedir de mim, como se os olhos falassem aquilo que a boca preferia silenciar.

Terminada a oração, tive a exata sensação de que, naquele momento, ele deixava aquele campo, depois de ter assistido ao sepultamento de seu corpo físico. Elevando meu pensamento até ele, pensei: "Parabéns, sr. Alcides. Sua existência na terra valeu a pena ser vivida. Parabéns!".

NOVAS REFLEXÕES SOBRE A VISÃO DE MUNDO

Na semana seguinte, ao chegar ao consultório para o GDT, Luiza procurou-me antes do horário, para conversarmos um pouco:

— Aconteceram coisas estranhas depois do enterro de papai, mas, antes, quero falar sobre o que senti ao sair do cemitério... Depois do enterro, alguns familiares e amigos vieram se despedir de nós. Quando os cumprimentos terminaram, procurei me reunir ao meu marido e filhos para voltarmos para casa. Sem que percebesse de imediato, me vi procurando por papai, também, para logo em seguida me conscientizar de sua ausência física. Foi como se, somente naquele momento, eu desse por falta dessa dimensão: O sentimento de perda da presença física.

— Você quer trabalhar isso?

— Não! Creio que não é preciso. Quero apenas chorar pela saudade que sinto. Saudade da presença, você entende? — indagou Luiza já com lágrimas nos olhos.

— Minha mente racional pode entender o processo de passagem a que chamamos morte, mas o coração... O coração sente saudades... Estou sentindo muitas saudades dele... Ele foi um pai muito amoroso... Muito presente... E eu tenho muita gratidão à vida por isso. Poucas pessoas podem guardar uma lembrança tão boa de um pai, como eu. Mas agora estou bem. Só precisava desabafar! Mais uma vez, obrigada por compartilhar esse momento comigo!

Recompondo-se com a emoção liberada, Luiza dispôs-se a falar sobre as estranhas experiências ocorridas após o enterro do pai.

— Marcela saiu do cemitério sentindo-se mal, e Tânia, colega aqui do grupo, sugeriu que fôssemos lá para casa e fizéssemos uma

Captação Psíquica, para sabermos o que estava acontecendo. Assim procedendo, coloquei Tânia em estado de transe e sugeri que ela se identificasse com "Marcela". Em vez disso, ela entrou em contato com um ex-gerente de banco, que havia falecido num acidente de carro e estava numa das capelas do cemitério, no mesmo dia do enterro de papai.

O "gerente" disse que, ao passar para o outro lado da vida, ficara muito confuso, sem saber exatamente o que significava ter morrido. Como vira toda aquela tranquilidade no enterro de papai, ligara-se a Marcela em busca de uma possível ajuda. Perguntei que tipo de ajuda ele necessitava e ele respondeu que precisava compreender a morte e o que poderia fazer para sair dali e seguir o seu caminho. Expliquei-lhe que morrer era simplesmente sair do corpo físico e que, se ele pedisse ajuda a Deus, certamente a obteria. Isso foi suficiente para que ele se afastasse de Marcela, acabando, assim, com a terrível dor de cabeça que ela estava sentindo. Parece que o gerente havia morrido de traumatismo craniano.

Naquela mesma noite, Ana Luiza, minha filha, disse que não estava conseguindo dormir. Via, todo o tempo, caveiras e vultos, e estava com medo. João Luiz e eu nos sentamos no chão do quarto dela, orientando-a para que formasse um círculo conosco. Elevamos nossos pensamentos a Deus e fizemos uma oração, pedindo que, se houvesse alguém ligado a ela, fosse encaminhado adequadamente. Na mesma hora, nossa filha disse: "Ih, mãe! Eu vi quatro *luzinhas* subindo em direção ao céu!. Acho que agora posso dormir sossegada!".

Durante a madrugada, o telefone tocou. Era tia Olívia, irmã de mamãe, comunicando que o marido dela havia sofrido um derrame cerebral e tinha poucas possibilidades de escapar com vida. Fomos até lá para pegá-la e a levamos para nossa casa. No trajeto, comecei a prepará-la para a separação inevitável, assegurando-lhe que ela poderia morar comigo, depois que ele partisse para a espiritualidade. Ela chorou muito e eu procurei consolá-la.

Quando o dia amanheceu, ao cortar o saco de leite para preparar o café da manhã, lembrei-me de papai, e uma onda de saudade me invadiu. Ele dizia que era preciso cortar os dois lados do saco de leite para entrar ar por um lado e sair leite pelo outro. É interessante como essas pequeninas coisas se tornam significativas nesses momentos. Lembrei-me também de que ele separava toda a sua louça, desde a xícara até pratos e talheres. Qual não foi a minha surpresa quando, ao colocar a xícara na mesa para titia, ela me disse: "Pegue um copo separado para mim". "Pronto! Começou tudo outra vez", pensei, com o coração cheio de ternura.

Titia vai morar lá em casa. Acho muito triste que uma pessoa termine a existência sozinha. Faz-me lembrar a história de uma tribo que vivia no deserto e tinha o costume de levar os idosos para longe da aldeia, dando-lhes um cobertor para se protegerem do frio, até que, extremamente fracos, fossem comidos pelos lobos. Certa vez, um nativo daquela tribo, ao levar seu velho pai para aquela viagem sem volta, ouviu-o dizer, ao lhe entregar o cobertor: "Guarde para quando chegar a sua vez, meu filho!". Refletindo sobre aquilo, o nativo decidiu trazer seu pai de volta e, daquele dia em diante, toda a tribo passou a cuidar dos seus idosos.

– É uma bonita história.

– É. Eu penso muito nela quando vejo as famílias renegando os mais velhos. É como se ninguém pensasse que também vai ficar velho... Tenho pensado também em todas essas experiências que venho passando em minha vida. Tudo o que descobri nas regressões, a morte de papai. O que mais estará reservado para mim? Às vezes, sinto medo também. Tenho medo de estar mexendo em coisas que não devo e de estar provocando sofrimento para mim mesma. Já ouvi dizer que as pessoas que buscam o caminho espiritual sofrem muito.

– A busca do caminho espiritual leva à ampliação da consciência, tornando a pessoa capaz de compreender uma série de fatos que, de outra maneira, ficariam sem explicação. Helena Blavatsky fala sobre a possibilidade de precipitarmos acontecimentos de nossa esteira evolutiva. Tudo aquilo que levaria mais tempo para acontecer precipita-se em função da própria aceleração evolutiva, provocada pelo maior grau de consciência. Mas isso não significa aumentar o sofrimento. Significa, apenas, que a elaboração dos conflitos poderá antecipar-se e, findo esse período, o indivíduo entrará no que os textos sagrados do Oriente, como o Bagavad Ghitā e o Tao Te King, chamam de Dharma.

– O que é o Dharma?

– Segundo esses textos, é o retorno positivo de nossas boas ações, depois que já resgatamos ou transmutamos todas as nossas ações negativas.

– Então não temos, obrigatoriamente, que sofrer as consequências de nossos atos negativos? É possível transmutá-los?

– Segundo algumas tradições, como a Teosofia, sim! O que temos encontrado nesse longo contato com o inconsciente profundo é a constatação de que o objetivo da existência não é o sofrimento, mas a aprendizagem que pode acontecer por meio do conhecimento e da ampliação de consciência sobre si mesmo. Esse processo também pode ocorrer através da dedicação ao próximo ou através do sofrimento, para aqueles mais resistentes às modificações de seus aspectos negativos de personalidade.

– Nesse caso, como se dá essa transmutação cármica?

– Pela mudança dos padrões de pensamentos e sentimentos, após a conscientização da inutilidade dos mesmos para o processo evolutivo. Afinal, se o que estamos fazendo não é adequado, podemos fazer diferente! Tal mudança depende apenas de cada um.

– É tão simples, assim?

– A vida costuma ser bem simples! Nós é que temos o péssimo hábito de complicar as coisas. No meu trabalho, tenho visto pessoas sofrerem diante de um problema simplesmente porque a única solução possível implicaria numa mudança interna. Tal mudança implicaria em se libertar de velhos padrões de pensamento, verdades arcaicas, como antigos objetos guardados num sótão empoeirado, cuja utilidade já se perdeu no tempo.

Mudando de assunto, Luiza referiu-se à sua sobrinha:

– Marcela me contou sobre a regressão que fez com você. Disse-me que descobriu que ela foi vovó Inácia. É possível alguém voltar em tão pouco tempo? São apenas cinco anos de intervalo?!...

– Para dizer a verdade, esse foi o menor intervalo que já encontrei de um registro para outro. Também já trabalhei com um adolescente, superdotado, que trazia um registro de que sua última existência havia sido no antigo Egito, como faraó. É até uma história bastante interessante, que mostra que os erros de interpretação e as distorções de percepção podem levar um ser a paralisar o seu processo evolutivo. No caso desse rapaz, como faraó, ele acreditava em metempsicose, teoria através da qual um ser humano pode retornar à vida, no corpo de um animal, caso tenha sido uma pessoa má. Ao sair do corpo físico e, temendo retornar ao plano da matéria nessa condição, por não se considerar bom o bastante para merecer um corpo humano, ele preferiu manter-se ligado à estátua erguida em sua homenagem, ali permanecendo durante milênios. Foi nessa condição que encontrei o seu psiquismo, levando-o a sérios problemas comportamentais, com um imenso desequilíbrio entre o racional e o emocional.

– Que coisa fantástica! Eu nunca pensei que isso fosse possível. Às vezes, eu ainda fico estupefata com essas histórias. Penso que estou surtando.

– Esse é o problema da maioria das pessoas! O medo da loucura. Como tais informações não fazem parte do cotidiano da maioria delas, calam-se em relação a essas vivências, pelo medo de serem consideradas loucas. Somente quando compartilhamos esses fenômenos com outras pessoas, observando a coerência interna desses relatos, é que percebemos que o fantástico é apenas aquilo que ainda não compreendemos como um fenômeno natural. É verdade que são relatos completamente fora da realidade tridimensional. Quando no GERC buscamos a bibliografia que dá respaldo a essas ideias e observamos a melhora apresentada pelos pacientes depois das regressões, percebemos que, mesmo sem instrumentos de comprovação científica, esses fenômenos não têm nada a ver com surtos psicóticos.

— Mas na história ocorrida no enterro de papai confesso que me senti aturdida. Embora já tivesse assistido você trabalhando em casos semelhantes, dentro do GDT, fiquei bastante insegura. Afinal, se tudo isso é verdadeiro, como as pessoas despreparadas para a morte sofrem!?

— Este é o conceito metafísico de céu e inferno: "aquilo em que a pessoa acredita; aquilo que está em sua tela mental passa a constituir uma realidade de vida fora da matéria".

— Então, se a pessoa acreditar que sofrerá penas eternas ficará nessa condição mental?

— É isso que temos encontrado em nossas pesquisas!

— Até quando?

— Até o momento em que se lembre de Deus e de pedir ajuda; ou até que alguém peça ajuda por ela.

— Então, nesse sentido, as orações são necessárias?

— O que temos observado é que as orações são conjuntos de palavras energizadas durante séculos, acumulando um poderoso *quantum* energético de transformação de padrões psíquicos, para sua polaridade positiva. Por isso produzem tanto efeito sobre a mente humana.

– Nesse campo, quanto mais aprendemos mais existe para aprender, não é?

– Sim! O conhecimento é infinito e jamais teremos como saber toda a verdade. Ela pertence ao Todo que é Deus.

– Mas é tudo tão lindo! Tão perfeito... Quanto mais aprendo, mais me sinto confiante frente à vida. Uma segurança imensa, baseada numa fé inabalável, toma conta de mim. Hoje posso compreender melhor as pessoas que me cercam, buscar o significado oculto de certos fatos da vida e ser tolerante com aquilo que ainda não conheço. Sei que, de alguma maneira, tudo o que acontece tem um significado maior, e a cada ser em evolução cabe construir a realidade de sua existência, de acordo com leis perfeitas. É isso mesmo?

– O mais importante é que você construa a sua própria verdade interior, para que ela direcione a sua vida. Mesmo que outros não concordem, a ninguém cabe julgá-la!

– Sim! É assim que eu acredito!... Você não acredita?

– Depois de tudo que tenho visto diante de meus olhos físicos e diante de minha visão interna, não tenho mais como duvidar. Não é mais uma questão de crença; é uma questão de lógica. Falta apenas que a comunidade científica pare de resistir com suas próprias crenças, contra tantas evidências colhidas por tantos pesquisadores sérios.

Estamos passando da hora. Vamos para a sala? Suas colegas de grupo estão nos esperando.

– Vamos – respondeu Luiza me acompanhando.

O trabalho terapêutico com a sobrinha de Luiza continuou ainda por muito tempo. Algumas vezes, em função da história de vida é preciso refazer quase todo o caminho de construção da personalidade. É como um processo de reeducação por meio do qual o adulto existente hoje escolhe os valores que considera importantes e adequados para si, desfazendo-se das distorções ocasionadas pelas situações conflituosas de infância. No caso de Marcela, a cada sessão, ela crescia internamente. Como eu já observara anteriormente com outros clientes, ser criada pela avó havia trazido mais prejuízos do que benefícios à sua estrutura de personalidade.

No início do nosso trabalho, Marcela era uma pessoa dividida entre dois mundos: a família paterna e a família materna. Era como se ela tivesse recebido dois mapas sobre a realidade da vida e, a cada momento, tivesse que escolher qual direcionamento seguir. Sua noção de certo e errado ficara prejudicada pelas duas perspectivas de vida, que lhe haviam sido passadas, simultaneamente. No sentido afetivo, Marcela fora o troféu da disputa inconsciente entre a avó e a mãe. Ela havia sido a grande perdedora. Muitas vezes, o ser humano, na sua ignorância, não percebe o mal que é capaz de causar aos outros e, principalmente, à formação da personalidade de uma criança.

Em nossa primeira sessão depois do falecimento do avô, Marcela pareceu-me tranquila, embora ainda estivesse bastante triste com o ocorrido. Sua grande dificuldade era ter que aceitar a separação imposta pela morte. Ao mesmo tempo, essa mesma dificuldade de aceitação a estava direcionando para uma busca espiritual, na qual acreditava que iria encontrar as respostas à suas indagações. Começando a falar pausadamente, narrou os últimos acontecimentos:

— José Augusto e eu estamos nos entendendo melhor, agora. Chegamos a uma escolha em comum a respeito da questão religiosa. Depois do que descobri sobre a nossa ligação anterior com vovô, nós conversamos muito e decidimos frequentar uma instituição espiritualista. Creio que isso vai nos ajudar a resolver antigas divergências. Dessa vez, queremos realmente acertar.

244

Continuei trabalhando com Marcela ainda durante alguns meses, na difícil tarefa de reconstrução de seus valores de vida, até que, certa vez, ela me comunicou que iria interromper o trabalho terapêutico. Sentia-se bem com a religião que seguia, estava fazendo alimentação natural, lia bastante e procurava entender a vida dentro de uma visão mais ampla.

Do ponto de vista técnico, eu não considerava que Marcela estivesse em condições de ter alta de seu trabalho terapêutico. Aplicando-lhe a técnica específica de avaliação para alta, seu próprio inconsciente mostrava pontos obscuros que precisariam ser trazidos à consciência. Entretanto, de acordo com o princípio de autorresponsabilidade que norteava o nosso trabalho, ela possuía todo o direito de parar quando quisesse. Cabia-me, apenas, fazer ponderações terapêuticas, sinalizando para ela o que ainda poderia ser trabalhado. Firme em sua decisão, Marcela disse-me que, no momento em que sentisse necessidade, voltaria a me procurar no consultório.

Aquela foi nossa última sessão. Acredito que, mais tarde, ela realmente voltará a sentir a necessidade de mergulhar em seu interior. A estabilidade temporária alcançada durante o tempo em que trabalhamos ainda não podia ser duradoura, mas a psicoterapia é um trabalho de colheita, no qual precisamos esperar que o fruto esteja maduro. Marcela dava os primeiros passos no caminho da compreensão dos sentidos ocultos da vida e parecia precisar de mais tempo para elaborar os novos conhecimentos adquiridos, até que pudesse reformular sua visão de mundo.

O processo de evolução inclui o aperfeiçoamento material, moral e espiritual. Ele não ocorre de maneira linear mas, ora um, ora outro, é privilegiado pela escolha do ser humano, de acordo com o seu livre arbítrio. Respeitar esse direito também é uma lei. Diferentemente de outros profissionais da área de saúde, o psicólogo não é uma figura de autoridade. Ele não tem *pacientes* subordinados ao seu saber; o psicólogo tem *clientes*, identificados como amigos evolutivos, que são capazes de construir a própria história.

10

AS MEMÓRIAS TRANSPESSOAIS DO IRMÃO

Alguns meses depois, Luiza chegou ao consultório, extremamente preocupada. Pediu-me uma sessão extra para me falar sobre seu irmão Hércules, que parecia muito doente.

— Aliás, disse ela, certa vez eu lhe disse que iria explicar o por quê do nome dele e nunca mais voltei ao assunto. Papai gostava muito de ler e escolheu esse nome por causa de um herói da mitologia grega, famoso por sua força física. Para meu irmão, no entanto, seu nome era objeto de chacotas e brincadeiras por parte de pessoas que viam um contraste entre o mito de força e a sua figura alta e extremamente magra. Penso que foi muito ruim para ele.

— Você conhece o sentido psicológico do mito de Hércules?

— Creio que não.

— Na mitologia grega, Hércules é um semideus, filho de Zeus, o supremo deus do Olimpo, e de Alcmena, uma simples mortal. Simbolicamente, os doze trabalhos que ele realiza representam os doze signos do zodíaco e os passos evolutivos da humanidade, nos quais cada tarefa se refere à superação de um aspecto inferior da personalidade, até que esteja totalmente submetida à individualidade. Um texto muito bonito para reflexão sobre esse tema é o livro de Trigueirinho, *Hora de Crescer Interiormente*, em que o autor faz uma abordagem bem psicológica do mito de Hércules nos dias atuais.

– Que lindo! Eu não sabia disso!

– Mas vamos ao caso do seu irmão.

– Bem, no último fim de semana, ele iria levar minha irmã – que iria viajar com o marido – até ao aeroporto. Como na última hora eles decidiram ir no próprio carro, para deixá-lo no aeroporto até voltarem, meu irmão resolveu dormir lá em casa, naquela noite. Pela manhã, ao acordar, ele me chamou dizendo-me que não conseguia se levantar e que sentia que poderia se desligar a qualquer momento. Preocupada, levei-o ao médico, que solicitou uma série de exames, entre eles uma radiografia de pulmão e exames de sangue.

Dez anos atrás, eu estava sentada à mesa para o almoço e, como lhe falei anteriormente, meu irmão estava lá em casa. Ao conversar com ele, sobre a AIDS, que surgiu naquela época, eu tive uma percepção rápida e muito estranha. Surgiu em minha mente uma frase: "Hércules vai ter AIDS". Fiquei muito assustada com a experiência, mas a percepção era tão absurda e descabida que eu preferi ignorá-la.

Há cerca de alguns meses passei por meu irmão na rua, sem que ele me visse. Tive a impressão de que carregava o peso do mundo nas costas. Seus joelhos chegavam a se curvar como se não mais pudessem sustentar o corpo. Passados alguns dias, ele procurou-me dizendo que o escritório de arquitetura tinha pouco movimento, mal conseguindo suprir as suas necessidades mais imediatas. Olhando-me diretamente nos olhos, disse: "Estou numa situação extremamente difícil. Estou precisando do pai e da mãe!".

– Você sabe que tem pai e mãe – respondi, querendo dizer que ele poderia contar com o meu apoio e de João Luiz. Ele mostrou-se emocionado. Nós nos abraçamos e, desde então, ele passou a desenhar as plantas arquitetônicas em sua casa e a fazer as refeições conosco. Isso lhe reduziu bastante as despesas mensais. Mas agora, eu estou com receio de que aquela minha antiga percepção seja verdadeira. Às vezes, acho meu irmão muito estranho, como se ele tivesse outro lado, outra personalidade que não sei definir muito bem, mas que me parece negativa, má. Concretamente, no entanto, ele é uma excelente pessoa e, como você sabe, temos muitas afinidades.

– Quando os exames ficarão prontos?

– As radiografias, creio que amanhã, e os exames de sangue, na próxima segunda-feira.

– O que você deseja, exatamente, trabalhar, hoje?

– Ainda não sei muito bem mas, se realmente vier a acontecer o que eu previ, vou precisar muito da sua ajuda. E ele também. Ele me pareceu muito mal, muito fraco. É como se realmente fosse se desligar da vida a qualquer momento. Isso me assusta!

– Então, quando você tiver o resultado dos exames, ligue para mim.

– Está bem!

No dia seguinte, logo após o almoço, Luiza telefonou-me dizendo que o irmão estava com tuberculose. Embora a doença em si não fosse um grande problema, sua presença deixava-a apreensiva em relação à possibilidade de que sua antiga percepção fosse verdadeira. De qualquer forma, ainda não possuíamos dados suficientes para trabalhar e só nos restava aguardar até que saíssem os últimos resultados dos exames.

Na semana seguinte, Luiza voltou a me procurar no consultório. Logo que ela chegou, pela sua expressão, percebi que algo de muito grave havia acontecido. Entrando na sala de terapia, ela começou seu triste relato:

– Segunda-feira, estávamos todos almoçando quando Hércules, afastando o prato da sua frente, disse que não conseguia comer, porque não aguentava a ansiedade de saber o resultado dos exames de sangue. Disse que estavam escondendo algo. Desconhecendo o que ocorrera, eu lhe assegurei que não havia nada escondido e prometi contar a verdade, fosse qual fosse, logo que pegasse os resultados na casa de minha irmã, assim que terminasse o almoço. Cumprindo o prometido, entrei no carro para ir até lá. Qual não foi a minha surpresa quando João Luiz, debruçando-se sobre a janela do veículo, disse, de supetão: "O resultado de Hércules deu positivo. Ele está com AIDS".

Luiza começou a chorar. Estava transtornada ao relembrar a notícia. Depois de se acalmar um pouco, continuou:

— Nem sei lhe dizer o que senti naquele momento. Eu não estava preparada para receber a notícia daquela maneira. A única coisa que eu queria era sair dali e procurar me refazer, para poder olhar meu irmão novamente e, de fato, lhe dar a ajuda e o apoio de que precisava. Pensando assim, fui até a casa de minha irmã. Por ironia do destino, era o dia do aniversário dela. Chegando lá, como um autômato, dei-lhe os parabéns pela data, para logo em seguida abordar a triste realidade que ela já conhecia. Sentei-me no sofá da sala e chorei muito. Soltei meu corpo e o deixei tremer, como aprendi a fazer aqui. Depois, comecei a reunir coragem para voltar para casa e começar a batalha pela vida. Mais uma vez, estou lidando com a proximidade da morte de alguém que me é muito querido. O que será que estou aprendendo com tudo isso?

— O que você imagina que possa estar aprendendo?

— Acho que estou aprendendo a aceitar os desígnios de Deus para nossas vidas. Estou aprendendo a compreender a vida em seu sentido mais amplo, do que o tempo de uma única existência. No fundo, sei que isso está me trazendo sabedoria. Uma sabedoria que nunca tive. Hoje sou mais reflexiva em relação aos acontecimentos, procurando compreender a aprendizagem contida em cada experiência – disse Luiza, voltando a relatar o ocorrido.

— Depois de algum tempo, já refeita, voltei para casa. Ao entrar, encontrei Hércules sentado na sala, lendo o jornal do dia. Pareceu-me que ele fazia de conta que estava lendo o jornal. É uma característica sua a negação dos sentimentos. Sentando-me ao seu lado, pensei em Deus, reuni toda a coragem possível e lhe disse: "Peguei o resultado do seu exame e não é nada bom. Temos uma batalha pela frente. Vamos lutar pela vida. O exame deu positivo". Olhando-me serenamente com seus olhinhos miúdos, ele me respondeu que já esperava por isso, mas que conhecer o resultado era melhor do que a angústia da espera, que ele experimentara nos últimos dias.

À noite, fomos à casa de Susane, onde ela recebia algumas pessoas pelo seu aniversário. Estranha situação aquela! Eu estava calma, embora em meu peito tivesse se instalado um sentimento indefinível e desconfortável, que permanece até agora. É como um espinho de aço espetado em meu coração e, qualquer que seja a posição do meu corpo, o lugar onde eu esteja, quer esteja dormindo ou acordada, dói sempre. Parece que estou em estado de alerta permanente, e não consigo mais relaxar.

– Mantenha a respiração profunda, solte o corpo e deixe-o tremer – induzi, para que Luiza esvaziasse toda a tensão que mobilizava sua musculatura visivelmente.

Durante alguns minutos, ela tremeu sem parar, até se acalmar um pouco. Depois disse:

– Você faria uma Captação Psíquica dele?... Através de mim?

Já habituada ao seu padrão de suporte emocional diante da adversidade, concordei, sabendo de antemão que a sabedoria interior de Luiza estava agindo naquele momento. Colocando-a em estado de transe, induzi que se identificasse com o irmão, como havia feito anteriormente com seu pai. Depois de alguns minutos, Luiza começou a descrever suas percepções:

– Está difícil... Ele parece bloquear a captação... É como se estivesse escondendo alguma coisa.

– Ele não quer ser captado? Ele não quer ajuda?

– Ele quer... Mas parece ter uma grande dificuldade em se expor... Acho que não vou conseguir.

– Então, pouco a pouco, perceba-se sendo a Luiza outra vez, e retorne ao aqui e agora.

Voltando ao estado de vigília, Luiza indagou-me:

– Uma pessoa pode se recusar a ser captada?

– Sim, claro que sim! Esse é um direito, segundo o livre arbítrio de cada um. Ainda bem que é assim, senão seria extremamente ameaçador para as pessoas; seria uma invasão do inconsciente alheio.

– E o que eu faço agora? Eu quero ajudá-lo!

– O que você imagina que possa estar bloqueando a Captação Psíquica?

– Acho que pode ser aquele outro lado dele. Aquele lado do qual eu já lhe falei antes. Eu penso que ele leva uma vida dupla. Eu acho que ele é homossexual e sente envergonha.

– Como é isso para você?

– Não me importo! Eu o amo do mesmo jeito. Ele é meu irmão e eu o aceito de qualquer modo.

– Converse com ele e lhe diga isso. Pode ser que ele esteja com medo de se expor e ser rejeitado. O diálogo é sempre uma boa opção para solucionar os problemas.

– É, vou fazer isso! De qualquer forma, obrigada pela ajuda. Vou conversar diretamente com ele e, depois, entrarei em contato com você. Posso contar com a sua ajuda mais uma vez?

– Você sabe que sim – respondi, com um sorriso encorajador.

Luiza despediu-se e, no dia seguinte, voltou a me procurar no consultório. Estava muito emocionada. Logo que entramos na sala de atendimentos, foi direito ao assunto, como era seu hábito:

– O que aconteceu ontem foi muito lindo! Muito lindo mesmo!... Como você havia sugerido, fui conversar com Hércules. Nós estávamos sentados no chão do quarto do meu filho, onde ele tem dormido. Eu lhe falei sobre a dificuldade de captá-lo e sobre a minha percepção de que ele levava uma vida dupla, escondendo uma personalidade homossexual. Assegurei-lhe que, mesmo que isso fosse verdade, eu o aceitaria com todo o afeto que ele sempre mereceu de minha parte. Ele me olhou com aqueles seus olhinhos miúdos cheios de alívio e gratidão, através de uma cortina de lágrimas. Nós nos abraçamos e choramos juntos. Lembro-me de ter fechado os olhos e, quando os abri novamente, todo o quarto, da metade da parede para baixo, estava cor-de-rosa. Eu disse isso a ele e aí nós choramos mais ainda. Era como se, naquele momento, eu pudesse ver o amor que nos unia. Isso pode acontecer?

– Sim, pode! Em estado superior de consciência, provocado por uma forte emoção, você pode ver cores. A cor rosa, simbolicamente, representa o amor.

– Hércules me perguntou se você o atenderia em casa. Ele quer fazer psicoterapia, mas está muito fraco.

– Sim. Só que terá que ser depois do horário de consultório.

– Isso não é problema. Você poderá ir até lá ainda hoje? Ele está ansioso para começar!

– Sim. Quando sair daqui, irei à sua casa.

– Mais uma vez tenho que lhe agradecer. Sua ajuda está sendo preciosa.

– Essas situações realmente exigem um acompanhamento terapêutico. Aliás, se todas as pessoas soubessem que a função do psicólogo é atuar em situações de crise, muito sofrimento poderia ser evitado ou minimizado. As pessoas evolvidas na situação teriam mais equilíbrio emocional para agir... Não há por que me agradecer.

À noite, dirigi-me à casa de Luiza. Logo que entrei, vi Hércules recostado no sofá da sala. Era um homem jovem, com cerca de quarenta e poucos anos. Alto e magro, tinha os cabelos castanhos como os de Luiza, a pele clara e uma postura elegante que não denotava afetação. Apesar da situação dramática que estava vivendo, recebeu-me com tranquilidade e parecia disposto a aceitar ajuda.

Quando Luiza chegou à sala e viu que já nos apresentáramos, encaminhou-nos até o escritório do marido, onde dali em diante eu faria os atendimentos de seu irmão. Depois de caminhar vagarosamente até lá, Hercules deitou-se no sofá e, com a objetividade característica da família, iniciou o seu triste relato:

— Lutei contra isso toda a minha vida, mas foi mais forte do que eu.

— Contra isso o quê? – indaguei, induzindo-o a completar a frase.

— Contra a minha tendência homossexual. Eu não queria! Por mim mesmo, eu não queria!... Também temia por minha família. Ainda bem que papai e mamãe não estão mais aqui. Eles não compreenderiam. A maioria das pessoas pensa que homossexualidade é falta de vergonha, safadeza, essas coisas assim!... Meus pais também pensavam assim. O homossexual sofre muitos preconceitos por parte da sociedade. É sempre objeto de ridículo. Ninguém pensa em seu sofrimento e luta interior.

— Quando foi que você descobriu que era homossexual?

— Eu devia ter uns dez anos e, numa construção próxima de nossa casa, ainda no Rio de Janeiro, havia um barracão de obras. Eu e um colega de escola, que morava nas redondezas, costumávamos ficar espiando por entre as frestas para dentro do barracão, onde os operários trocavam de roupa. Lembro-me de que ficava excitado e assustado ao mesmo tempo. A única orientação sexual que eu havia recebido de meu pai fora no sentido de que não abusasse das me-

254

ninas, para não engravidá-las. Triste ironia, não é? Logo eu que não sentia atração sexual por meninas.

Hércules demonstrava amargura em sua voz. Depois de descansar por alguns minutos, perguntou-me:

— Como vocês, psicólogos, explicam a homossexualidade?

— A Psicologia Clássica diria que a homossexualidade está relacionado a dificuldades no processo de identificação com o genitor do mesmo sexo. Como era o seu relacionamento com seu pai?

— Ele parecia gostar mais do meu irmão Marcelo. Mas não me tratava mal. Apenas dizia que eu era muito mimado, principalmente por parte de tia Olívia, que mora aqui, com Luiza. Até mesmo agora, que estou doente, ela vive me cercando de cuidados. Não sei o motivo e isso me incomoda cada vez mais.

— Você gostaria de dizer alguma coisa ao seu pai?

— Não! Ele foi um bom pai. Foi modelo e exemplo para todos nós. Era muito dedicado à família, trabalhador. Era uma pessoa respeitável, como eu gostaria de ter sido. Eu desci ao fundo do poço. Desviei-me do caminho, não é? – indagou Hércules, começando a chorar.

— O que você chama de descer ao fundo do poço?

— Você pode fazer uma técnica comigo? Estou tenso e, ao mesmo tempo, sinto muita vergonha ao tocar nesse assunto. Mas eu sei que preciso falar! Preciso me desabafar com alguém.

— Tudo bem! Então vamos lá!... Feche os olhos e comece a respirar bem fundo – induzi, iniciando a condução ao estado de transe, ao mesmo tempo em que apagava a luz do escritório e acendia o abajur próximo. Sem me dar tempo para continuar a indução, Hércules começou a soluçar, enquanto falava com frases entrecortadas por forte emoção:

— Eu frequentava termas... Sinto nojo, muito nojo... Nojo de mim mesmo quando me lembro daqueles corpos nus, em meio à

255

névoa úmida e quente do vapor. Ninguém conhecia ninguém... Todos se usavam... Pobres seres promíscuos, usando-se uns aos outros... Procurando aliviar através do prazer dos corpos a angústia dos corações solitários, rejeitados pelo preconceito social... Perdidos... Sem identidade... Oh, como eu posso me livrar disso agora?

– Você pode se perdoar?

– Não, isso é coisa de religião!... Eu não gosto de religiões.

– O que você tem contra as religiões?

– Não sei! Quando eu era pequeno, não gostava de ouvir a Ave Maria... Sentia muita angústia!

– É! Sua irmã já me havia falado sobre isso... Vá até a situação que deu origem a esse sentimento – induzi, buscando localizar aquele registro emocional.

MEMÓRIAS DE UM SERVIÇAL DE MOSTEIRO

Depois de alguns minutos em que as pálpebras cerradas acompanharam os olhos na busca da imagem mental, Hércules falou:

– Vejo um mosteiro... Vejo a cela de um dos monges... Vejo dois corpos entrelaçados... Eu sou um deles... Arrhh! Sinto nojo outra vez... Ele me usa sexualmente!...

Hércules mostrava-se bastante agitado e sua respiração estava ofegante. Para acalmá-lo, lembrei-lhe que aquilo era apenas um exercício de memória e que nada estava acontecendo realmente. Pedindo-me que segurasse uma de suas mãos, ele continuou:

– Vejo outra cena... No mosteiro há uma grande capela, com um imenso órgão... Muito grande mesmo!... Eu faço a limpeza do órgão e, já há algum tempo, aprendi a tocá-lo... Agora estou tocando! Oh, não, estou tocando a Ave Maria!... Deus não vai gostar! Ele não gostou... É pecado! Homossexuais não podem tocar a Ave Maria!... Ai, a terra está tremendo! Está tremendo muito!... Tudo está desabando... Estou caindo... Caindo... O órgão está caindo sobre mim, esmagando minhas pernas e meu sexo... Deus não gostou da minha música!... Eu não devia tocar, não devia!... É pecado! Eu sou um pecador! Não mereço o perdão de Deus!

Hércules chorava, extremamente angustiado. Depois de acalmá-lo um pouco, perguntei-lhe:

– Onde você está agora?

– Estou no alto, vendo as ruínas do mosteiro... Não sobrou nada! Apenas a destruição!

– O que aconteceu?

– Houve um terremoto... Todos morreram!

O corpo de Hércules ainda tremia visivelmente enquanto suas pernas pareciam sem vida. Induzindo-o à dessensibilização da experiência, aguardei até que ele se recuperasse mais um pouco. Preocupava-me que ele tivesse entrado num registro de tal intensidade emocional, no estado de fraqueza em que se encontrava. Percebendo a necessidade de trazê-lo de volta ao tempo presente, indaguei:

– Existe mais alguma coisa que você queira perceber nessa situação?

– Não! Eu quero voltar... Estou muito cansado...

– Então se imagine voltando, lentamente, até se perceber novamente aqui no escritório, na casa de sua irmã Luiza e, depois, abra os olhos outra vez, como se você estivesse acordando de um sonho.

Hércules abriu os olhos lentamente, fitando-me com incredulidade. Com um fio de voz, perguntou-me:

– Então é verdade? Vivemos outras existências, como papai acreditava?

– O que você acha?

– Parece-me que sim! Foi uma experiência tão real!... Ou será que eu estou querendo acreditar porque sei que vou morrer?

– O que você pensa sobre a morte, depois dessa regressão?

– Então isso foi uma regressão?

– Sim!

– Luiza contou-me a respeito das experiências dela, mas eu achei que havia acontecido porque ela tendia a acreditar em outras existências. Mas eu, não. Agora não sei mais o que pensar! Estou confuso...

– Vamos deixar para falar sobre isso na próxima sessão? Você precisa descansar!

– Está bem... Agora estou mais aliviado.

Refletindo sobre sua experiência, lembrei-me de que, quando torturador, Hércules havia esmagado os pés do faraó, na situação de tortura, mas faltava identificar a sequência cronológica das duas situações para que eu pudesse correlacionar as duas memórias, dentro da lei de causa e efeito. Mas Hércules estava fraco demais para que eu pudesse aprofundar suas lembranças transpessoais. Tínhamos que terminar a sessão.

Chamando Luiza ao escritório para ajudar seu irmão a caminhar até o quarto, despedi-me deles, tomando o rumo de casa. Enquanto dirigia, fiquei refletindo sobre tudo o que estava aprendendo ao trabalhar com aquela família... Eu já havia atendido a muitos clientes, já havia feito muitas regressões, mas, com aquela família, eu estava descobrindo a teia da vida que os havia entrelaçado por meio de centenas ou milhares de anos, à medida que, com os próprios atos, eles haviam tecido uma rede que os aprisionara em suas memórias através dos tempos. Eu podia ver o sentido da vida e a lei de causa e efeito, ao mesmo tempo implacável e sublime, tecendo reencontros, em que somente o amor e a compaixão poderiam dissolver os grilhões que os aprisionavam.

Na noite seguinte, passei na casa de Luiza para ver como estava Hércules. Encontrei-o sentado no sofá da sala, assistindo televisão com os sobrinhos. Estava bem mais animado e sorriu ao me ver entrar. Depois de conversarmos um pouco, Luiza me perguntou se poderíamos trabalhar com Hércules através da técnica de Captação Psíquica, em função do seu estado físico, para poupá-lo de maiores desgastes. Como o trabalho direito com o cliente é fundamental, optamos por intercalar as técnicas conforme a necessidade. Depois que Hércules foi se deitar, Luiza pediu-me para irmos até o escritório. Queria falar comigo em particular. Direta como sempre, começou:

– A notícia da doença de Hércules já se espalhou pela família. A pressão está sendo muito grande. Uns me dizem para não contar nada para ninguém. Eu não vejo necessidade disso. Não gosto de coisas escondidas, até mesmo porque não sei como nem por que esconder a doença do meu irmão. Parece-me que as pessoas querem que eu me sinta envergonhada. Eu não sinto nenhuma vergonha! Isso é preconceito. A vida é como é! São as experiências dele! Não têm a ver comigo. Eu o amo, mas sou outra pessoa. Não vou rejeitá-lo e Susane também pensa assim! Estamos em paz.

Luiza parecia espantada com o que acontecia. Sua voz continha também algo de indignação. No mesmo tom, continuou:

– Ontem uma amiga disse-me que eu deveria interná-lo, para que ele ficasse mais confortável. Respondi que ele está extremamente confortável aqui em casa, onde recebe amor e atenção de toda a família. Algumas pessoas se preocupam com o risco que meus filhos possam estar correndo, convivendo com o tio. Eu já procurei me certificar sobre isso com o médico que o acompanha. É um profissional competente, em quem confiamos totalmente, e ele nos assegurou que não existe nenhum risco. Oh! Pior do que lidar com a doença é aguentar essa verdadeira paranoia. Na verdade, não é nenhuma surpresa para nós. Já vivemos algo parecido antes, quando mamãe adoeceu, mas agora está mais acentuado. Alguns dos nossos amigos, até bastante espiritualizados, não conseguem vir até aqui. O medo deles me parece maior do que a vontade de nos ajudar. Creio que vamos viver outro período de isolamento e solidão!

Procurando dar apoio à Luiza, tranquilizei-a quanto à atitude tomada. Tendo trabalhado anteriormente com pacientes terminais, eu sabia o quanto uma doença contagiosa e letal é capaz de mobilizar o terror das pessoas. Despedindo-me dela, combinamos fazer a Captação Psíquica de Hércules na noite seguinte.

MEMÓRIAS DE UM ESCRAVO EGÍPCIO

Usando novamente o escritório da casa de Luiza como local de trabalho, solicitei que ela se deitasse no sofá e sentei-me numa cadeira ao lado. Logo que ela entrou em estado de transe, após a indução habitual, direcionei a sua atenção para a mente do irmão:

– Estranho, não estou vendo o meu irmão... Estou vendo um deserto... Mais adiante há uma pirâmide. Estou flutuando naquela direção... Agora estou dentro da pirâmide... Vejo ossos brilhantes na areia... Parecem ter luz própria... Não estou entendendo...

– Quem é você? – indaguei, procurando colher dados que pudessem esclarecer o que acontecia.

– Eu sei que sou Hércules... Mas não sou ele... Ah! Sou ele em outro momento do tempo... Muito, muito antes! Sinto algo esquisito em minha cabeça... Quando penso que sou Luiza, entendo o que acontece, mas quando penso que sou esse outro ser é como se eu não soubesse nada sobre a vida... Ah, é isso! Existe vida depois da morte... Os sacerdotes do templo diziam isso. A vida dos escravos pertence ao faraó, o filho do Sol, o deus vivo! Foi isso que aconteceu: quando ele morreu, todos nós tivemos que acompanhá-lo. Os escravos e as mulheres. Oh! A minha mulher e os meus filhos não vieram. Serviam a outro senhor... Eles ficaram lá, longe de mim... Estamos separados.

A expressão de tristeza no rosto do "escravo" era imensa e eu trabalhava no sentido de esvaziá-la. A comunicação era extremamente difícil, como se aquele ser fosse pouquíssimo evoluído e seu vocabulário e capacidade de abstração fossem reduzidos. Procurando usar uma linguagem o mais concreta possível, tentei acompanhar a fantástica experiência. O "escravo" continuou:

– Eu sinto ódio do faraó. Os sacerdotes diziam que nós devíamos amá-lo, mas isso nos fez morrer. Agora eu sou essa luz nos ossos e os ossos estão todos separados, no chão. Não posso me levantar.

– Preste bem atenção – interrompi, tentando lhe dar uma noção de vida fora da matéria. – Você agora é essa luz! Pense que cada pedaço luminoso vai se juntar e formar uma só luz... Um corpo de luz!

– Juntou!

– Isso! Agora, experimente afastar-se dos ossos. Você não é mais os ossos. Você agora tem esse corpo de luz.

– Mas falta a cabeça!

– O que aconteceu com a cabeça?

– Quando eu morri e virei essa luz nos ossos, não sabia como me libertar. Depois me lembrei que o pensamento é livre... Até o pensamento de um escravo é livre. Aí o meu pensamento saiu voando daqui da pirâmide e continuou a existir lá fora e viveu outra existência... Muito, muito tempo depois!

Nesse momento, o rosto de Luiza adotou uma expressão grotesca, na qual o ódio crispava toda a musculatura, num sorriso diabólico:

– Muito, muito tempo depois, eu torturei esse faraó. Ele estava no corpo de um moço e eu quebrei cada osso dos pés dele. Ah, que satisfação eu senti!... Sabe? Ele, aquele chefe sem cabelo, gostava de

261

mim porque eu torturava bem... Fazia o meu trabalho com satisfação... Sem nenhuma pena daqueles infelizes.

– Então você continuou a existir só com a luz da cabeça, enquanto a luz do corpo ficou aqui, na pirâmide, presa nesse tempo? – indaguei, surpresa.

– É, foi isso. Eu torturei ela também. Ela, que está aqui, agora. Por causa de outra história ocorrida muito antes... Na terra que afundou no mar.

Percebendo que pareciam fragmentos de registros transpessoais de diferentes momentos do tempo, procurei organizar as experiências.

– Vamos fazer o seguinte: não importa que o corpo esteja num tempo e a cabeça em outro, porque você pode juntá-los, agora. Vá buscar sua cabeça e junte-a ao corpo – sugeri, mantendo aquele diálogo louco.

– Juntou – respondeu-me, ingenuamente, o "escravo".

– Agora, com o seu corpo de luz, experimente ficar em pé e saia da pirâmide. Você agora está livre e tem um novo corpo; um corpo inteiro que está deitado aqui, neste momento do tempo, no outro aposento – induzi, novamente, referindo-me a Hércules, que aguardava na sala.

– É tão magro! Tem também tantos ossos. Quando era escravo eu era forte!

– É, mas este é o seu novo corpo e está inteiro. Entre nele – reforcei, ainda surpresa com o rumo que o trabalho havia tomado.

MEMÓRIAS DE UMA COBAIA CIENTÍFICA

Sem me dar tempo para refletir sobre o assunto, Luiza contorceu-se no sofá e abriu os olhos, apavorada:

– Sueli, parece-me que há ainda outra experiência, mas é algo terrível. Estou toda arrepiada... Não me parece humano... É animalesco!... Eu estou com medo, mas, ao mesmo tempo, quero ajudar meu irmão. Quero fazer tudo o que seja possível para ajudá-lo. Sinto que lhe devo isso!

– Não tenha medo! Solte o corpo e deixe-o tremer, como você já sabe fazer – orientei-a, aguardando que ela relaxasse e entrasse na experiência.

O que assisti depois ultrapassou tudo o que eu poderia imaginar. Posicionando o lábio superior como o bico de uma grande ave, e torcendo as mãos como garras, Luiza sentou-se no sofá, com os olhos abertos e estáticos. Emitindo guinchos estridentes, agarrou a pequena almofada que estava apoiada no encosto do sofá e a estraçalhou com "bicadas" e golpes de "afiadas garras". Até hoje fico imaginando de que maneira ela reuniu forças para tanto.

Depois de algum tempo, deixando-se cair exausta sobre o sofá, Luiza voltou à expressão humana e começou a narrar novas percepções, tornando compreensível aquela incrível história:

– Estou flutuando no espaço... Estou me deslocando por sobre o mar... Lá embaixo vejo uma ilha...

Nesse momento, Luiza começou a soluçar e disse, com voz embargada:

– É Atlântida. O continente desaparecido.

Depois de se acalmar um pouco, Luiza continuou:

– Estou descendo. Vejo um prédio central, grande, no meio de construções menores. Estou me dirigindo para ele... Agora estou dentro dele... Vejo um laboratório e várias pessoas trabalhando com animais fazendo experiências. Há uma mulher que comanda os outros. Sei que ela agora é minha irmã Susane. Deus do céu, que confusão na minha cabeça! Será possível? Parece-me que Hércules é um corvo que está sendo usado como cobaia num dos experimentos. Posso sentir o ódio que o ser humano lhe desperta. Ele sente dor e ódio e eu também estou na cena. Oh, meus Deus! Sou eu que o estou usando como cobaia. Oh, não! Será que tudo isso é possível ou eu enlouqueci?

– Não, você não enlouqueceu! Depois você compreenderá tudo! Continue.

– O que está vindo à minha mente é fantástico! Parece que a energia vital que habitou esse corvo fez parte depois do escravo e do torturador, carregando muito ódio pelo ser humano. Isso pode ter acontecido?

– Sim, pode. Há mais alguma coisa para você perceber?

– Não! Eu quero voltar. Estou exausta!

– Antes de retornar, vamos fazer uma coisa importante: volte à cena do escravo, fora da pirâmide e veja-o no seu corpo de luz. Sendo luz, de que cor ele fica?

– Ele fica cor-de-rosa!

– Visualize esse foco de luz rosa, à sua esquerda!

– Sim! – respondeu Luiza, seguindo a orientação dada.

– Agora visualize o corvo de Atlântida, à sua direita! Agora, então, perceba-se absorvendo a luz rosa do escravo, com a sua mão esquerda e projete essa mesma luz, sobre o corvo, com a sua mão direita! O que acontece quando faz isso?

– Engraçado... O corvo vai ficando tranquilo... Amoroso... Ele vai virando luz branca!

– Isso! Agora, com sua mão esquerda, absorva a nova luz branca em que o corvo se transformou e direcione-a para o seu irmão. Veja-o absorvendo essa energia de paz! Como ele fica?

– Ele fica sereno! Está recostado no sofá. É como se estivesse adormecendo, tranquilamente!

– Então, agora, venha retornando, no seu próprio ritmo, até abrir os olhos novamente, com a sua energia reintegrada e bem distribuída.

Logo que abriu os olhos, a expressão de Luiza era mais serena, embora ainda denotasse espanto e incredulidade.

– Sueli, que coisa fantástica! Como isso pode acontecer?

– Já trabalhei muitas vezes com pessoas que trazem registros transpessoais de fase evolutiva animal.

– Então nós já fomos animais antes de nos tornarmos seres humanos?

– Não exatamente, mas a nossa energia vital vem se especializando há milênios, passando pelos reinos elemental, mineral, vegetal e animal, antes de alcançar o reino humano.

– Como assim? Não entendi.

– Segundo a Teosofia, a mônada ou centelha de vida libera-se do Todo e inicia o seu processo evolutivo, vibrando, primeiro, no reino elemental, ainda fora do plano da matéria. Depois se aglutina entrando no reino mineral, agora constituída por energia e matéria, evoluindo da pedra bruta, até as pedras preciosas. Nós não temos minerais em nosso organismo?

– Sim!

– Continuando o processo evolutivo, a chama da vida se aglutina novamente, entrando no reino vegetal, despertando a sensibilidade que vai constituir o nosso sistema vegetativo. Nesse reino, ela evolui das ervas daninhas às flores. Quando sua energia se aglutina novamente ela entra no reino animal, desenvolvendo nele o instinto e o pensamento rudimentar. Nesse estágio a chama da vida evolui das feras aos animais domésticos, desenvolvendo uma personalidade, e sendo capaz de compreender comandos verbais simples e entonações de voz, mas não tendo ainda uma individualidade. Animal ainda é alma-grupo. Somente após uma nova aglutinação, a chama da vida se individualiza, ganhando livre-arbítrio e entrando no reino humano, como um ser primitivo, que vai vivenciar experiências evolutivas até se tornar mestre de si mesmo, subordinando os diferentes aspectos de personalidade à sua individualidade. O elo perdido entre o reino animal e o reino humano, que a ciência tanto procura, parece se explicar por esse salto qualitativo, de um reino para o outro, em que novos potenciais são acrescentados.

Pelo que pude observar nas situações em que trabalhei com tais memórias de fase evolutiva animal, é que, quando um animal é agredido e maltratado pelo ser humano; quando ele é caçado ou tem seus filhotes mortos, traz para a fase hominal da evolução um ódio extremo pelo próprio ser humano, o que poderia explicar muitos casos de psicopatia. Seria válido realizar-se uma pesquisa com psicopatas, para descobrir se todos eles trazem memórias de fase evolutiva animal, em que tenham sido maltratados por seres humanos. O que percebo, nesse material que estamos tendo acesso, é que esse novo conhecimento é apenas a ponta de um iceberg, que se amplia em muitas direções, abrindo caminhos para a compreensão de muitos fenômenos psíquicos.

– Entendo! Parece-me que foi exatamente o que aconteceu – disse Luiza estupefata, começando a chorar baixinho.

– Por isso eu me sentia na obrigação de ajudá-lo. Eu fui responsável pelo sofrimento deles. Em nome do conhecimento, eu desrespeitei a vida animal, e quantos cientistas, ainda hoje, fazem o mesmo... Se eles soubessem talvez pensassem muito sobre a responsabilidade de suas ações, antes de sacrificar uma cobaia em seus experimentos.

Outra coisa que eu percebi, e que fez sentido para mim, foi a reação do torturador. Na verdade, para ele, os que estavam sendo torturados representavam a cientista de Atlântida e o faraó e não a mulher que eu fui e o filho, não é?

– Sim. Muitas vezes a pessoa reage, emocionalmente, aos fortes registros transpessoais, não percebendo que a outra pessoa se modificou através do processo evolutivo. Daí a tendência à vingança, como aconteceu nesse caso.

– Por isso ele está agora em minha casa, não é? – indagou Luiza, com os olhos marejados de lágrimas.

– Estamos todos juntos outra vez. Eu, João Vicente (o faraó), João Luiz (o mandante da tortura), Hércules (o torturador) e Susane (a cientista do laboratório). Que coisa incrível! Tudo isso parece loucura, mas, ao mesmo tempo, explica uma séria de reações e comportamentos que, de outra maneira, não poderíamos compreender.

– Vamos encerrar o trabalho? Já é quase meia-noite e, amanhã, eu tenho atendimento no consultório.

– Eu nem senti o tempo passar.

– É assim mesmo! Você estava numa dimensão em que o tempo não existe.

– É! Eu já estou me acostumando com essas noções fora da realidade!

Quando saímos do escritório, Hércules dormia tranquilamente no sofá da sala de estar. Luiza levou-me até o portão e eu entrei no carro, percorrendo todo o trajeto de volta a casa, com a sensação de estar descortinando um novo mundo de fenômenos, situado no limiar entre a realidade tridimensional e outras dimensões do tempo-espaço. O que mais ainda iríamos encontrar? Estávamos entrando em níveis de consciência até então incompreensíveis para a ciência. Além disso, havia os ensinamentos das Tradições Sapientais da Humanidade, nos quais aquelas experiências tinham um sentido lógico. Conviver com esses fenômenos me incentivava a estudar cada vez mais, para reorganizar aqueles dados num novo corpo teórico; um referencial que pudesse apoiar o trabalho psicológico dentro desse modelo mais amplo. Paralelamente a esse lado fantástico e apaixonante, ali estavam seres humanos que sofriam e necessitavam de compreensão e técnicas efetivas que os ajudassem a desvelar os profundos mistérios de suas mentes. Estávamos indo até um nível que nunca havia sido relatado na literatura psicológica. Isso nos exigia a união entre o conhecimento e o amor, para que pudéssemos desenvolver a sabedoria necessária para o despertar de uma consciência mais ampla.

Na sessão seguinte, trabalhei diretamente com Hércules. As experiências regressivas lhe tinham feito bem, levando-o a repensar a questão da vida e da morte. A própria questão da homossexualidade havia adquirido um sentido diferente. Preocupado, ele indagou-me:

— Sueli, a homossexualidade pode ter uma explicação em outras existências?

— É uma das possibilidades. Também tenho encontrado explicações em memórias transpessoais em todos os clientes homossexuais com os quais trabalhei. Parece que a individualidade fica prisioneira das cargas emocionais dessas personalidades anteriores, de outro sexo, sempre que alguma vivência não fica bem resolvida, interferindo na dinâmica da personalidade atual. Tenho encontrado muitas experiências traumáticas relacionadas à sexualidade: situações de estupro, orgias, sevícias, prostituição, assassinatos passionais. Há uma grande diversidade de casos. Outra hipótese, levantada por Jean-Yves Leloup, é a possibilidade de que a sexualidade passe por fases evolutivas: da homossexualidade para a heterossexualidade, até alcançar a androginia, condição de equilíbrio entre o masculino e o feminino, num mesmo ser, seja homem ou mulher. Estudos recentes feitos com animais evidenciam grande percentual de homossexualidade nesse reino. Pode significar que o ser evolucionante primeiramente aprenda a amar o igual, depois, o diferente, até que tenha integrado o masculino e o feminino em si mesmo, como ser integral.

Também encontramos algumas dificuldades em clientes que têm muitas memórias transpessoais, no outro sexo. É como se tivessem dificuldades de se adaptar aos padrões comportamentais do sexo atual, embora essas dificuldades se expressem apenas no campo do comportamento social, sem que chegue a afetar a sexualidade. Pode se traduzir no modo de se vestir ou em habilidades manuais características do sexo oposto. Podemos, ainda, levantar a hipótese de um erro de interpretação. A individualidade – que em essência não é masculina nem feminina – poderia, em função de registros de sofrimento, recusar-se a voltar à existência terrena naquela condição sexual, criando-se, assim, um conflito entre o sexo fisiológico e o psicológico.

– São hipóteses interessantes. Em minhas existências, já fui homem e mulher!

– Sim! Sempre encontramos registros de ambos os sexos. Se a hipótese de existência de transição sexual for verdadeira, todos nós teríamos experiências homossexuais, em nossos registros inconscientes. Podem existir, ainda, outras explicações, mas tudo isso ainda são hipóteses de trabalho. Mais uma vez, precisaríamos que muitas pesquisas fossem desenvolvidas com grupos de homossexuais para que tais hipóteses pudessem ser testadas.

– Sabe? Pensar nessas coisas, embora seja muito novo para mim, tem me trazido bastante alívio. Se já existimos antes, há uma garantia de que iremos existir depois, e isso torna a morte uma experiência muito menos assustadora. Existe também uma teoria metafísica sobre a morte?

– Sim! É o que todas as tradições religiosas afirmam. Falta, apenas, que a ciência tenha instrumentos de comprovação de que a morte é apenas um processo de transição para outra dimensão de uma mesma vida, que é eterna. Se pensarmos que temos um corpo físico e um corpo energético, morrer significa abandonar um corpo que não tem mais utilidade e continuar vivendo com um corpo de luz.

– E o que existe do outro lado?

– Segundo o relato de algumas pessoas que vivenciaram experiências de quase morte, em estado de coma, por exemplo, parece existir uma vida organizada do outro lado.

– Há algum livro ou filme sobre o assunto?

– Sim. Até o momento, vários profissionais da área de saúde, como o Dr. Raymond Moody, o Dr. Brian Weiss, e o Dr. Andrew Newberg, dedicam-se ao estudo desse tema, com livros já publicados. Você também poderá encontrar filmes interessantes sobre o assunto, como *Minha Vida na Outra Vida, E Se Fosse Verdade?* Além disso, a literatura metafísica sobre o assunto é bastante ampla.

– Há, também, uma coisa que vem me incomodando demais. Quando estou deitado no quarto, tia Olívia, que vive com minha irmã desse o falecimento de nosso tio, fica me olhando pelo vão da porta entreaberta. É como se ela estivesse me vigiando para ver se ainda estou vivo. Não sei por que mas sinto ódio dela. Há como descobrir o motivo disso?

– Sim! Basta fazermos outra regressão. Você quer trabalhar isso hoje?

Diante da afirmativa de Hércules, coloquei-o em estado de transe, buscando orientá-lo em direção àquele registro. Mais uma vez, o que ele relatou foi fantástico.

MEMÓRIAS DE UM ESCRAVO NEGRO

– Vejo uma casa... É uma casa de fazenda... Vejo escravos negros se movimentando de um lado para o outro... Alguns levam cestos na cabeça. Mais adiante, vejo um grande celeiro e a senzala e sinto uma tristeza imensa ao ver estas cenas.

Aparece uma mulher... Alta, magra, de expressão autoritária. Eu a odeio; ela é minha tia, agora... Eu... Eu sou escravo... Um dos escravos negros. Ela também odeia os negros e, ainda hoje, ela tem preconceitos em relação aos negros. Ela é muito má, apesar de religiosa. O capelão da fazenda lhe ensinou que pecado é matar e roubar... Mas nós roubamos porque sentimos fome. À noite, entramos no celeiro e roubamos alimentos. Ah, que horror! Ela mandou me prender no quarto de castigo, ao lado da senzala. Vejo meu corpo jogado no chão, imundo. Estou fraco, muito fraco e, mesmo deitado, posso vê-la olhando pela fresta da janela, para ver se estou vivo, porque, quando estou quase morrendo, ela manda me darem comida. Ela não quer pecar, mandando me matar. Passo meses assim. Tenho tosse, febre e meu corpo treme muito. Cuspo sangue e estou cada vez mais fraco... Estou morrendo e sinto muito ódio dela! Ela não tinha o direito de fazer isso. Não tinha. É desumano!

– Perceba-a diante de você nesse momento e diga a ela o que você sente – induzi, buscando aliviá-lo daqueles sentimentos negativos.

– Eu não sei se posso perdoá-la! Acho que ainda não. Talvez eu precise de mais tempo para me acostumar com essa ideia. Sinto muito, mas não posso.

Respeitando o seu livre-arbítrio, reconduzi-o ao estado de vigília, para que pudéssemos elaborar a experiência por ele vivenciada.

– Como você se sente ao entrar em contato com tal registro?

– É estranho, mas explica muitas coisas. Eu deveria perdoá-la?

– O direito ao livre-arbítrio diz que você não é obrigado a coisa alguma. Mas, a única maneira de anular uma relação de ódio é pelo amor. Primeiro, você precisa admitir todos os seus sentimentos negativos, aceitá-los para, depois, esvaziá-los e chegar ao ponto de conseguir perdoá-la. Quando as pessoas não eliminam esses sentimentos destrutivos dentro de si, com o passar do tempo eles acarretam doenças.

– Haveria como reverter um quadro de AIDS?

– A questão da AIDS é interessante quando compreendida segundo a noção de que temos um corpo energético. As células de defesa do organismo humano são produzidas na medula dos grandes ossos do corpo, como o fêmur, na coxa. Depois, algumas dessas células são levadas até a glândula timo, localizada no peito, na base do osso esterno, onde são especializadas tornando-se os "generais" do nosso sistema imunológico. Tal processo ocorre até a puberdade, quando o sistema de defesa do organismo se completa e a glândula se torna inativa.

Segundo a Medicina Oriental, do ponto de vista energético a glândula timo está associada ao chacra cardíaco, o vórtice do corpo eletrônico do ser humano, que corresponde ao coração e à expressão do amor. Existe uma ligação direta entre a afetividade e o sistema imunológico. Crianças amadas por suas famílias, por exemplo, estão menos sujeitas a infecções do que crianças que vivem em instituições. Também os yogues conseguem reativar o funcionamento da glândula timo através de meditação, o que traz a possibilidade de produção de novas células comandantes do sistema imunológico no indivíduo adulto. Esse processo é bem demonstrado nos vídeos *Quem Somos Nós* e *O Segredo*. Renato Mayol, em seu livro *Câncer Corpo e Alma, e* Carl Simonton, autor de *Com a Vida de Novo,* Deepak Chopra, autor de *A Cura Quântica*, Danah Zohar, autora de *O Ser Quântico*, nosso colega da UNIPAZ, Francisco Di Biasi, médico e autor de *O Homem Holístico,* são alguns pesquisadores, entre muitos, que falam sobre o processo de autocura. A autoindução de cura pode ser um caminho para a reversão da doença, já que o vírus da AIDS ataca justamente essas células, alterando-lhes a programação. Quando o organismo é infectado por alguma doença oportunista e o sistema de defesa é solicitado, em vez de produzir células imunológicas, as células comandantes começam a produzir vírus, debilitando o organismo cada vez mais.

Como trabalho com a linguagem simbólica do inconsciente humano, me pergunto: "O que leva uma célula altamente especializada, um 'comandante' a obedecer às ordens de um simples 'soldado', como o vírus da AIDS?". O vírus é uma das formas mais simples de vida!... No caso do câncer, a célula cancerosa é uma célula fraca e mal-formada. O que leva o organismo a parar de reagir a uma doença? Sabemos que a mitocôndria, o centro energético da célula, tem o mesmo padrão do indivíduo ao qual pertence: indivíduos otimistas apresentam melhor reação às doenças do que indivíduos pessimistas. Isso já foi evidenciado em muitos estudos sobre o "efeito placebo", em que é oferecida ao paciente uma substância inócua, em lugar do medicamento, mesmo assim, alcançando-se resultados de melhora ou cura. No GERC já tivemos alguns casos comprovados de cura de doenças físicas, nas reuniões de energização e cura, através da imposição de mãos de todos os participantes do grupo, associada ao desejo de cura do paciente. Acreditamos que este último seja o fator primordial dos processos efetivos de cura.

Os depoimentos de pessoas que alcançaram a remissão "espontânea" de algumas doenças mostram que elas mudaram radicalmente a percepção de mundo e a maneira de lidar com a vida. A correlação entre o psiquismo e a produção de doenças pelo organismo deveria merecer maior atenção por parte dos pesquisadores.

Hércules permaneceu silencioso durante alguns minutos. Depois, disse, com um tom de voz reflexivo:

– Eu não sei se quero me curar!... Eu não saberia como lidar com as pessoas depois que a minha condição de homossexual se tornou conhecida de todos. A sociedade é muito mesquinha e não costuma perdoar o que ela considera desvio dos padrões pré-estabelecidos. Aonde quer que eu fosse, continuaria sendo ridicularizado e motivo de cochichos... Aliás, a sensação de ridículo sempre fez parte da minha vida, por causa do meu nome.

273

– Você conhece o sentido psicológico do mito de Hércules, o semideus da mitologia grega?

– Não! – respondeu com tristeza.

O MITO DE HÉRCULES

– A ideia de um semideus, meio divino, meio humano, simboliza os dois aspectos do ser humano; A individualidade ou essência divina e a personalidade, o aspecto imperfeito que necessita viver as experiências do mundo material para poder expressar, na íntegra, toda a perfeição para a qual foi criado.

Os doze trabalhos de Hércules, o grande herói grego, representam as doze etapas da evolução humana, na qual cada um dos aspectos da personalidade é vencido pela individualidade. Um desses trabalhos, o sétimo, é a captura do touro da ilha de Creta, na Grécia Antiga. O touro, que representa o instinto, vive na ilha, dentro de um labirinto, que simboliza o inconsciente humano. A tarefa de Hércules consiste em dominar o touro e reconduzi-lo, através do mar (as emoções), até a praia, ao continente onde o esperam os três guardiões de um olho na testa, ou seja, os três aspectos superiores da individualidade: o pensamento idealista ou mental superior, a intuição e a essência espiritual ou eu superior.

– Então, segundo o mito, é essa a tarefa da minha existência atual? Colocar o meu instinto sexual a serviço da minha essência espiritual? Eu nunca havia pensado nisso! Não sabia o significado do meu nome... Agora eu o estou achando até mais bonito.

– É importante que as pessoas conheçam o sentido do próprio nome. Na antiguidade, dava-se mais atenção a isso. Com o tempo, os nomes passaram a ser escolhidos mais pelo modismo de cada época do que pelo seu significado. No sentido psicoespiritual o nome de cada pessoa tem uma correlação com a sua tarefa existencial, como se fosse uma função a ser desempenhada pelo indivíduo. Aliás, se falarmos em termos de autenticidade, cada pessoa só pode ser ela mesma. O nome está associado à identidade do ser.

Hércules ouvia minhas colocações sorvendo-as como um alimento do qual necessitasse muito. No decorrer dos meses que se seguiram, ele curou-se da tuberculose e ganhou alguns quilos a mais. Voltara a desenhar suas plantas arquitetônicas e parecia desfrutar de uma excelente qualidade de sobrevida. Nessa condição psicológica, ele passou o Natal e o Ano Novo. Parecia saborear cada minuto da existência.

No mês de março do ano seguinte, ele comemorou seu aniversário com um pequeno grupo de parentes mais chegados e amigos fiéis, que compareceram à casa de Luiza. Muito emocionado, a cada momento Hércules agradecia às irmãs o amor e a felicidade que lhe estavam proporcionando. Esse sentimento de gratidão parecia também confortá-lo.

ELABORANDO A PASSAGEM DO IRMÃO

Numa das sessões que se seguiram, Hércules perguntou-me a respeito do significado psicológico dos sonhos.

Uma dos aspectos que considero importantes na psicoterapia é passar para o cliente informações a respeito dos procedimentos que são realizados. O fato de que o cliente os compreenda racionalmente elimina comportamentos defensivos desnecessários e facilita a elaboração dos conteúdos emocionais emergentes, no decorrer das técnicas. Baseando-me em tal princípio, forneci a Hércules algumas informações básicas sobre o assunto:

– Os sonhos são expressões de imagens do inconsciente. Neles podemos encontrar importantes informações sobre o mundo psíquico de cada pessoa, intercalados a resíduos de preocupações do dia a dia, as impressões presentes no ambiente durante o momento do sonho, como ruídos noturnos ou sensações de sede ou frio, por exemplo, além de lembranças das projeções astrais realizadas durante a noite.

– O que são projeções astrais?

– Quando você dorme, o que dorme é apenas o seu corpo físico e o seu consciente. O seu inconsciente, o seu espírito, não dorme, mas se desloca numa outra dimensão, para outras paragens, sob a forma de corpo energético. A diferença entre estar dormindo e ter morrido está apenas no fato de que, enquanto vivo, o corpo energético está ligado por filamentos de energia ao cérebro e ao coração do corpo físico. Morrer significa apenas o desligamento desses condutos, impossibilitando que o corpo eletrônico retorne à vida material.

– Quer dizer que, de certa maneira, nós morremos a cada noite?

– Sim... Você se recorda de alguma vez ter despertado repentinamente e sentir que está caindo?

– Sim, já aconteceu comigo.

– Isso acontece com todas as pessoas. A sensação de queda é justamente a descida brusca do corpo energético ao corpo físico.

– Que interessante! Eu não sabia disso. Então, morrer é uma coisa bem simples, não é?

– Do ponto de vista energético, significa apenas deixar para trás um corpo físico que, por algum motivo, não tem mais utilidade.

– Isso acontece também com as pessoas que se suicidam?

– Não! Algumas pessoas com quem trabalhei, que têm um registro transpessoal de suicídio, relataram ter ficado presas ao corpo físico, passando pela experiência de decomposição do mesmo. Parece que o próprio pensamento materialista que as leva a essa decisão trágica, as impede de perceber a possibilidade de abandonar o corpo morto. Em outras regressões, feitas com outros clientes, encontrei profundos sentimentos de culpa, que as mantiveram no que podemos chamar de "estados de consciência de inferno", numa espécie de autopunição "eterna", imposta pelo desconhecimento da vida fora da matéria.

– Desculpe-me por ter interrompido a sua explicação sobre os sonhos, mas todos esses assuntos são tão novos e interessantes que eu tenho vontade de saber tudo. Fale-me mais sobre os sonhos!

– Como dizia, o sonho contém projeções psíquicas, resíduos da vida real e lembranças desses deslocamentos. Após o sonho, todo esse material passa por um processo de elaboração, como um filme de longa metragem que é cortado e emendado para que o sonhador se recorde apenas daquilo que os mecanismos defensivos do psiquismo permitem que se torne consciente. Por isso, muitas vezes, um sonho se torna incompreensível à luz da consciência.

– Na noite passada, eu tive um sonho, mas não acho que ele tenha sido incompreensível; apenas não sei se o compreendi corretamente. Eu sonhei que era um homem adulto, como sou hoje, e que eu ia me descascando e que, de dentro de mim, surgia um menino de cerca de nove anos, forte e saudável... O que você acha disso?

– Eu não costumo interpretar os sonhos, mas trabalhá-los segundo o simbolismo pessoal do sonhador. Como você o compreende?

– Eu sinto que ele expressa as modificações internas que eu estou fazendo. É como se eu estivesse construindo um novo ser, bem mais saudável, no meu interior. Está certo?

– Sim! O nove, inclusive, segundo a Teosofia, simboliza a transformação. E, também, o seu sentimento diz que isso é verdadeiro para você! Então, é isso que representa, segundo o seu simbolismo individual.

– Tudo é muito bonito, não é? – indagou Hércules, emocionado. Depois de alguns minutos de reflexão, voltou a falar: – Mais uma pergunta: como eu posso ter essa sensação de melhora, se o mais provável é que eu venha a morrer?

– A cura, no sentido transpessoal significa exatamente essa transformação interior que você está vivenciando. Não importa se você permanece deste ou do outro lado da vida. Como já falamos antes, a morte é apenas a passagem par a uma outra dimensão existencial.

A cada reflexão, Hércules focalizava o olhar num ponto imaginário à frente, mergulhando em seus pensamentos. Novamente, passados alguns minutos, ele voltou a falar:

– Ah, lembrei-me, agora, de outra coisa! Hoje, no café da manhã, eu conversava com Luiza sobre este sonho, quando tia Olívia, que estava junto, nos interrompeu dizendo que também tivera um sonho esquisito. Ela sonhou que entrara no banheiro com fortes dores abdominais, que sabia serem as dores do parto, e que, quando olhava para o chão, havia dado à luz um menino que já caminhava sozinho. Esse sonho dela pode ter alguma relação comigo? Se eu não a perdoar nesta exixtência, existe a possibilidade de que eu volte numa outra, como filho dela?

– Sim! Tenho encontrado muitos casos de retorno em relacionamentos não resolvidos. Afinal, o objetivo da evolução é sempre o perdão e a fraternidade. Mas, agora, você está querendo uma previsão de futuro – respondi, com um leve sorriso.

– É, às vezes, fico ansioso por essas respostas... Mas é possível que isso aconteça? – perguntou, novamente.

– De acordo com a lei de causa e efeito, sim. Uma situação não concluída seria um motivo para um reencontro.

– Pensar assim me traz conforto. Eu estava me sentindo angustiado por me obrigar a perdoá-la, sem que realmente estivesse pronto para isso. Eu não estaria sendo sincero. Sabe, as nossas reflexões estão me trazendo uma nova compreensão sobre a vida e a morte. Eu não tenho mais sentido aquele pavor de morrer. Pelo contrário, agora eu penso que a vida tem um objetivo bem mais amplo do que essa realidade que nós vemos aqui... Lembro-me de que papai, antes de morrer, falou com minha irmã Susane sobre um jardim. Será que esse jardim realmente existe? Será que existe também a possibilidade de que eu me reencontre com ele? Estou de novo querendo respostas impossíveis, não é?

— Você está querendo respostas que a limitada visão humana ainda não tem. Mas nada impede que você as busque dentro de si; nas novas crenças que você está construindo, a partir das experiências que está vivenciando. Na fé que está despertando em você. Tudo isso que você indaga, desde há muito é descrito em milhares de livros metafísicos.

— Como você explicaria a fé?

— Como uma certeza interna que surge para o indivíduo por meio de uma ideia, de uma voz interior ou de uma sensação, que o faz sentir que algo é verdadeiro, mesmo quando todas as aparências lhe dizem o contrário.

Hércules voltou a se recolher no seu íntimo, enquanto expressava uma tranquilidade que eu nunca vira antes em seu rosto. Depois, levantando-se do sofá, pediu-me para lhe dar um abraço e me agradeceu, enquanto me fitava com olhos úmidos. Ficamos assim, abraçados, até que ele afastou o corpo e sorriu. Despedimo-nos ali e, saindo daquela casa que eu passara a conhecer de modo tão íntimo, caminhei em direção ao carro que deixara estacionado na calçada. Sentando-me ao volante, debrucei-me sobre ele e deixei que os soluços lavassem a minha alma. Algumas vezes, o trabalho transpessoal ultrapassava os meus limites de suporte emocional, e eu precisava dar vazão aos sentimentos para poder retornar ao ponto de equilíbrio. Pensei em meu marido em casa, me aguardando, e nas inúmeras vezes em que eu fizera isso com a sua ajuda, e com todo o seu apoio. Pensei também em Hércules e no tempo em que ele ainda permaneceria entre nós. Como Luiza, ele também era uma pessoa especial, capaz de aprender preciosas lições com as duras experiências da vida. Creio que todos nós nos tornamos pessoas especiais quando nos dispomos a retomar nossas caminhadas evolutivas em direção ao ser que nos tornamos.

Na semana seguinte, conversei com o médico que acompanhava o caso de Hércules quanto aos resultados do seu exame de sangue. As taxas imunológicas já estavam muito baixas e, segundo ele, Hércules estava numa fase terminal. Realmente, nas últimas semanas, ele havia emagrecido mais ainda, embora sua condição emocional fosse estável. Ainda, segundo o médico, o vírus poderia provocar alterações no sistema nervoso central, com mudanças acentuadas de humor e acessos de irritabilidade.

De fato, cerca de duas semanas depois, quando cheguei à casa de Luiza para a consulta habitual, Hércules, a princípio, não quis me receber. Expliquei a Luiza que ele teria todo o direito de desistir da psicoterapia e que, justamente por isso, seria adequado fazer um fechamento do trabalho.

Informado sobre esse aspecto, Hércules me admitiu em seu quarto. Estava com a pele mais escura do que habitual, e com olheiras profundas. Com voz fraca, disse-me que a psicoterapia não estava adiantando nada e que ele já estava cansado daquelas sessões. Que era tudo muito bonito, mas não era nada verdadeiro.

Percebendo que aquele não era o momento para insistir num aprofundamento da questão, disse-lhe que ele tinha todo o direito de não querer o acompanhamento terapêutico. Despedindo-me dele, obtive uma resposta seca e formal, e percebi que esta era a sua maneira de negar o sofrimento. Saí do quarto e, ao me despedir de Luiza, coloquei-me à disposição para o caso de Hércules mudar de ideia.

No final daquela semana, Hércules contraiu pneumonia e, logo na segunda-feira, foi internado. Segundo Luiza, ele pedira ao cunhado João Luiz que a família não o deixasse sozinho. Susane, a irmã mais velha, havia ficado lá, fazendo-lhe companhia.

Durante os dois dias que se seguiram, o seu quadro foi se agravando, embora ele se mantivesse consciente, durante todo o tempo. Na terça-feira, à tarde, Luiza procurou-me no consultório, pedindo-me que atendesse sua irmã Susane, que viera com ela.

Susane era uma senhora bastante conservada para a sua idade, apesar do aspecto extremamente abatido e triste. Logo que entrou na sala de psicoterapia disse-me, entre soluços:

– Eu estou desesperada! Hoje, pela manhã, por duas vezes, eu tive a impressão de que Hércules iria partir e que eu o impedi. Não estou conseguindo mais ficar lá. Pedi àquela nossa amiga enfermeira, que cuidou de mamãe, para me substituir. Ela está lá com ele, agora. Tenho a impressão de que se eu ficar junto dele vou atrapalhá-lo.

Pensando em trabalhar com ela a despedida do irmão, solicitei-lhe que fechasse os olhos para a indução do transe, orientando-a para que dirigisse seu pensamento a ele. Ao fazer isso, ela disse:

– Eu o estou vendo... O meu filhinho... Vejo os pezinhos dele... As mãozinhas... Ele foi meu filho antes, mas eu não lhe dei atenção. Eu estava ocupada demais com a vida social e isso foi há muito tempo... Em outro momento do tempo...

Nesta vida, cuidei dele direitinho. Ele é bem mais novo do que eu e me lembro de quando ele nasceu: os mesmos pezinhos. Por isso, dói tanto perdê-lo. É difícil vê-lo partir, mas eu não quero atrapalhá-lo. Sei que ele precisa ir.

– Você pode se despedir dele? – indaguei, observando se essa seria a sua melhor opção.

Susane redobrou o choro e, durante alguns minutos, procurei perceber se ela teria suporte emocional para uma indução tão forte. Depois, acalmando-se um pouco falou com voz resignada:

— Eu peço a Deus que me dê forças para isso, porque, no mais íntimo do meu ser, sei que fiz o que deveria ser feito. Eu lhe dei amor e compreensão. Muitas vezes eu o acompanhei ao médico. Nessas ocasiões, nós conversávamos muito e ele teve todo o apoio de nossa parte; minha e de Luiza. Estamos com as nossas consciências em paz. Que ele também possa seguir em paz, para o seio de Deus! Vá em paz, meu irmão, meu filho, meu querido! Eu deixo que você se vá, libertando-o do meu apego.

Serenando a expressão daquele rosto lavado pelo pranto, Susane abriu os olhos e me fitou por alguns instantes. Depois disse:

— Sei que ele vai partir, mas não quero estar lá quando isso acontecer! Seria exigir demais de mim mesma, você não acha?

— Você não precisa se obrigar a nada. Isso não tem nenhuma utilidade. Você sabe que ele está em boas mãos, e sua amiga enfermeira é a pessoa mais indicada para ficar com ele daqui por diante.

— Agora eu entendo por que era tão difícil para mim deixá-lo partir. Ele foi meu filho! Um filho ao qual não dei atenção antes e que agora se vai. Por isso eu quis tanto cuidar dele durante a doença. Eu queria acertar desta vez!

— Você acredita que seja assim? — indaguei, induzindo-a a aprofundar suas reflexões.

— Sim! Depois da experiência que vivemos com papai, eu acredito. Aliás, eu também quero fazer psicoterapia. Acho que existem coisas que eu preciso descobrir sobre mim mesma... Mas vamos deixar isso para depois?

Observando que o tempo da sessão havia passado rapidamente, levantei-me sugerindo o término da consulta. Susane acompanhou-me até a porta e, quando saímos, recebi um recado: Hércules queria falar comigo, no hospital. Como era horário de intervalo para o almoço, despedi-me de Susane e saí, rapidamente, percebendo-me triste e ansiosa por vê-lo outra vez.

Quando entrei no quarto, encontrei-o acompanhado pela fiel e dedicada enfermeira, amiga da família, que passava um algodão umedecido em seus lábios. Ao ver-me, Hércules esboçou um sorriso enquanto sua acompanhante se sentava numa cadeira próxima, deixando espaço para que eu me aproximasse. Surpreendi-me com a sua expressão tranquila, depois de sua reação emocional na casa de Luiza. Apesar de extremamente magro, pálido e cansado, Hércules tinha um olhar sereno e luminoso, como se uma força muito grande lhe desse suporte interior. Uma emoção intensa tomou conta do meu ser. Eu aprendera a amá-lo durante o tempo em que trabalhara com ele. Tocando-lhe de leve a mão, perguntei como estava. Mantendo aquele sorriso ele me respondeu:

– Eu estou bem. O que importa é que a fé foi instalada!

Nós nos olhamos em silêncio. Não havia mais nada a fazer. Eu sabia e ele também que o final estava bem próximo. Talvez fosse uma questão de horas. No entanto, um sentimento absurdo de realização preencheu o meu peito, naquele momento. Algumas vezes o trabalho eficaz de um psicólogo é ajudar alguém a morrer com dignidade. Penso que esse objetivo foi plenamente alcançado no caso de Hércules. Ele estava pronto para partir e, realmente, havia construído um novo ser humano dentro de si; ele, agora, tinha fé, e o herói havia domado o touro do instinto.

Naquela mesma noite, Hércules veio a falecer. Quando recebi a notícia, ainda no consultório, voltei ao hospital. Luiza, o marido e a irmã Susane estavam lá. Todos calmos. João Luiz providenciava a remoção do corpo. Não tendo mais nada a fazer no momento, fui

283

para casa. Antes de dormir, em minhas orações, pedi a Deus que ele conseguisse chegar até aquele jardim...

No dia seguinte, no enterro, não encontrei o mesmo sentimento de completitude que sentira no sepultamento do Sr. Alcides, um ano antes. A morte de Hércules parecia deixar uma espécie de vazio. Perguntei-me se ele havia partido cedo demais. Talvez pudesse ter tentado mais um pouco, mas como ele mesmo havia dito, preferira partir. Fora essa a sua escolha. Em vida, ele parecia ter entrado num desvio de si mesmo; de sua programação existencial. Ele dissera que não saberia lidar com a situação. Mas, pelo que eu presenciara nos últimos tempos, quem sabe, ele não faça diferente na próxima vez?

Esse fora um capítulo especial desta história. Trabalhar com Hércules mostrou-me o quanto a humanidade tem a aprender com aqueles que ela própria marginaliza com seus preconceitos. No mais íntimo do meu ser, eu desejo que em breve, muito breve, a sociedade possa seguir a antiga máxima cristã: "Não julgueis para não serdes julgados"... E que, consequentemente, possa abrir espaço e contribuir para que muitas pessoas, sentindo-se aceitas e compreendidas, dediquem-se com efetividade e afetividade ao seu processo evolutivo, buscando o aperfeiçoamento interior como aconteceu com Hércules que, durante quatro meses, trilhou comigo a estrada da vida...

11

Fragmentos de Regressões

Depois de concluir o curso, Luiza ficou trabalhando no consultório. Embora seu interesse maior ainda fosse pela área de educação, ela considerava que deveria amadurecer mais essa ideia, dentro da visão holística em que desenvolvíamos os nossos trabalhos. Entre nós havia se estabelecido uma sólida amizade e, por isso, convivíamos também fora do trabalho, aproximando nossas famílias pelos laços de afinidades que havíamos encontrado.

Enquanto olhava aquela família unida pelo amor e pelos sofrimentos da vida, desfrutando daqueles momentos alegres, lembrei-me da vez em que Luiza falara sobre a predição da amiga: "Vejo duas crianças. Uma é enviada". Aquela jovenzinha tinha, realmente, algo de muito especial... O que teria a vida lhe reservado?

Na semana seguinte ao aniversário de 15 anos da filha, Luiza conversou comigo, no consultório, sobre ela. Não havia dúvidas de que Ana Luiza era uma sensitiva, talvez ainda em estado latente, em função da pouca idade, mas já tendo apresentado alguns pequenos fenômenos de clarividência. A preocupação materna, entretanto, era de que Ana se queixava por duas coisas aparentemente distintas: sua dificuldade para engolir comprimidos e o medo de olhar fotos de navios.

Perguntei se Ana Luiza sabia nadar e se ocorrera algum problema em sua infância, com relação ao mar. Como não havia nenhum episódio que pudesse justificar a sensação, a hipótese mais provável seria a de um registro transpessoal. Embora ela ainda fosse bastante jovem, considerei o seu grau de maturidade e equilíbrio emocional, propondo-me a lhe aplicar uma técnica que a remeteria à situação de origem dos sintomas.

Já habituada com todo o procedimento terapêutico, sobre o qual frequentemente ouvia sua mãe e eu conversarmos, Ana Luiza chegou ao consultório descontraída e alegre. Entrando na sala de psicoterapia, enquanto sua mãe nos aguardava na sala de espera, conversando com a secretária, comecei a colher dados sobre suas sensações diante de fotos de navios. Ana Luiza pegou um livro de geografia que trouxera, mostrando-me a foto de um navio comum. Enquanto falava sobre o aperto que sentia na garganta, sua expressão foi se modificando intensamente e, sem que eu esperasse, entrou em regressão espontânea, ali mesmo, sentada no sofá e sem nenhuma preparação prévia.

MEMÓRIAS DE UM MARINHEIRO

– Estou no convés de um navio. Sou um marinheiro e estou com aquela farda. Não sei que lugar é esse, mas estamos num porto. Há um grande temporal, como um maremoto... Estou no convés sozinho. Tento jogar a âncora, mas não há tempo para isso. Vejo uma grande onda se aproximando... Ela é imensa... Todos os outros estão dentro do navio, com medo. Eu também tenho medo, mas quero salvar nossas vidas... Não dá mais tempo... A onda é imensa e varre o convés do navio... Eu vou morrer... Ninguém vem me ajudar. Eu queria ajudar os outros, mas ninguém veio me ajudar.

Nesse ponto da narrativa, Ana Luiza começou a apresentar dificuldades respiratórias, enquanto a musculatura do pescoço afundava, evidenciando os sintomas de falta de ar. Eu comecei a fazer a dessensibilização, levando-a a perceber que aquilo era apenas um exercício de memória e que nada estava acontecendo no tempo presente. Conscientizei-a de que não havia mais água em seus pulmões e a musculatura do segmento cervical voltou à normalidade, restabelecendo a respiração profunda. Começando a chorar, "o marinheiro" parecia mais triste pelo fato de ter sido abandonado por seus companheiros do que propriamente por ter morrido afogado. Promovendo o esvaziamento daquele conteúdo emocional, induzi Ana Luiza a fechar aquele registro do seu inconsciente profundo, que imobilizava sua garganta. Depois de me certificar de que ela estava novamente em estado de homeostase, reconduzi-a ao presente, da forma habitual. Logo que abriu os olhos, ainda molhados pelo pranto, Ana Luiza olhou-me com a expressão límpida que a caracterizava:

– Que coisa incrível, não é? Bem que vocês falavam! Por isso eu acredito... Mas se eu contar isso para as minhas colegas, eu vou "pagar mico"[1] – disse a mocinha, em tom natural.

Ela não parecia nem um pouco impressionada com o ocorrido e se levantou do sofá bem disposta. Mostrava-se satisfeita por ter se livrado da incômoda dificuldade de deglutição, a qual, de fato, depois da regressão, não voltou a acontecer, embora ainda pudessem existir outros registros para se trabalhar. Depois disso, passou a engolir comprimidos com facilidade e, certa vez, distraidamente, engoliu uma bala *soft* inteira, o que evidenciou o quanto a musculatura de sua garganta estava descontraída.

A MÃE DE OUTROS TEMPOS

Algum tempo depois tive contato com um fragmento interessante de uma regressão de outra pessoa da família de Luiza.

---

[1] Dar vexame.

Sua irmã, Susane, viera ao consultório para fazer massoterapia e solicitara a minha presença durante o trabalho com a massoterapeuta para induzi-la ao estado de transe. Sabendo que essa é uma maneira de atuação extremamente proveitosa, uma vez que o corpo possui registros psicológicos incríveis, concordei prontamente.

Durante a massagem, Susane liberou bastante emoção. Terminando o trabalho, fiquei com a impressão de que havia algo estranho nela, embora nada evidenciasse tal fato. Entretanto, saindo da sala de atendimento, ela dirigiu-se à secretária para pagar a consulta, mostrando-se confusa em relação à data do cheque. Isso despertou a atenção da funcionária, que me chamou para verificar o ocorrido. Percebendo que, por algum motivo, Susane havia regredido no tempo, solicite-lhe que fosse comigo até a sala de psicoterapia, para que pudéssemos descobrir o que lhe ocorrera.

Colocando-a novamente em estado de transe, indaguei sobre o que acontecera de importante em sua vida, na data referida.

– A morte de papai – disse Susane, chorando.

Lembrei-me do enterro do sr. Alcides e de como Susane estivera tranquila naquela situação. Por seu relato, percebi que ela não tinha recordação de como havia transcorrido aquele dia. Como eu estivera presente, comecei a lhe descrever os acontecimentos, enquanto ela dizia:

– O meu companheiro foi embora...

– Que companheiro? – indaguei, induzindo-a a continuar.

– O meu companheiro de outros tempos.

– Volte a esse outro tempo – induzi, novamente, já procurando o registro.

Como é habitual ocorrer em tais situações, os olhos de Susane começaram a se mover sob as pálpebras cerradas, enquanto ela procurava as cenas em sua tela mental. Depois de algum tempo, disse:

– Estamos na Áustria... Somos nobres... Vivemos num lindo palácio, realmente muito lindo! Ele é o meu marido... Ele é o Imperador... Somos felizes, damos festas magníficas... Os bailes são maravilhosos e os salões ricamente decorados... Vivemos muito bem, mas o tempo passou e ele se foi... Ele morreu e eu fiquei... Resolvi morrer também, de frio e de tristeza, pela morte do meu companheiro. Um pedaço de mim se foi com ele e não vale mais a pena viver.

– Quem são seus filhos? – perguntei já procurando identificar dados presentes nas regressões de Luiza.

– É, eles também estavam lá: Hércules e Luiza, meus irmãos de agora. Eu não ligava para eles. Estava muito envolvida pelo esplendor das atividades palacianas e, naquela época, eu não soube ser mãe, mas, desta vez, cumpri o meu dever. Agora tenho a consciência tranquila.

– Você pode despedir-se de seu pai? – indaguei, procurando ajudá-la a fechar aquela situação.

– É muito difícil! Nossa ligação... Nossa identificação é muito grande! Acho que somos almas gêmeas. Por isso é tão difícil... O sentimento de solidão é intenso...

– Ninguém está só! A separação é uma ilusão. Onde quer que ele esteja poderá entrar em contato com você, através dos sonhos ou então dessa maneira, como vamos fazer agora. Visualize seu pai diante de você. Como ele está?

– Ele parece tranquilo e sorri para mim...

– O que você quer dizer a ele neste momento?

– Que eu o amo muito... Não me importa se ele foi marido ou pai. Já não sei mais o que somos através dos tempos. Parece que resta apenas o amor entre nós e isso é o que importa: o amor que une todos os seres!

– Há mais alguma coisa que você queira dizer a ele?

– Não! Nós não precisamos mais de palavras!

– Você pode se despedir dele? – insisti, para que ela pudesse fechar a situação.

289

Mostrando-se mais calma, Susane respondeu com um suspiro:

– Creio que sim... É preciso, não é? Temos que continuar nossas existências, deste ou do outro lado. A vida é eterna, não é? Eu acredito nisso, agora mais do que nunca. Adeus, meu pai, até o próximo encontro! Vá em paz!

A voz de Susane era tranquila e, sozinha, voltou ao estado de vigília, olhando-me com carinho:

– Obrigada! Eu precisava resolver isso dentro de mim. Eu nem havia percebido o quanto ainda estava ligada a ele. Isso veio à memória por causa da massagem?

– Sim! O corpo possui o registro de toda a história de vida. Por isso, algumas pessoas sentem-se mal ao fazer ginástica. Alguns desses registros são ativados mobilizando intensas emoções e alterando o batimento cardíaco e a pressão arterial. Como o acontecimento não vem à lembrança, a pessoa não sabe por que passa mal.

– Incrível! Mas realmente foi isso o que aconteceu. Durante a massagem, eu comecei a sentir uma fraqueza imensa, que não sabia de onde vinha. Por isso não falei nada.

– Minha sensibilidade me disse que havia algo de estranho com você, mas, às vezes, essas percepções são tão sutis que preferi aguardar, até que você pedisse ajuda... Como você está se sentindo agora?

– Eu estou bem!

– Em que ano estamos? – indaguei.

– Em 1992!

– Então você chegou ao presente. Pode se levantar – continuei em tom de brincadeira, encerrando a sessão.

O RETORNO DE AMÉLIA

Na semana seguinte, Luiza veio conversar comigo sobre a regressão da irmã, que lhe havia contato o ocorrido. Com o olhar brilhante, Luiza acrescentou:

– Fico extremamente feliz ao saber dessas experiências. Acho que é reconfortante acreditar que as pessoas que amamos têm a possibilidade de voltar ao nosso convívio. Penso até que isso pode aumentar o amor que sentimos quando uma criança nasce em nossa família.

Recentemente, conversando com minha sobrinha Marcela, fiquei desconfiada de uma coisa: parece que mamãe está de volta! Pelo que Marcela falou, tudo indica que isso aconteceu. Claudinha, a filha dela, tem o mesmo hábito de mamãe: gosta de comer pão com bolo. Além disso, segundo ela, a menina se mostra autoritária, querendo lhe dar ordens e lhe dizendo que ela lhe deve obediência. É possível que mamãe tenha retornado tão cedo? São apenas cinco anos de intervalo!

– Sim! Já encontrei pessoas que têm registros com espaço semelhantes. Um ano a mais ou a menos não me parece fazer uma diferença significativa. É possível, sim! Apenas não temos como provar nada. Elas até que teriam uma situação a resgatar, não é? – indaguei, referindo-me aos conflitos entre Marcela e sua avó Amélia.

– É! Realmente faz sentido! – respondeu Luiza, em tom reflexivo.

Ficamos ali, pensativas, diante dos misteriosos desígnios da vida, até que Luiza se dispôs a falar novamente:

– Sueli, há uma coisa que eu gostaria de trabalhar com você. João Vicente está querendo aprender a dirigir, mas está demonstrando dificuldades. Ele diz que, quando pensa nisso, suas pernas ficam contraídas e surge em sua mente o medo pela responsabilidade em relação à vida dos outros. Diz que não vai querer ninguém dentro do carro. Embora tal preocupação seja até positiva, ela está me parecendo exagerada para quem nunca dirigiu. Você poderia me colocar em transe, para que eu possa fazer uma visualização sobre isso?

– Claro que sim – respondi, disposta a colaborar.

Nesse momento, João Luiz chegou ao consultório para buscar a esposa e, a seu pedido, entrou na sala de psicoterapia para acompanhar sua experiência. O que se seguiu foi muito emocionante.

UMA TRAMA SE DESVENDA

Ao induzir Luiza ao transe sugeri que ela concentrasse a atenção em João Vicente, seu filho.

– Ele está com pouca energia... Parece confuso... Ele está dissociado, preocupado com a possibilidade de machucar alguém. Por isso ele não pode dirigir. Eu não entendo o por quê dessa preocupação. Não aconteceu nada!

Agora quem está ficando confusa sou eu... As cenas estão se misturando em minha mente... Vejo um faraó do Antigo Egito... É ele... É meu filho João Vicente, hoje! Acho que lá eu já era mãe dele, mas não sei ao certo... Ele é horrível! É como uma esfinge de pedra! Apenas uma figura de poder, sem nenhum sentimento pelo ser humano! Ele foi responsável por muitas mortes. Então é por isso que, hoje, ele tem medo de dirigir com pessoas dentro do carro. É por isso que ele, agora, está tão preocupado com a vida das pessoas. Teme causar a elas algum mal.

Já treinada em fazer Captação Psíquica, Luiza soltou as pernas, procurando esvaziar o medo canalizado de seu filho. Depois de alguns minutos, voltou a falar:

– Há uma coisa que eu preciso trabalhar! Dê-me uma almofada.

Colocando a almofada sobre o colo, Luiza iniciou um emocionante monólogo, no qual retratava todo o sentimento que nutria pelo filho.

– Quando eu estava grávida de João Vicente temia que não houvesse ninguém para cuidar dele. Agora sei que isso aconteceu por causa daquela experiência de tortura... Como eu já havia morrido, não pude impedir que ele fosse torturado... Mas, ali, naquela terrível situação, eu estava trabalhando a minha onipotência... Lá do tempo de Atlântida. Não há sentimento de impotência maior do que o da mãe diante do sofrimento de um filho... Estando em outra dimensão de vida, eu não podia fazer nada para ajudá-lo. Foi horrível!

Quando ele nasceu... Desta vez... foi um momento de reencontro no tempo... Eu queria e, ao mesmo tempo, temia vê-lo... Eu me lembro que, depois da cesariana, entrei num estado de intensa letargia. Senti medo, muito medo! Medo de revê-lo... De ver aquele faraó novamente, com toda a sua impassividade e desamor.

Quando a enfermeira entrou no quarto, trazendo-o no colo, aconteceu algo estranho... Hércules chegou para me visitar na maternidade, interrompendo aquele momento mágico... Que reencontro terrível! Ali, naquele quarto de maternidade, nós quatro estávamos juntos outra vez. O poderoso faraó, seus dois escravos e eu. Em outro momento do tempo, o rapaz torturado, sua sofrida mãe e seus torturadores, agora pai e tio. Quanta angústia eu senti naquele momento! Quem poderia imaginar? Nem eu sabia o que estava acontecendo.

Luiza começou a chorar, enquanto João Luiz ainda procurava disfarçar a emoção que começava a tomar conta do seu ser, ao ouvir aquela narrativa. Acalmando-se um pouco, ela continuou:

– Sei que João Vicente não está aqui, nessa almofada, no meu colo, mas eu quero, através do simbolismo, mandar para o seu inconsciente uma mensagem de amor. Eu quero ajudá-lo apenas como meu filho, meu amado filho. Agora entendo os sentimentos ambivalentes que eu tinha em relação a ele. Ele já havia sido meu filho antes, e eu já o amava intensamente. Mas, ao mesmo tempo, eu odiava e temia o terrível faraó. Até hoje João Vicente tem esse lado dominador e insensível como uma esfinge de pedra. Por outro lado, ele é carente e sensível como o jovem que se sentiu torturado e abandonado pela mãe... Oh, meu Deus!

Mudando intensamente de expressão, Luiza dirigiu-se a João Luiz como se fosse o filho. Foi uma cena emocionante:

– Pai, cuida dos meus pés que você torturou! Pai, eu o perdoo e também peço perdão ao escravo que eu deixei morrer esmagado sob aquela pedra. Tantas vidas se perderam! Eu fui responsável por tudo aquilo. Entende, agora, por que eu não posso ser responsável pela morte de mais ninguém? Eu não suportaria, eu não suportaria mais fazer alguém sofrer.

Há também outra história, mais recente... Não sei bem... Um acidente de carro, um carro azul, batido... Igual àquele que eu vi na estrada, quando era pequeno. Vejo meu corpo, com o rosto todo quebrado e a língua toda cortada. Por isso eu demorei tanto a falar! Você entende, agora? Pai, você entende?

Aproximando-se de Luiza, João Luiz começou a acariciar os seus tornozelos e, depois, com as lágrimas escorrendo pelo rosto, ainda em silêncio, beijou, com humildade, os pés de "João Vicente". "O rapaz" continuou:

– Pai! Eu sei que hoje você é um homem bom. Sei que só o amor pode acabar com tanto ódio e agora estamos livres!...

Luiza voltou a si mesma, abrindo os olhos. Estávamos todos emocionados com o que acontecera. Depois de algum tempo, Luiza perguntou:

– É possível que, inconscientemente, Hércules quisesse atrapalhar aquele momento, na maternidade?

– Como ele atrapalhou você?

– Ele entrou no quarto, com um colega, um rapaz estranho. Isso me inibiu, me impedindo de extravasar a emoção que senti naquele momento!

294

– Agora entendo! Sim, é possível que ele quisesse atrapalhar. O inconsciente tem todos os registros! Isso pode ter ocorrido. Afinal, quantos comportamentos poderiam ser explicados se tivéssemos o conhecimento!

– Parece que fechamos uma situação de resgate em nossas vidas, não é?

– Tudo indica que sim!

Luiza aproximou-se do marido, que ainda permanecia silencioso, e o abraçou. Pensei o quanto realmente era preciso haver muito amor entre eles para que pudessem tomar conhecimento de todas aquelas ligações anteriores sem prejudicar o relacionamento atual.

Depois que saíram do consultório, fiquei refletindo sobre a intrincada trama da vida através dos tempos. Pelas regressões que eu havia feito com várias pessoas da família de Luiza, encontrava uma rede de interligações entre seres que se reencontravam no tempo.

Havia o registro mais antigo de Luiza, em Atlântida, onde Hércules, ainda na fase evolutiva animal, fora cobaia de experimentos científicos, armazenando todo o ódio que iria descarregar, posteriormente, sobre a prisioneira de guerra. Havia também o seu imenso ódio pelo faraó que o levara à morte e o separara dos filhos. Na trama da vida, mãe e filho foram colocados como vítimas de sua tortura. João Luiz também aparecia, nesse mesmo tempo, como um escravo, morto ao ser esmagado por uma pedra.

Havia o reencontro de Hércules e Luiza como irmãos, nos tempos do império austríaco, para aprenderem a se amar. Lá estavam, também, Susane e o sr. Alcides, como pais negligentes, que vieram na vida atual regatar a dívida de amor.

Marcela e o marido José Augusto, que se ligavam ao avô, tendo sido seus pais pareciam também ter uma relação com dona Amélia, mãe de Luiza que, segundo tudo indica, havia retornado para mais um acerto evolutivo. A vida conjugal deles também era um reencontro em busca do equilíbrio e do respeito mútuo.

Marcelo, irmão mais velho de Luiza, parecia estar deixando passar a oportunidade de resgatar com seus filhos alguma dívida do passado, pois não provia as necessidades de sua família, talvez repetindo uma experiência anterior.

Até mesmo tia Olívia, tão idosa e rígida, acertara contas com o escravo morto pela fome e pela doença, cuidando do sobrinho Hércules. Ele, por sua vez, talvez ainda tivesse que retornar para conseguir perdoá-la pelo ocorrido.

Luiza, João Luiz e o filho também vivenciavam um reencontro através dos tempos. Luiza e sua jovem filha pareciam ter uma tarefa de ajuda em relação às pessoas.

Um aspecto interessante nessa intrincada rede era a troca de posição nas relações estabelecidas, em que a vítima da situação anterior aparecia na posição de algoz. Entretanto, essa oportunidade parecia dar às pessoas a possibilidade de usar o seu livre arbítrio, diante da escolha entre a vingança e o perdão. E o objetivo, evidentemente, era o perdão. Mas nem todos traziam em si amor suficiente para tal, repetindo, vezes sem conta, seus relacionamentos carregados de ódios e ressentimentos.

Ao mesmo tempo em que essas histórias pareciam tão irreais e absurdas para a mente racional, possuíam uma lógica perfeita quando compreendidas ao longo dos séculos, evidenciando uma justiça misericordiosa, cujo principal objetivo consistia no aperfeiçoamento do ser.

Lembrei-me de quando, no início de sua psicoterapia, Luiza descrevera suas inexplicáveis sensações durante o parto de seu primeiro filho. Agora, todas aquelas percepções tornavam-se perfeitamente compreensíveis. Em termos de realidade presente ela era uma jovem mãe depressiva, cercada de conforto e familiares atenciosos que não apresentava nenhum motivo que justificasse seus sintomas. No sentido transpessoal de sua existência, ela era uma mulher com sentimentos ambivalentes de ódio e amor, reencontrando o temível faraó, também filho querido de outra existência, diante dos seus algozes, agora marido e irmão. Obviamente, ela possuía motivos de sobra para se sentir daquele modo. Conscientemente, entretanto, esses conflitos faziam tão pouco sentido para ela quanto para todas as pessoas à sua volta. Deveria ter sido realmente muito difícil passar por todas essas experiências.

Analisando esses registros fiquei refletindo sobre quantas pessoas estariam vivenciando situações semelhantes, e quantas outras estariam internadas em instituições psiquiátrica por não compreenderem os fenômenos que apresentavam.

Pensando em mim indaguei por que motivo eu tivera o privilégio de entrar em contato com aquelas histórias, tão verdadeiras no sentido transpessoal. Como eu poderia provar, cientificamente, experiências que eu não podia deixar de compreender como verdadeiras, diante de tantas evidências?

Como pesquisadora eu havia estudado bastante, procurando ser lógica, racional e manter minha objetividade científica. Mas o que eu presenciara com a família de Luiza e com muitos outros clientes extrapolava o limite estabelecido pela ciência, conduzindo-me à beira de um abismo conceitual, de onde eu avistava, do outro lado, a continuidade da estrada da vida, dentro do campo metafísico. Faltava uma ponte que interligasse os dois lados para que se pudesse compreender a inteireza do ser.

Pierre Weil, introdutor da visão holística no Brasil, em seu livro *A Nova Linguagem Holística*, fala sobre o termo *pontifex*, o construtor de pontes. Seria eu uma construtora de pontes? Estaríamos construindo uma ponte entre a psicologia e a metafísica, concretizando a Psicologia Espiritual descrita por Joanna de Angelis, no livro *Autodescobrimento,* psicografado por Divaldo Franco? Pela complexidade do tema, ainda era cedo para tal afirmação. Eu apenas sentia que um novo pensamento ia se alinhavando em minha mente, que aquela nova teoria se aplicava também à minha vida pessoal e que, certamente, a força que me impulsionava para aquela busca fazia sentido dentro de um contexto mais amplo.

Eu precisava me trabalhar muito como ser humano. Precisava ampliar minha mente científica para além do aprisionamento gerado por conceitos inúteis e valores limitados, encontrando, por meio da sabedoria interior, as respostas que precisava. Havia ainda um longo caminho a percorrer, até alcançar essa compreensão ampla da teia da vida...

Eu desfrutava da oportunidade ímpar de comprovar, de maneira vivencial, todos os conhecimentos que havia absorvido intelectualmente, integrando-os a uma compreensão mais ampla, construindo uma nova verdade interior, não mais por meio de simples crenças, mas de experiências observáveis, vivenciadas no meu dia a dia de trabalho.

12

ATH – Uma Nova Abordagem Psicológica

No início do meu trabalho terapêutico sob a Visão Holística proposta por Pierre Weil, e antes mesmo que ele e outros autores publicassem obras sobre essa abordagem, eu utilizava a bibliografia até então existente sobre o assunto. Encontrara trabalhos sérios e interessantes, feitos por profissionais de várias partes do mundo. Entretanto, havia uma inconsistência teórica que me preocupava.

Com o desenvolvimento do trabalho no consultório percebi a possibilidade de desenvolver uma nova teoria da personalidade, ou melhor, da individualidade do ser. Uma teoria que abordasse o indivíduo em sua totalidade corpo-mente-espírito; que tivesse fundamentação filosófica, princípios, leis, conceitos e procedimentos técnicos reaplicáveis.

Tendo trabalhado com milhares de clientes e, principalmente, com a família de Luiza, um mundo de interligações psíquicas se descortinara diante de mim. Não havia mais como ignorar a lógica e a coerência dos registros transpessoais. Não havia mais como perceber o ser humano apenas a partir do nascimento, ou mesmo a partir da vida intrauterina. Havia mais, muito mais! E isso era simplesmente fantástico e apaixonante. Minha visão de mundo havia se ampliado incrivelmente e agora eu estava realmente centrada no todo, *holocentrada*, com diria Weil. Mesmo quando o cliente trazia questões objetivas para a psicoterapia, ou questões basicamente emocionais, eu sabia que, além delas, havia a possibilidade de múltiplas e intrincadas redes entre os vários conflitos, como acontecera com Luiza.

Muitas vezes eu encontrara uma relação entre conflitos atuais e situações de infância, de cem anos atrás, de quinhentos, cinco mil... O inconsciente mostrava-se atemporal, ou seja, ele associava eventos distantes no tempo, desde que eles tivessem algo significativo em comum. Isso demonstrava que, em alguns casos, uma depressão poderia ter sua origem numa situação ocorrida há séculos ou milênios. Quando a história de vida da pessoa não era suficiente para justificar a existência de um conflito, eu sabia que teria que procurá-lo no inconsciente mais profundo. Sabia, também, o que viria à mente consciente: Registros transpessoais. Lições de vidas sujeitas a leis justas e perfeitas em sua misericordiosa sabedoria. Parecia-me haver encontrado o princípio divino da vida. Mas, como adequá-lo a uma visão científica? Havia a limitação estabelecida pelo modelo científico vigente, pela visão racionalista; havia a questão da própria desvalorização dos fenômenos espirituais aos olhos da ciência. Parecia-me que as duas disputavam o poder sobre o homem e, havia vários séculos, a ciência estava no trono. Como abordar a questão da origem divina do ser humano, a possibilidade de transcendência com uma linguagem que não fosse religiosa e, principalmente, que não pertencesse a nenhuma tradição específica? Era fundamental manter o caráter da totalidade, pois qualquer particularização provocaria a indesejável separatividade.

Minha primeira preocupação foi no sentido de buscar os pontos de encontro entre as várias tradições religiosas. Sim, havia pontos de encontro e isso era maravilhoso! Era necessário compreender o contexto histórico, político e econômico no qual havia surgido cada religião, para que se pudesse identificar o ensinamento privilegiado de cada uma delas. Havia uma relação entre as características da personalidade de uma pessoa e o caminho espiritual por ela escolhido, e isso deveria ser sempre respeitado. Aqueles que se encontravam no primeiro estado de consciência, o material, traziam a necessidade de projetar sua fé sobre símbolos religiosos concretos como amuletos e imagens; os que se encontravam no segundo estado de consciência, a sexualidade, buscavam tradições que cultuavam as forças da natureza através de danças e rituais; aqueles que se encontravam no terceiro estado de consciência das relações de poder, procuravam tradições em que a obediência às entidades lhes oferecia a oportunidade da aprendizagem disciplinar e da humildade; os que se encontravam no quarto estado de consciência, o afetivo, privilegiavam os relacionamentos de fraternidade e de acolhimento ao próximo; os que se encontravam no quinto estado de consciência, o psíquico, buscavam tradições que lhes explicassem as leis evolutivas e os princípios relacionados à moral e às regras comportamentais, procurando seguir o que era certo e evitar o que era errado; a partir do sexto estado de consciência, o intuitivo, ocorria uma união entre os opostos, cessando todas as formas de conflito. Nesse nível, o mergulho interior abria as portas da compreensão para a dimensão espiritual da vida, o sétimo estado de consciência, onde tudo se interligava com tudo e a vida podia ser compreendida, em sua inteireza e esplendor. De qualquer modo, cada um estava certo à sua maneira e, se houvesse um esforço no sentido de se compreender o ponto de vista do outro, as divergências religiosas cairiam por terra. Na maioria dos casos era apenas diferença conceitual produzida pela imperfeita comunicação humana. Afinal, Deus é um só!

Todas essas ideias fervilhavam em minha mente. Mas percebia a necessidade de um amadurecimento, de um tempo de reflexão que me permitisse organizar os vários conceitos já desenvolvidos num todo coerente. Eu precisava comparar as informações colhidas na prática com as publicações que começavam a aparecer. Rompendo as barreiras estabelecidas pelas publicações científicas oficiais, busquei todos os livros que falassem sobre o homem e sobre a vida de um modo geral. Eu queria opiniões, experiências, relatos... Tudo o que pudesse me auxiliar no processo de maturação da nova perspectiva com que eu agora percebia o mundo, a vida e o ser humano.

UM OLHAR TRANSPESSOAL SOBRE A VIDA

Libertando-me das publicações acadêmicas, mergulhei no profundo mar das conceituações filosóficas e metafísicas, acrescentando importantes contribuições ao referencial bibliográfico que eu já utilizava.

Havia livros sobre o poder de autocura do organismo, como os de Danah Zohar e Deepak Chopra, sobre a utilização das cores como os de Reneé Nunes e Rousseau. Havia livros sobre o poder curativo da música. Havia mais. Muito mais...

Havia livros sobre a continuação da vida no plano espiritual, sobre a organização inteligente da vida nesses planos e em outros mundos. Embora com algumas diferenças conceituais, todos eles me conduziam à confirmação da possibilidade dos fenômenos que eu presenciara milhares de vezes no consultório, mostrando-me a perfeita organização cósmica, na qual a vida se desenvolvia do plano mais simples para o mais complexo. A vida não podia mais ser percebida como um simples acaso, mas como um conjunto de experiências que tinham o objetivo específico de aperfeiçoamento dos seres. Resumindo o que aprendi sobre o sentido da existência humana, no espaço de tempo a que este livro se refere, eu diria o seguinte:

302

A Chama Trina ou Mônada, liberada do Todo que é Deus, ainda simples e ignorante, inicia sua evolução no reino elemental, passando gradativamente, através de milênios, pelos reinos mineral, vegetal e animal, onde níveis de complexidade são desenvolvidos sem que haja a noção de individualidade que caracteriza o ser humano.

Reunindo a energia, a sensibilidade e o instinto, a Mônada faz um salto quântico, no qual são acrescentados o aparelho fonador e a área de neocórtex (a estrutura cerebral responsável pela produção de novas ideias), que caracterizam o ser humano como uma individualidade pensante, criativa e capaz de se comunicar por meio da palavra, iniciando-se, assim, a vida no reino hominal.

Como um ser eterno, o indivíduo entra no plano da matéria pela porta do nascimento, dispondo-se a desenvolver sua individualidade através das múltiplas experiências de vida. As diversas personalidades, cujas existências terminam com a experiência da morte, deixam na individualidade o registro do que tenham aprendido, bem como o saldo positivo ou negativo dessas vivências. Isso, por sua vez, vai determinar a qualidade e o tipo de experiências que serão necessárias na próxima existência, para que o ser alcance o domínio de todas as suas tendências inferiores. Transformando-as em polaridades positivas, ou seja, nas virtudes características da essência humana, feita à imagem e semelhança divina, o ser humano torna-se mestre de si mesmo.

Durante a trajetória de aperfeiçoamento, ligações positivas ou negativas são estabelecidas com outros seres em igual processo de evolução. Nesses encontros, cada ser humano é, simultaneamente, professor e aluno da escola da vida, às vezes precisando refazer algumas lições.

Dentro dessa perspectiva, o mundo me parecia diferente. Eu não podia mais avaliar qualquer situação, objetivamente, como certa ou errada. A vida não era mais tão simples assim! Havia uma complexidade muito maior a ser considerada que sempre me fazia lembrar do "Não julgueis para não serdes julgados", ensinado pelo mestre Jesus.

Só pela aparência, eu não possuía todos os elementos causais que produziam uma experiência de vida. Era preciso buscar a essência e, na maioria das vezes, esta se encontrava no nível transpessoal e, assim, me parecia mais adequado reconhecer, sob a perspectiva do mundo tridimensional, que ignorávamos muitos aspectos fundamentais dos acontecimentos.

A noção de que havia uma explicação transcendente para a vida, tornava-a muito mais bonita. Passei a perceber cada ação humana como a melhor opção possível de cada ser, em determinado momento do tempo, segundo o seu grau evolutivo. Passei a considerar que os problemas eram preciosos exercícios que, ao serem solucionados, nos capacitavam para as experiências do nível imediatamente superior, no qual novos desafios nos ajudariam a escalar sempre mais um degrau da *Escada de Jacó*.

Esta, agora, era a minha visão conceitual do mundo. Na prática, eu procurava aplicar esses conhecimentos em minha vida pessoal, identificando aspectos de personalidade que precisava aprimorar, mesmo que, às vezes, fosse difícil. Auxiliada pelos professores da escola da vida, que atravessavam o meu caminho evolutivo, eu me debruçava sobre as tarefas escolares procurando aprender o seu significado e querendo ser promovida de série. A vida, agora, se apresentava como um jogo de sabedoria, estruturado por leis perfeitas que, paradoxalmente, quando compreendidas e obedecidas, nos tornavam livres e mestres de nós mesmos. Nesse nível de aprendizagem podíamos compreender que todas as probabilidades estavam disponíveis para ser escolhidas por nós, seres humanos, e que a felicidade consistia em conseguir perceber a melhor escolha, em cada momento. E a melhor escolha, em cada momento, era aquela que trazia alegria ao próprio coração.

A DESPEDIDA DE LUIZA

Certo dia, Luiza chegou ao consultório com uma novidade:

– João Luiz e eu decidimos nos mudar para a região serrana. É uma cidade grande, produtiva, com excelente clima e ensino universitário.

– O que você acha disso?

– Eu sempre soube que iria sair da cidade de Nova Iguaçu. Aqui está cada vez mais difícil, com toda essa violência não temos qualidade de vida. João Luiz se preocupa com a segurança de nossos filhos, que agora são adolescentes e gostam de sair à noite. Creio que estou me despedindo de você.

Olhei para Luiza um tanto surpresa e emocionada. Embora eu não tivesse o hábito de aprisionar as pessoas com o meu afeto, sabia que iria sentir muito a sua falta. Abraçando-a, desejei-lhe boa sorte na nova etapa de vida. Ficamos alguns instantes em silêncio, como se entre nós existisse um código de comunicação que dispensasse as palavras. Ambas sabíamos que, apesar da distância, seríamos sempre amigas. Afastando-me um pouco, indaguei:

– Quando você partirá?

– Definitivamente, só no início do próximo ano. Mas, dentro de duas semanas, iremos até lá para ver as ofertas de imóveis e colégios para os nossos filhos. Vamos nos organizar com calma.

– Vou sentir saudades de você – disse, fitando-a nos olhos.

– Eu também! Mas vou levar comigo tudo o que aprendi aqui – respondeu com um sorriso. Lembrei-me de sua antiga promessa de me informar a respeito das pesquisas sobre aprendizagem e lhe perguntei como ia o projeto.

– Penso desenvolver um projeto de ensino dentro da Abordagem Transdisciplinar. No momento estou lendo o trabalho de duas pedagogas Maria Lúcia Hanas e Ieda Lúcia L. Pereira.[1] A proposta delas é bastante interessante.

Ouvindo Luiza falar de modo tão apaixonado pelo seu ideal de trabalho, lembrei-me de sua amiga sensitiva, cujas previsões falavam sobre muitas transformações. Luiza era, de fato, uma pessoa inovadora. Esta era sua principal característica. Possuía uma jeito carismático que contagiava as outras pessoas, atraindo-as para suas ideias. Ela acreditava no que dizia. Talvez esse fosse o motivo que a tornava tão convincente.

Observando que a hora de reiniciar o atendimento de clientes se aproximava, despedi-me de Luiza com um grande abraço, desejando-lhe que tudo corresse bem por ocasião de sua ida para a serra. Depois que ela saiu, fiquei pensando que iríamos sentir saudades uma da outra, em função da grande amizade que surgira entre nós, e que haveria lágrimas de parte a parte na hora da partida. Mas sabíamos que a vida era feita de encontros e despedidas, e que tudo estava incluído no processo de crescimento interior do ser humano.

Em função da viagem, Luiza começou a reduzir suas atividades profissionais no consultório, participando apenas do GERC, até o dia de sua partida, quando combinamos que nos veríamos nas próximas férias.

---

[1] Pereira, Ieda Lúcia Lima; HANNAS, Maria Lúcia. *Educação com Consciência: Fundamentos para uma nova abordagem pedagógica*. São Paulo: Editora Gente, 2000.

13

DESVELANDO A TEIA DA VIDA

Passaram-se mais de seis meses até que, conforme havíamos combinado, nas férias de julho, Luiza veio com a família e me pediu para participar da reunião do GERC. Comentou que sua filha continuava manifestando sensibilidade paranormal, captando as sensações de um acidentado em estado de coma, num desastre a que ambas tinham presenciado. Acrescentou que gostaria que a jovem participasse da reunião, para que pudesse se familiarizar mais com os fenômenos psíquicos, dentro de um contexto de segurança e apoio. Comentou também que João Vicente, já rapaz, ainda era objeto de suas preocupações, mostrando-se intransigente e dominador, e que gostaria de poder ajudá-lo, caso fosse possível fazer outra Captação Psíquica, já que ele continuava em processo terapêutico. Atendendo ao seu pedido, marcamos o encontro para a semana seguinte.

Na segunda quinta-feira do mês, quando realizamos reunião de Captação Psíquica no GERC, Luiza compareceu. Na ocasião, participavam do grupo Rangel meu marido, eu, minha irmã Susette, uma estudante de Medicina (provavelmente uma *pontifex*) chamada Cristiane e seu amigo René, um analista de sistemas, além dos habituais clientes sensitivos.

Iniciando a reunião naquela noite, apresentei Luiza e a filha ao grupo. Naquele momento, mal poderia imaginar a maravilhosa lição de vida que nos aguardava.

Logo que terminei a indução da ancoragem do campo de proteção, Luiza solicitou que fosse feita a visualização de seu filho João Vicente, que preferira ficar aguardando na outra sala. Colocando Cristiane em estado de transe, orientei-a para que focalizasse a atenção no rapaz.

– Vejo a mente dele confusa! Vejo poeira, muita poeira... Vejo uma tumba, joias, trapos. Mas... Sou um faraó... Sou um deus – disse Cristiane, entrando na imagem inconsciente captada através da tela mental do filho de Luiza.

– Você não é Deus – corrigi.

Nesse momento, Luiza interrompeu-me, pedindo que a deixasse trabalhar a questão.

– Eu tenho que fazer isso! – acrescentou, decidida.

Compreendendo a sua necessidade, afastei-me um pouco, colocando-me novamente como apoio, procurando auxiliá-la na manutenção dos procedimentos necessários à abertura daquela memória transpessoal. Luiza continuou, agora falando diretamente com o inconsciente do filho. "Ele", então, falou:

– Mãe, limpe os trapos! Você sabe como!

Procedendo como de hábito, Luiza induziu a cor violeta, objetivando transmutar toda e qualquer negatividade que pudesse estar presente naquela situação, embora não pudesse identificar ainda do que se tratava.

Saindo da figura do faraó, Cristiane descreveu o que lhe aparecia na tela mental, informando que o rapaz seria levado por uma "carruagem de ajuda", como havia lido num livro espiritualista. Utilizando as habituais medidas de segurança, Luiza pediu que fosse feito o mais adequado à segurança e bem-estar do rapaz, indagando:

– O inconsciente dele será trabalhado durante o sono, nesta noite?

– Talvez mais – respondeu Cristiane.

Ainda sem entender totalmente a experiência tão restrita em informações, Luiza induziu o retorno da jovem para que pudesse colher mais informações, em estado de vigília. Logo que Cristiane retornou ao estado de vigília, Ana Luiza queixou-se de dor de cabeça. Colocando-a em estado de transe, Luiza pediu à filha que descrevesse o que estava sentindo. Entrando totalmente na experiência, a mocinha começou a gritar que não era para levar a cabeça. Um tanto aturdida pela intensidade emocional da situação e diante da escassez de dados para conduzir a experiência, Luiza levou algum tempo para compreender que ela se referia à mente do irmão João Vicente. Levou também alguns segundos para descobrir o que seu coração de mãe a ajudou a intuir: os trapos se referiam ao tecido utilizado na mumificação do faraó, e o que ela transmutava era uma terrível carga energética de magia, originária do Antigo Egito.

Jamais poderei descrever a intensidade da descarga energética de uma situação dessas. Da mesma maneira, jamais poderei explicar como aquela mulher buscou dentro de si forças para trabalhar a transmutação cármica de um membro da família; O seu próprio filho. Creio que somente o amor, um amor incondicional e puro e a fé são capazes de possibilitar tal feito. Elevando o seu pensamento a Deus, ela pediu que em nome da Misericórdia todo aquele mal fosse encaminhado para o fundo do mar, para transformação do negativo em positivo. Enquanto isso, nós, do grupo, com a pele arrepiada, fazíamos "fios-terra", colocando nossas mãos direitas na parede, igualmente mentalizando a limpeza energética daquela pesada carga. Terminado o fenômeno com a jovem, René mostrou-se mobilizado. Luiza voltou-se para ele, que repetia com tom de voz sofrida:

– Não abra! Não é para abrir! É terrível demais!

Ainda cuidadosa, Luiza indagou:

– Esta energia não é parte da energia psíquica dele?

– Sim! Mas não vai fazer falta! A humanidade não precisa disso.

Voltando a elevar o seu pedido a Deus, Luiza rogou que aquela página negra da história da humanidade fosse virada e que todos os seres que, porventura tivessem ficado com suas mentes e seus corações prisioneiros daquela magia, fossem libertados.

Depois de se certificar que a transmutação fora feita, Luiza reconduziu René ao estado de vigília e se voltou para Cristiane, que novamente captou o inconsciente do rapaz.

– Por que eu deveria limpar isso? – indagou Luiza.

– Eu vim porque você quis! – respondeu "o filho". Você se propôs a me ajudar. Sozinho eu não teria conseguido.

– Então o carma está encerrado? – perguntou Luiza não podendo mais conter a emoção.

– Agora eu sou um deus menor. De agora em diante, serei menos onipotente. Vou acreditar neste Deus em que você tem tanta fé. Mãe, eu te amo muito! Eu não quero te perder! Eu não quero me afastar de você. Diga a ele, ao meu pai, que eu o perdoo pela tortura e peça a ele que me perdoe também pelo tempo de escravidão. Ele não é mais o escravo que morreu sob a pedra, por minha causa, naquele tempo antigo – disse "o jovem". A mãe, totalmente impedida de falar pela emoção, apenas balançou a cabeça, embora "ele" não pudesse vê-la.

Como seres de momentos tão diferentes do tempo, que afinal tivessem se encontrado pelo amor, ficaram ali, abraçados. Como havia nos ensinado o Mestre Jesus, expressavam o amor incondicional, capaz de transformar inimigos do pretérito numa família unida e feliz.

Terminada a experiência, estávamos todos exaustos. Abracei Luiza afetuosamente. Ela ainda tinha os olhos cheios d'água, mas, por trás das lágrimas, havia um brilho muito especial. Mais uma vez ela havia conseguido cumprir a tarefa determinada em sua mente inconsciente. Mais uma vez fora vencedora.

Recuperando-se, Luiza demonstrou preocupação quanto à filha que, ainda jovem, despertava para a espiritualidade assumindo tarefa tão difícil. No entanto, a mocinha parecia estar bem, apesar de bastante emocionada.

Certificando-me de que os outros participantes também estavam recuperados, comentei sobre a lenda da maldição do jovem faraó Tutancamon, que governou o Egito dos nove aos dezessete anos, e que morreu em consequência de um golpe na nuca, depois de dois meses de agonia e sofrimento. Lembrei-me da história de Nefertiti, que teria sido, segundo alguns historiadores, mãe ou madrasta de Tutancamom, e que desaparecera misteriosamente aos trinta anos, sem que seu corpo jamais tivesse sido encontrado. Havia ainda a triste trajetória da expedição de Lord Carnavon, o nobre inglês financiador das escavações da tumba do faraó-menino. Todos haviam morrido de uma maneira misteriosa. Os objetos, levados para o castelo dos herdeiros, na Inglaterra, provocavam fenômenos estranhos. Seria uma história semelhante? Estávamos tão atordoados com a situação que sequer nos ocorrera pesquisar os dados históricos. Afinal, a história da humanidade estava contida em pequenos pedaços, no inconsciente de cada um de nós...

Lembrei-me também do trabalho que fizera com Hércules, que fora escravo do faraó e morrera na tumba, continuando o processo evolutivo apenas com a energia mental: "a cabeça". Haveria alguma ligação entre estes dois símbolos? Provavelmente, sim.

Olhando para Ana Luiza, tão serena e de expressão tão suave depois daquela forte experiência psíquica, lembrei-me novamente da previsão de sua amiga: "São duas crianças. Uma é enviada".

311

Quase não tínhamos nenhuma informação sobre o processo evolutivo daquela jovem...

Saindo de minhas reflexões, juntei-me ao grupo, elaborando aquela incrível experiência. Que mistérios estariam ocultos no inconsciente coletivo de toda a humanidade? Qual seria a sua verdadeira história? Quantos de nós arrastaríamos por séculos, incontáveis e trágicos desvios evolutivos?

Procurando esclarecimentos, a jovem Ana Luiza perguntou-me:

– Sueli, o que é magia?

– Podemos chamar de magia o poder mental de criação de uma forma-pensamento, uma ideia que, energizada com os sentimentos, pode ser endereçada a uma pessoa ou situação, com um objetivo específico. Ela pode ser positiva ou negativa. Na antiguidade, eram comuns as práticas de uso negativo da magia, em função do desconhecimento das leis divinas que regem as produções do pensamento humano, como força co-criadora que é. Ainda hoje, a maioria de nós a utiliza de maneira desordenada e improdutiva, queixando-nos, mais tarde, do que a vida nos proporciona.

Depois de descansar um pouco Luiza falou:

– Filha, compreende agora por que seu pai e eu tínhamos tanta paciência com João Vicente? Sabíamos que se nos opuséssemos a ele, se nos confrontássemos diretamente, ocasionaríamos o seu afastamento de nós. Somente o amor incondicional que lhe dedicamos permitiu que pudéssemos chegar ao que aconteceu aqui hoje.

Observando o assentimento da mocinha com um simples movimento de cabeça, Luiza continuou:

– Inconscientemente eu sabia de tudo isso. Eu temia desafiá-lo e provocar a emergência da terrível energia. Era essa a razão pela qual ele sempre foi objeto das reações negativas das pessoas, de suas reações injustas. Hoje, me pergunto se realmente foram injustiças

312

ou reencontros neste momento do tempo. Um ser que ocupe a posição de líder de um povo pode criar muitos carmas para si mesmo, pelo desrespeito humano, por seus desgovernos. Ah! Se os líderes soubessem de tudo isso!... Talvez agissem com mais consciência em suas decisões políticas.

Voltando-se para Cristiane, Ana Luiza indagou:

– Por que você disse que ele seria levado numa "carruagem de ajuda"?

– Esse símbolo estava em minha mente, registrado como um símbolo positivo de ajuda. Por isso, eu não percebi a ilusão. Somente quando o fenômeno passou para você, compreendi que havia sido iludida. Graças a Deus, existe uma proteção superior!

– Então magia existe? – indagou Ana Luiza novamente.

Propondo-me a esclarecer, disse-lhe:

– A vida é feita de magia. Tudo é magia: nossas crenças e ilusões do mundo material. Creio que isso a que chamamos realidade não é tão consistente quanto imaginamos, mas apenas uma pequena janela para onde se abrem nossos limitados sentidos físicos. Nós, seres humanos, não temos ainda noção do que somos capazes de produzir com nosso poder mental. Precisamos despertar nossas consciências para o fato de que tudo o que existe no mundo concreto é criado, primeiramente, no plano mental abstrato. O que ocupa nossas mentes se manifesta em nossas vidas. Esse é o nível da capacidade criativa, que caracteriza o ser humano como ser feito à imagem e semelhança de Deus. Essa é a eterna magia da vida, que nos traz a responsabilidade de contribuir para a construção de um mundo cada vez melhor, cujo destino é manifestar plenamente o modelo perfeito da idealização divina...

Depois desse dia, Luiza retornou à sua cidade, com a filha, dando continuidade ao seu projeto educacional. A jovem Ana

Luiza, hoje é estudante de Medicina. Sendo de outra geração traz, como muitos outros enviados, uma nova maneira da ciência compreender o ser humano como um ser mais completo: um ser que tem corpo, mente e espírito. Com certeza ela será uma construtora de pontes, uma *pontifex...*

Muitos anos já se passaram desde que essas experiências foram vividas e, a cada dia que passa, elas fazem cada vez mais sentido, quando comparadas com a realidade da vida.

Luiza, sua família e amigos estão aqui retratados como personagens. Seres que também representam inúmeras facetas de nossas personalidades, na busca do aprimoramento espiritual. Seres que ousaram mergulhar dentro das profundezas de suas almas, procurando compreender a si e a vida em seu significado maior.

Hoje, quando penso na diferença entre o real e o imaginário, recordo-me de muitas histórias da experiência humana que se tornaram lendas: Atlântida, Camelot e o Rei Arthur, Shakespeare e *Sonhos de Uma Noite de Verão,* A mitologia grega e os contos de fadas, que sobrevivem apenas na cultura de cada povo... Realidade? Fantasia? Mitos? Lendas? Este livro? Quem sabe?... Somente o Senhor do Tempo conhece a grande Teia da Vida!...

REFERÊNCIAS BIBLIOGRÁFICAS

A BÍBLIA SAGRADA. *Sociedade Bíblica do Brasil.* Tradução de João Ferreira de Almeida.

ABERASTURY, Arminda. *Paternidade.* São Paulo: Artmed, 2002.

AZEVEDO, José Lacerda de. *Espírito/Matéria: Novos horizontes para a Medicina.* Porto Alegre: Pallotti, 1988.

_____. *Energia e Espírito.* Porto Alegre: Pallotti, 1986.

BANDLER, Richard; GRINDER, JOHN. *A Estrutura da Magia.* Rio de Janeiro: Zahar, 1977.

_____. *Atravessando: Passagens em psicoterapia.* São Paulo: Summus,1984.

_____. *Resignificando: Programação neurolinguística e a transformação do significado.* São Paulo: Summus, 1986.

BESANT, Annie. *Um Estudo sobre a Consciência: Uma contribuição à psicologia.* São Paulo: Pensamento, 1975.

BHAGAVAD GITÁ: *A Mensagem do Mestre.* São Paulo: Pensamento, 1993.

BLAVATSKY, H.P. *A Doutrina Secreta.* Vol. I a V. São Paulo: Pensamento, 1988.

BRANDÃO, Denis M.S.; CREMA, Roberto. *O Novo Paradigma Holístico*: *Ciência, filosofia, arte e mística.* São Paulo: Summus, 1991.

_____. *Visão Holística em Psicologia e Educação.* São Paulo: Summus. 1991.

BRENNAN, Bárbara A. *Mãos de Luz.* São Paulo: Cultrix, 1988.

BIASE, Francisco Di. *O Homem Holístico: A unidade mente-natureza.* 2.ª ed., Petrópolis: Vozes, 1995.

CABOULI, José L. *Muerte y Espacio entre Vidas: Regresiones y Aprendizajes.* Buenos Ayres: Ediciones Continente, 1996.

CAPRA, F. e ATEINDL. Rast, D. *Pertencendo ao Universo.* São Paulo: Cultrix, 1993.

CAPRA, Fritjof. *O Ponto de Mutação*. São Paulo: Cultrix, 1987.

_____. *O Tao da Física*. Cultrix, 1987.

_____. *Sabedoria Incomum*. São Paulo: Cultrix, 1990.

CHOPRA, Deepak. *A Cura Quântica: O poder da mente e da consciência na busca da saúde integral*. São Paulo: Best Seller, 1989.

CREMA, Roberto. *Antigos e Novos Terapeutas: Abordagem transdisciplinar em terapia*. Petrópolis: Vozes, 2002.

_____. *Introdução à Visão Holística*. São Paulo: Summus, 1989.

COLEÇÃO OS PENSADORES. *Os Pré-Socráticos*. São Paulo: Nova Cultural, 2000.

D'ASSUMPÇÃO, Gislaine. *Pingos de Luz*. 10.ª ed., Petrópolis: Vozes, 1990.

_____. *Saúde e Plenitude: Um caminho para o ser*. São Paulo: Summus, 1995.

EDDE, Gerard. *Cores para a Sua Saúde: Método prático de cromoterapia*. São Paulo: Pensamento, 1982.

EMOTO, Masaru. *As Mensagens da Água*. São Paulo: Isis, 2004.

EPSTEIN, Gerald. *Imagens Que Curam: Guia completo para a terapia pela imagem*. 2.ª ed., Rio de Janeiro: Xenon, 1980.

FADIMAN, J. e FRAGER, R. *Teorias da Personalidade*. São Paulo: Herper & Row do Brasil, 1979.

FERGUSON, Marilyn. *A Conspiração Aquariana*. Rio de Janeiro: Record/Nova Era, 1982.

FRANCO, Divaldo P. *Autodescobrimento: Uma busca interior*. 2.ª ed., Salvador: Livraria Espírita Alvorada, 1995.

FRANKL, Viktor. *Em Busca de Sentido*. 25.ª ed., Petrópolis: Vozes, 2008.

_____. *Um Sentido para a Vida*. 10.ª ed., Rio de Janeiro: Ideias & Letras, 2005.

GAGLIARDI, Lígia Garcia (Org.) *Introdução à Filosofia*. Rio de Janeiro: UGF – Centro de Ciências Humanas/Departamento de Filosofia, s/d.

GOSWMI, Amit. *O Universo Autoconsciente*. Rio de Janeiro: Rosa dos Tempos, 1998.

GRISCON, Chris. *O Tempo É uma Ilusão*. São Paulo: Siciliano, 1989.

GROF, S. e GROF, C. (org.) *Emergência Espiritual*. São Paulo: Cultrix, 1992.

HALL, Calvin S.; NORDBY, Vernon J. *Introdução à Psicologia Junguiana*. São Paulo: Cultrix, s/d.

HUXLEY, Aldous. *Filosofia Perene*. São Paulo: Cultrix, 1991.

_____. *As Portas da Percepção*. Rio de Janeiro: Globo, 1988.

JAMES, Willian. *As Variedades da Experiência Religiosa*. São Paulo: Cultrix, 1991.

JUNG, C. G. *Psicologia e Religião*. Petrópolis: Vozes, 1987.

_____. *A Energia Psíquica*. Petrópolis: Vozes, 1983.

JAPIASSU, Hilton. *O Mito da Neutralidade Científica*. 2.ª ed., São Paulo: Imago, 1981.

KUHN, Thomas. *A Estrutura das Revoluções Científicas*. São Paulo: Perspectiva, 1975.

LELOUP, Jean-Yves. *Apocalipse: Clamores da revelação*. Petrópolis: Vozes, 2003.

_____. Cuidar do Ser: Fílon e os Terapeutas de Alexandria. Petrópolis: Vozes, 1993.

_____. *Enraizamento & Abertura: Conferências de Sainte-Baume*. Petrópolis: Vozes, 2003.

LELOUP, Jean-Yves; Hennezel, Marie de. *A Arte do Morrer: Tradições religiosas e espiritualidade humanista diante da morte na atualidade.*

LELOUP, Jean-Yves e outros. *Espírito na Saúde*. Petrópolis: Vozes, 1997.

LELOUP, Jean-Yves; BOFF, Leonardo. *Terapeutas do Deserto: De Fílon de Alexandria e Francisco de Assis a Graf Durckheim*. Petrópolis: Vozes, 1997.

LINGERMAN, Hal. A. *As Energias Curativas da Música*. São Paulo: Cultrix, 2002.

LOWEN, Alexander. *Bioenergética*. São Paulo: Summus, 1975.

_____ *Exercícios de Bioenergética: O caminho para uma saúde vibrante*. São Paulo: Agora, 1977.

_____. *Amor e Orgasmo*. 2.ª ed., São Paulo: Summus, 1988.

_____. *O Corpo em Terapia: A abordagem bioenergética*. 4.ª ed., São Paulo: Summus, 1977.

_____. *O Corpo Traído*. 3.ª ed., São Paulo: Summus, 1979.

_____. *Medo da Vida*. 2.ª ed., São Paulo: Summus, 1986.

MCCLAIN, Florence Wagner. *Guia Prático de Regressão a Vidas Passadas*. 3.ª ed., São Paulo: Siciliano, 1989.

MEIRELLES, Sueli. *Psiconeurolinguística*. Rio de Janeiro: Seminários do Instituto Vir a Ser, 2006.

_____. *A Dimensão Holística da Gestalt-Terapia*. Rio de Janeiro: Seminários do Instituto Vir a Ser, 2005.

MENDES, Eliezer. *Psicotranse*. São Paulo: Pensamento, 1980.

MIRANDA, Hermínio C. *A Reencarnação na Bíblia*. São Paulo: Pensamento, s/d.

MOTOYAMA, H. *Teoria dos Chakras*. São Paulo: Pensamento, 1998.

NETHERTON, Morris. *Vida Passada: Uma abordagem psicoterápica*. São Paulo: Summus, 1997.

NEWBERG, Andrew. *Why We Believe What We Believe*. New York: Ballantine Books, 2000.

_____. *Why God Won't Go Away*. New York: Ballantine Books, 2002.

NUNES, René. *Cromoterapia: A cura através da cor*. São Paulo: Linha Gráfica Editora, 2002.

OUSPENSKY, P.D. *Psicologia da Evolução Possível ao Homem*. São Paulo: Pensamento, 1993.

PERLS, Frederick. *Gestalt-Terapia Explicada*. 5.ª ed., São Paulo: Summus, 1977.

PERLS, Frederick; STEVENS, John. *Isto É Gestalt*. São Paulo: Summus, 1977.

PIERRAKOS, Eva. *O Caminho da Autotransformação*. São Paulo: Cultrix, 1995.

PIERRAKOS, John C. *Energética da Essência*. São Paulo: Pensamento, 1993.

PINCHERLE, Lívio e outros. *Psicoterapias e Estados de Transe*. São Paulo: Summus, 1985.

POLSTER, Erving e Miriam. *Gestalt Terapia Integrada*. Belo Horizonte: Interlivros, 1979.

REDFIELD, James. *A Profecia Celestina*. Rio de Janeiro: Objetiva, 1994.

RICHELIEU, Peter. *Viagem de uma Alma*. São Paulo: Pensamento, 2000.

ROBBINS, Anthony. *Poder Sem Limites*. 17.ª ed., São Paulo: Best Seller, 1987.

RODRIGES, Aroldo. 12.ª ed., *Psicologia Social*. Petrópolis: Vozes, 1972.

ROUSSEAU, René-Lucien. *A Linguagem das Cores: A energia, o simbolismo, as vibrações e os ciclos das estruturas coloridas*. São Paulo: Pensamento, 1980.

SAMDUP, Lama Kazi Dawa. *O Livro dos Mortos Tibetano – O Bardo Thodol*. São Paulo: Madras, 2003.

SHELDRAKE, Rupert. *Sete Experimentos Que Podem Mudar o Mundo*. São Paulo: Cultrix, 1995.

SILVEIRA, Nise. Jung: *Vida e Obra*. Rio de Janeiro: Paz e Terra, 1981.

SPALDING, Baird T. *A Vida dos Mestres*. 3.ª ed., Rio de Janeiro: Expressão e Cultura, 2002.

STEVENS, J. O. *Tornar-se Presente*. São Paulo: Summus, 1977.

TABONE, Márcia. *A Psicologia Transpessoal: A introdução a uma nova visão da consciência em psicologia e educação*. São Paulo: Cultrix. s/d.

TENDAM, Hans. *Cura Profunda: A metodologia da terapia de vida passada*. São Paulo: Summus, 1993.

TRIGUEIRINHO NETTO, José. *Hora de Crescer Interiormente*. São Paulo: Pensamento, 1988.

TSE, Lao. Tão Te King: 8.ª ed., *O Livro do Sentido e da Vida*. Curitiba: Hemus, 2002.

UBALDI, Pietro. *A Grande Síntese*. Cambuci: Lake, 1950.

UNESCO. Declaração de Veneza. *Jornal do Congresso Holístico Internacional*. Brasília: 1986.

WEIL, Pierre. *Análise de Conteúdo de Relatos Obtidos em Estado de Consciência Cósmica*. Departamento de Psicologia da UFMG, 1975.

WEILL, Pierre. *Nova Linguagem Holística: Um guia alfabético*. Rio de Janeiro: Espaço e Tempo, 1987.

_____. *A Consciência Cósmica*. Petrópolis: Vozes, 1981.

_____. *A Morte da Morte*. São Paulo: Gente, 1995.

___. *A Neurose do Paraíso Perdido*. 2.ª ed., Rio de Janeiro: Espaço e Tempo CEPA, 1987.

_____. *As Fronteiras da Regressão*. Petrópolis: Vozes, 1982.

_____. *Holística: Uma nova visão e abordagem do real*. São Paulo: Palas Athenas, 1990.

_____. *O Fim da Guerra dos Sexos*. Brasília: Letrativa, 2002.

_____. *Os Mutantes: Uma nova humanidade para um novo milênio*. Campinas: Verus, 2003.

_____. *A Mudança de Sentido e o Sentido da Mudança*. Rio de Janeiro: Record - Rosa dos Tempos, 2000.

WEIL, Pierre e outros. *Mística e Ciência*. Petrópolis: Vozes, 1991.

_____. *Normose: A patologia da normalidade*. Campinas: Verus Editora, 2003.

WEIL, Pierre; D'AMBRÓSIO, Ubiratan; CREMA, Roberto. *Rumo à Nova Transdisciplinaridade: Sistemas abertos de conhecimento*. São Paulo: Summus, 1993.

WEISS, Brian L. 6.ª ed., *Muitas Vidas Muitos Mestres*. Rio de Janeiro: Salamandra, 1991.

WILBER, Ken (org.). *O Paradigma Holográfico*. São Paulo: Cultrix, 1991.

WILBER, Ken. *A União da Alma e dos Sentidos: Integrando ciência e religião*. São Paulo: Cultrix, 1998.

_____. *A Consciência Sem Fronteiras*. São Paulo: Cultrix, 1990.

_____. *O Espectro da Consciência*. São Paulo: Cultrix, 1990.

_____. *O Paradigma Holográfico*. São Paulo: Cultrix, 1991.

ZOHAR, Danah. *O Ser Quântico: Uma visão revolucionária da natureza humana e da consciência, baseada na nova física*. São Paulo: Best Seller, 1990.

SITES DE AUTORES

www.andrewnewberg.com

www.bodysoulandspirit.net

http://www.cepal.com.br

www.institutoviraser.com.br

www.julioperes.com.br

www.pierreweil.pro.br

VÍDEOS

Quem Somos Nós?

O Segredo

Minha Vida em Outra Vida

E Se Fosse Verdade?

www.youtube.com.br/institutoviraser

Impressão e acabamento
GRÁFICA E EDITORA SANTUÁRIO
Em Sistema CTcP
Rua Pe. Claro Monteiro, 342
Fone 012 3104-2000 / Fax 012 3104-2036
12570-000 Aparecida-SP